**우리가 원하는 대로
살 수 있다면**

인생의 방향을 바꾸는 3가지 행동 동기

우리가 원하는 대로 살 수 있다면

DINA DOLDA DRIVKRAFTER
Angela Ahola

앤절라 아홀라 지음
양소하 옮김

청림출판

지금 이 책을 펼쳐준 여러분을 만나게 되어 무척 기쁘다. 열심히 쓴 만큼 즐겁게 읽어주면 좋겠다.

나는 심리학 박사다. 최근에는 주로 강의와 저술 활동 등을 통해 인간으로서의 우리를 설명하는 일을 한다. 말하자면 우리의 행동과 동기, 관계, 상대방을 더 잘 이해하는 방법에 관한 내용을 다룬다.

왜 동기를 다룬 책을 썼는지 묻는다면, 이에 답하기에 앞서 핀란드의 많은 아이가 경험하는 다소 짓궂은 실험에 대해 간단히 언급하고 싶다. 우리 가족 또한 이 고전적인 '테스트'를 조카 단테가 생후 8개월쯤 되었을 때 시도했다. 실험을 지켜보려고 모여든 가족들 사이에 기대감이 고조되었다. 적당한 장소에 캠코더가 설치되었고(당시는 휴대전화 카메라가 덜 발달했을 때였다), 곧 지폐 다발과 성경과 보드카 한 병이 차례로 등장했다. 모두 실험에 필요한 도구였다. 이미 짐작했겠지만, 이 장난스러운 작은 실험은 우리의 동기부여, 삶에서 일어나는 수많은 선택의 순간에 관한 실험이다. 우리는 자유의 몸이 된 어린 단테가 무엇에 관심을 기울이는지 지켜봤다. 성경을 고르는 아이라면 (돈이나 권력 또는 술 대신) 빛의 말씀을 따라 지적으로 자라날 거라는 옛이야기가 있었는데, 아니나 다를까 단테는 행운의 징조처럼 성경이 놓인 쪽으로 기어갔다.

오랜 세월 사람들은 동기부여에 대해 알고 싶어 했다. 우리가 왜 그렇게 행동하는지를 알 때 자신과 다른 사람들을 더 쉽게 이해할 수 있었기 때문이다. 또 앞으로 나에게 어떤 일이 일어날지, 주변 사람들이 어떻게 행동할지도 훨씬 수월하게 예측할 수 있었다. 지식이 중요한 동기로 작용하는 사람이 있는가 하면 권력과 지위, 아니면 관계가 동기로 작동하는 사람도 있다. 우리 모두의 마음속에는 이처럼 다양한 동기부여 요인이 있다.

나는 한때 첫인상 뒤에 숨겨진 심리학을 연구했다. 사람들은 처음 마주한 사람 앞에서 무의식적으로 자신에게 두 가지 질문을 던진다. 첫 번째 질문은 '저 사람은 다정하고 공감 능력이 있고 신뢰해도 되는 사람일까?'이고, 두 번째 질문은 '저 사람은 유능할까? 어느 회사에 다니고 있을까? 어떤 지위에 있을까?'였다. 우리는 왜 이런 질문을 떠올릴까? 이 질문들은 사실상 생존을 위한 물음이다. '그는 나의 친구일까, 적일까? 위협이 되는 존재일까, 아니면 도움이 되는 존재일까?'

이런 문제들을 다루며 나는 이 책에 관한 아이디어를 떠올렸다. 그리고 여름휴가 동안 책의 짜임새가 제법 또렷해졌다. 이 책을 **관계와 지위, 지식**에 관한 글로 채우기로 했다. 그때 나는 핀란드 남부에 있는 여름 별장에서 어머니와 딸 알렉시아, 안토니아와 함께 지내고 있었다. 모두가 잠든 새벽 한 시, 침대 옆에 놓인 공책에 책 구성의 개요를 적어놓기도 했다.

분명 동기부여를 다룬 읽을거리는 이미 많다. 관계(이 책에서 다루는 첫 번째 동기)를 개선할 방법, 더 큰 영향력을 행사하는 방법(두 번째 동기), 새로운 것들을 익히는 방법(세 번째 동기)을 설명하는 책들이다. 이 책에서는 이러한 주제들을 다루지 않는다. 그 대신 우리는 왜 이런 동기들이 내면에 존재하는지, 이 동기들은 어떻게 발현되는지, 삶에서 어떤 식으로 문제를 일으키는지를 알아볼 것이다. 또 동기들을 관리하는 실용적인 수단도 소개할 생각이다. 우리는 세 가지 동기를 자신만의 고유한 초능력으로 바꾸게 될 것이다. 우리의 존재 방식과 행동 양식, 그리고 동기부여의 기반이 되어줄 소박한 여정을 떠나는 셈이다.

책의 첫 줄을 쓰고 많은 일이 일어났다. 원고가 편집되고 표지가 디자인되었으며, 뒤표지를 장식할 글귀도 정해졌다. 내 인생에 일어난 수많은 일은 말할 필요도 없다.

나아가 세상 모두가 팬데믹 안에서 어떻게 살아가야 하는지 고민하기 시작했다. 많은 사람이 집에서 일하며 타인과 신체적 접촉을 줄였다. 직장을 잃거나 사업을 접은 이들도 부지기수였다. 우리는 원래 해오던 방식으로 더는 소통할 수 없게 되었다.

또한, 그 시기를 거치며 나를 비롯한 전 세계의 많은 이들이 인간으로서의 근본적인 욕구가 얼마나 중요한 것인지 상기하게 되었다. 인간의 세 가지 동기는 비밀리에 조용히 결정권을 행사하지만, 위기 상황 속에서는 이 동기가 우리에게 얼마나 결정적인 영향을 미치는지 너무나 명백해진다. 십 대 시절, 심리학을 공부하던 때, 부모가 된 순간, 작가와 대중 연설가로서 경력을 쌓기 시작했던 시간 등 내 삶의 다양한 시기를 돌이켜보면, 내적 동기를 이해하는 경험이 나를 더 쉽고 즐거운 삶으로 이끌어왔다고 확신할 수 있다. 이 책을 읽고 나서 여러분도 그러한 감정을 느낄 수 있다면 좋겠다. 인간의 행동과 상호작용이 더는 캄캄한 미스터리처럼 느껴지지 않을 것이다. 여러분은 자신과 다른 사람을 이해하는 데 도움이 될 예리함과 통찰력을 키우게 될 것이니 말이다.

새로운 시대,
변하지 않은 사람들

다른 사람이 왜 그런 행동을 하는지 궁금했던 적이 있는가? 아니면 자신이 왜 그렇게 행동했는지가 더 자주 궁금했는가?

시간 관리를 형편없이 하거나 포기하기 쉬운 목표를 세우고, 원하는 대로 선택할 수 있는 상황에서 이해할 수 없는 대안을 고르는 일들은 왜 그리 흔하게 일어날까? 그 대신 우리를 행복하게 하고 삶의 방향을 잡아 줄 것들에 더 많은 시간을 쏟을 수는 없을까?

우리가 맺는 관계를 살펴보자. 앞서 말한 주제들은 흔히 대인 갈등으로도 이어진다. 어울리기 쉬운 특정 사람들과는 쉽게 친해지지만(그저 '클릭'만으로도 충분하다), 어떤 사람들과의 관계에서는 끊임없이 제자리걸음을 하기도 한다. 그런가 하면 또 다른 관계에서는 자신을 너무 많이 희생한 탓에 돌아오는 것이 별로 없다.

누구와 시간을 보낼지 선택할 때 영향을 미치는 인적 요인은 무엇일까? 왜 우리는 계속해서 자기 자신을 이웃과 동료, 친척과 비교할까? 또 무슨 이유로 학교 성적이나 탄탄한 몸매 혹은 아이의 재능에 이르기까지 어떤 주제에서도 열등감을 느끼길 싫어할까? 또한 우리는 자신과 공통점이 있는 사람을 찾아다니면서, 동시에 다른 사람이 나와 같은 드레스를 입고 파티에 참석하는 것은 참지 못한다. 그것뿐만이 아니다. 갑자기 배우자보다 더 많은 돈을 벌기 시작하면, 관계가 악화되거나 피할 수 없는 부부 간의 위기를 겪기도 한다.

그렇다면 이 모든 것을 어떻게 조율해야 할까? 인간의 행동은 비이성적인 형태로 나타날 수 있다. 오르내림이 있는 우리의 기분은 개념적으로 이해할 수 없는 것처럼 보인다. 만약 그렇지 않고 단순했다면 우리가 관여한 많은 관계는 물론 상당수의 결혼이 실패로 끝나는 일도 없고, 갈등 상황에서 자유로운 업무 환경 또한 손쉽게 찾아냈을 것이다. 우리는 그저 다른 모든 사람의 기대에 고르게 부합하지 않을 뿐이다. 사실 상대방을 이해하는 것조차 쉽지 않은 일이다.

서로 전혀 다른 사람들은 이제껏 늘 존재해 왔다. 그러나 우리의 사회적 환경이 너무나도 크게 변화한 탓에, 이제 우리는 인류의 역사에서 완전히 새로운 문제를 다양하게 경험하게 되었다. 시대는 바뀌었지만 우리 인간은 바뀌지 못했다. 20만 년 동안이나 같은 방식을 통해 인간으로서 기능해 왔다(그보다 훨씬 더 오래되었다고 주장하는 과학자들도 있다).

생존과 번식

우리가 적어도 두 가지 목표를 지니고 태어난다는 점은 확실하다. 바로 생존과 번식이다. 만일 우리가 살아남으려 애쓰지 않거나 번식을 위해 노력하지 않았다면, 오늘날 인류는 존재하지 못했다.

깨어 있는 동안 생존을 위해 정신적으로 상당한 노력을 기울이지 않을 수 있을까? 우리 중 많은 이들이 번식이라는 지상의 목표와 함께 무작위적 접촉을 찾아 분주하게 움직이지 않던가. 혹은 쉴 곳을 찾거나 벙커를 짓고, 엄청난 양의 먹을거리를 비축하고, 그저 생존을 유일한 목표로 삼아 하루하루를 보내기 바쁘다. 이는 그다지 생산적이지 않아 보인다.

하지만 모임에 늦게 도착하거나 파티에 옷을 잘못 입고 갈지 모른다고 걱정할 때도 사실은 우리의 생존 지향적인 뇌가 움직이고 있다. 뇌는 생각한다. '혹시 소외당하면 어떻게 하지?' 사회적 배제 social exclusion라는 위험은 초기 인류에게 엄청난 위협으로 다가왔다. 일단 굶주림과 추위, 포식자 등 가장 극심했던 위험이 최소화되자 인류는 환경을 읽어내기 시작했다. '여기에 또 다른 위협이 있지는 않을까?' 분명 우리는 파티에 걸맞지 않은 옷을 입고 가거나 회의에 늦는 것이 생존과 관련한 직접적 위협이 아니라는 것을 안다. 하지만 우리 뇌는 이것들을 그렇게 인식한다. 그때 작용했던 것과 같은 메커니즘이 지금도 작동하고 있는 셈이다.

간단히 말해 생각과 태도와 행동을 형성하는, 눈에 보이지 않는 보편적인 인간의 힘이 존재한다. 인간의 행동이 어떻게 형성되는지 더 많이 이해할수록 삶은 더 쉬워지고, 다른 사람과의 관계도 좋아진다. 나아가 자신과의 관계도 더 좋아질 수 있다. 우리에게 동기를 부여하는 힘을 더 쉽게 이해할 수 있게 되기 때문이다.

첫 번째 동기, 관계

우리가 다루려는 인간의 첫 번째 동기는 사회적 상호작용과 관계에 대한 욕구다. 이런 욕구가 없는 것도 이상해 보이지 않겠는가. 하지만 그렇다고 지금 당장 이 이론을 믿어야 할 정도로 욕구가 많지도 않다. 우리가 사는 지구에는 굳이 무리 지어 살 필요가 없는 종species이 여럿 존재한다. 하지만 우리 인간은 과하게 느껴질 만큼 다른 사람의 행동과 감정, 얼굴에 드러나는 표정에 관심을 가진다. 달리 표현하자면 우리는 누가 무엇을 하고, 누구와 함께 있는지 궁금해한다. 이는 기본적인 정보이기도 하다. 이런 정보 없이 어떻게 누구를 믿을 수 있는지, 누가 거짓말을 하는지, 누가 누구인지를 알 수 있겠는가.

사회적 환경에서 우리는 어떤 이들이 훌륭하다는 사실을 알게 된다. 그들은 자신에게 쏟아지는 관심에 관대하며 다른 사람을 돕고, 공감하며 또한 경청한다. 반면 이기적이고 믿음이 가지 않는 사람들도 있다.

그들은 기회가 생길 때마다 우리를 비방하거나 속인다. 우리는 그들에게 우리 아이들을 맡기는 상상조차 하지 않는다. 반면 태연하게 아이들뿐 아니라 우리 목숨조차 믿고 맡길 수 있는 사람들도 있다.

이는 우리 몸의 신경화학과 관련이 있다. 우리 몸은 옥시토신 oxy-tocin 호르몬을 생성하는데, 이 호르몬은 수유 호르몬 breastfeeding hor-mone, 또는 이완 호르몬 relaxation hormone 으로도 불린다. 우리가 사회적 관계를 맺거나 다른 사람을 껴안을 때 체내의 옥시토신 수치가 증가한다. 그래서 접촉은 때로 '인류가 지닌 최고의 원시적 언어'로 언급되기도 한다. 우리는 아기들이 말하는 법을 배우기 훨씬 이전에 접촉으로 편안함을 안겨준다. 그리고 사교적으로 관계를 맺거나 상대를 포옹하는 것만으로도 충분히 우리의 옥시토신 수치가 증가한다는 점은 더할 나위 없이 멋진 일이다! 연구에 따르면 심지어 옥시토신 수치가 증가한 사람들이 더 관대하고 배려심 있게 행동한다.[1]

사실 상대방에게 당신을 믿는다는 신호를 보내는 것만으로도 그들의 옥시토신 수치를 충분히 활성화시킬 수 있다. 반면 특정한 행동이나 단어를 선택하면 옥시토신의 수치가 감소한다. 다시 말해, 우리의 행동은 손쉽게 주변 사람의 옥시토신 수치를 조절하며 결과적으로는 우리가 맺는 관계에도 영향을 미친다.

오늘날 인간의 라이프스타일에는 옥시토신 수치를 낮추고 관계를 해치는 요인이 많이 포함되어 있다. 그중 가장 큰 요인이 스트레스다. 공감과 믿음의 부재도 마찬가지다. 만일 운이 좋아 이 상황이 어떻게 발생했는지 인식한다면, 뒤에 다룰 도전 과제들도 충분히 부딪쳐볼 만하다. 이는 모든 업무 환경과 가정에서 값진 지식이기도 하다.

다른 사람의 존재는 우리의 업무 속도와 수행에 영향을 미친다. 심지어 주변에 다른 사람이 있을 때 술 마시는 속도도 더 빨라진다. 아이들의 이름을 지을 때나 들을 노래를 정할 때, 또 무슨 옷을 입을지, 얼마나 열심히 일해야 하는지 결정할 때 등 거의 모든 영역에서 다른 사람의 영향을 받는다. 하지만 그렇지 않은 부분도 있다. 우리는 다른 사람과 비슷해지는 것을 종종 목표로 삼지만, 또 동시에 상당수는 그들과 달라지려고 노력한다.

두 번째 동기, 지위

우리는 뛰어난 성공을 거둔 사람들이 어떻게 강력한 힘을 발휘하며 그들의 제국을 건설했는지에 관해 읽는 것을 즐긴다. 신문에 실린 정보는 대부분 어떤 방식으로든 다른 사람에 관한 정보인 '가십'이다. 가십에서는 유명 스포츠 선수나 왕족, TV에 출연하는 유명 인사를 다룬다. 방금 누가 이혼했는지, 또 어떤 커플이 파경을 맞이하고 있는지, 누가 도박으로 재산을 탕진했는지, 누가 누구와 외도를 했는지 등의 소문이 팔리고 언론은 이를 주시한다. 이 또한 지위와 연관된 현상이다.

만일 사람들이 지위에 신경을 쓰지 않았다면 더 큰 영향력을 발휘하는 법을 다룬 책은 나오지 않았을 것이다. '나는 더 높은 지위를 가지고 싶어'라는 말이 우리 가운데 많은 사람을 민망하게 만들었을지도 모른다.

지위는 인간의 근본적인 동기 중 하나다. 우리의 목소리가 어떤 영향력도 없어서 다른 사람의 귀에 전혀 들어가지 않는다고 가정해 보자. 우리는 꿈꾸는 직업을 얻는 데 실패할지 모른다. 또 직장에서나 친구들 사이에서, 심지어 가족들과 함께하는 저녁 식사 자리에서조차 그 누구도 우리에게 관심을 기울이지 않을 것이다.

인간이 지위를 얻으면 테스토스테론 testosterone과 세로토닌 serotonin 수치가 높아진다. 일종의 '킥 kick', 즉 쾌감을 얻는 셈이다. 인간은 계급 상승을 위해 노력하고, 지위를 상징하는 것들을 수집한다. 하지만 머릿속에 떠오르는 것이 이런 종류의 상징물만은 아닐 것이다. 값비싼 핸드백, 화려한 차, 롤렉스만을 가리키지도 않는다. 자신과 자신이 소속된 집단에 관련된 모든 것이 해당된다. 어떤 사람에게는 성공했음을 보여주는 가장 큰 증거가 책 출간이다. 또 어떤 사람에게는 잘 훈련된 특정 기술, 혹은 철인 대회의 완주일 수도 있다. 그런가 하면 우수한 성적표에 자부심을 느끼거나 공동으로 운영하는 단체의 위원회에 참석하는 행위를 성공으로 느끼는 사람도 있다.

불행히도 지위를 추구하는 일에는 단점도 존재한다. 지위에 대한 갈망 탓에 우리는 많은 경우에 원하지도 않으면서 자신을 다른 사람과 비교하게 된다. 예를 들면, 누가 가장 좋은 집을 가지고 있는지, 누가 가장 호화롭게 휴가를 보내는지, 누구의 아이들이 가장 뛰어난지를 비교한다. 얼핏 이런 비교는 무의미하고 짜증스럽게 느껴진다. 하지만 집단의 서열에서 자신의 위치를 인식하는 것은 부상과 충돌을 줄이며 진화적 기능을 수행한다. 우리 부족이 사냥을 성공적으로 마쳤다고 가정해 보자. 우리는 앞서 말한 서열 속 지위 덕분에 음식을 두고 다른 구성원과 목숨을 다투는 충돌 사태를 피할 수 있다. 만약 당신이 서열 3위라면 서열이 더 높은 1위와 2위가 먼저 식사를 하는 것을 미리 인지한다. 뜨거운 태양 아래에서 몸을 지킬 작은 그늘을 두고 다툴 필요도 없다. 모든 구성원이 자기 차례를 알고 있기 때문이다.

계층구조는 개인으로서의 인간에게 유익하다. 물론 단체에도 많은 이점을 준다. 나, 그리고 우리는 좀 더 강해졌고, 살아남았다. 계층구조는 질서와 안정성을 주었고, 그리하여 인간은 서로 협력하기 쉬워졌다. 또한 다른 사람과 자신을 잘 비교하는 사람이 살아남았다. 우리는 언제 우리 차례가 올지, 어떤 사람이 새치기를 해도 되는지 알고 있다. 인간은 음식이나 성性과 관련된 욕망처럼 지위에 대한 욕구 역시 가지고 있다.

하지만 성공을 위한 이 추진력 역시 단점이 있다. 이미 언급했던 것처럼 자신을 다른 사람과 비교하게 된다는 점이다. 과소비를 하게 되기도 하고 권력을 지닌 개인과 동맹을 맺기 위해 애쓰게 되기도 한다. 유감스럽지만 인간은 다른 사람의 일이 더 잘 풀릴 때 기분이 나빠진다(자신이 그들보다 덜 성공했다는 생각이 들기 때문이다). 그런가 하면 진실을 왜곡하여 남들에게 실제보다 더 성공적으로 보이도록 행동하고는 한다. 배우자나 연인과의 관계에서도 우리는 의식적으로라도 서로를 비교하는데, 이는 바람이나 이별의 원인이 되기도 한다. 또한 지위에 대한 욕구는 지나치게 많은 일을 하게 하거나 중요한 관계를 소홀히 여기게 만들고, 눈곱만큼도 행복하지 않은 일에 우리의 시간을 쏟아붓게 한다.

인간에게 지위는 의미 깊다. 자연선택 natural selection(다윈이 도입한 개념, 그는 생존에 유리한 개체는 살아남고 불리한 개체는 도태된다고 주장했다 – 옮긴이)은 인간을 지위에 관심을 가진 생물체로 진화시켰다. 체내의 신경화학은 지위에 대한 관심을 유도한다. 일이 잘 진행될 때, 더 큰 영향력을 발휘하고 있다고 느낄 때 생기는 긍정적인 감정이 그 수단이다. 반대로 일이 잘 진행되지 않을 때, 눈에 띄게 일이 더 잘 풀리는 다른 사람의 존재를 알게 될 때 드는 부정적인 감정도 마찬가지다.

세 번째 동기, 지식

우리를 움직이는 세 번째 동기는 지식에 대한 호기심과 목마름이다. 인간은 정보를 찾는 종족이다. 17세기 영국의 철학자 토머스 홉스 Thomas Hobbes에 따르면, 우리에게는 왜 그런지 이해하고 싶은 욕구가 있다.

환경에 관해 더 많이 학습한 결과 인간의 생존 가능성은 커졌다. 우리는 불을 조절하는 방법이나 날씨가 다양한 동물에 영향을 미치는 방식, 또 야생에서 가장 효과적으로 사냥하는 법을 이해하고 익혔다.

이 모든 지식을 손에 넣은 우리 조상들은 그렇지 못했던 종보다 생존에서 우위를 점했다. '세상에 대해 더 많이 알수록 생존의 기회가 더 많이 주어진다'라는 말의 결과는 진화가 인간에게 새로운 정보를 찾는 본능을 부여하는 것으로 이어졌다. 우리 뇌의 보상 센터reward center(뇌에서 중독이나 쾌락을 찾는 것과 연관이 있는 보상과 동기부여 영역 – 옮긴이)는 우리가 새로운 정보를 얻을 때, 즉 도파민dopamine을 방출할 때 활성화된다. 또 호기심은 인간이 세상을 이해하고 환경을 관리하고 그곳에 적응하도록 도왔다. 간단히 말하자면, 호기심은 우리의 생존을 위해 존재한 셈이다. 인간은 다른 포유류들이 음식과 물을 비축하는 방법에 관한 정보를 모았다.

한편 '새로운 정보를 얻는 느낌'은 훌륭한 음식이나 맛있는 포도주, 황홀한 섹스에 비교되기도 한다. 우리는 사실을 추구하고 새로운 것을 배우는 행위를 즐긴다. 다른 사람에 대한 호기심은 사회구조의 생성과 번식이라는 결과로도 나타났다. 다시 말해, 우리가 누구와 가깝게 지내야 하는지, 누가 신뢰할 수 없는 사람인지, 누가 미혼인지, 또 누가 전혀 데이트하고 싶지 않은 상대인지를 아는 것이다(첫 번째 동기에서도 언급된 사실이다).

물론 불이익도 있다. 이런 종류의 호기심은 본질적으로 안절부절못하는 경향이 짙다. 그래서 우리는 새로운 감동과 자극을 찾고 지루함을 회피한다. 바로 이 때문에 끊임없이 메일을 확인하거나 소셜 미디어에 방금 다른 사람이 업로드한 모든 것을 확인하려 든다. 이런 초조함을 어떻게 관리하느냐가 오늘날의 우리에게 주어진 과제 중 하나다. 진화론적 관점에서 이는 특별히 이상한 행동은 아니다. 사실 생존 가능성을 높이기 위해 마땅히 해야 할 일을 하고 있을 뿐이다. 중요한 것은 현재 우리는 정보가 과도하게 넘쳐나는 환경에서 살고 있으며, 이에 따라 (과거에는 생산적이었던) 새로운 정보에 대한 욕구가 압도당했다는 점이다.

이 모든 것의 결과로, 오늘날 우리는 산만한 마음 때문에 고민한다. 다양한 스크린을 지속적으로 접하면, 인지 능력에 영향을 받고 학교와 직장에서 성과를 내는 데 어려움을 겪게 된다. 나아가 사람 사이의 공감도 줄어들고 관계 역시 망가지기 쉽다. 우리는 정말 중요한 것들과 그다지 의미 없이 우리의 주의력을 도둑질하는 것들의 차이를 인식하는 걸 어려워한다. 고작 10분 만에 스마트폰을 '그저 확인하는' 자유를 박탈당했다며 불안해한다는 연구 결과도 있다.[2] 우리는 자신이 휴대전화와 함께할 때 얼마나 충동적인지 알고 있다. 그렇지 않은가?

인간의 정보 수집 행위는 강력하다. 누군가 이를 방해하려고 하면 마치 강박 장애를 경험하는 것과 비슷한 수준으로 불안감이 생긴다. 이것이 삶의 목표를 달성하는 데 도움이 되지 않는다는 것을 굳이 지적할 필요도 없다. 관계 개선에 안 좋은 영향을 미칠뿐더러 삶의 질 향상에도 도움이 되지 않는다.

일시적인 만족

우리의 욕구를 충족하는 것은 쉽게 상하는 상품이며, 그 것들은 계속 채워져야 한다. 예를 들어 잠깐 사교적인 활동을 하고 나 면 우리는 한동안 '충분히 만족한 상태'가 된다. 그리고 시간이 지나 면 다시 한번 그 욕구가 천천히 되살아나는 것을 느낀다. 고대 그리스 의 철학자 아리스토텔레스는 중간점 moderate mean, 즉 '세트 포인트 set point'를 언급했다. 이는 우리가 자신의 자질과 요구에 관해 '합리적 수 준의 성취'를 지닌다는 개념이다. 합리적 수준의 지위와 합리적 수의 관계, 합리적 수준의 지식 등이 이에 해당한다. 그리고 이 합리적 수준 의 성취는 개인의 고유한 특성이 된다.

다음과 같은 예를 들어보자. 마이클은 에바보다 좀 더 사회적 접 촉 social contact을 선호한다. 만약 에바나 마이클이 희망하는 것보다 사 회적 상호작용이 적게 일어난다면, 그 둘 모두에게 다른 사람과 상호작 용을 하도록 동기가 부여된다. 사회적 접촉이 그들이 원하는 수준에 정 확히 다다르면, 에바와 마이클은 일시적으로 만족할 것이다. 그리고 그 수준이 높아지면 그들은 한 걸음 물러나 혼자 시간을 보내고 싶은 충동 을 느낀다. 두 사람이 참석하는 한 파티를 상상해 보자. 에바는 파티에 서 두 시간 동안 사회적인 활동을 즐기면 만족한다. 그쯤이면 그는 잠 시나마 자신이 충분히 다른 사람과 교류를 한 상태라고 느낀다. 반면 마이클은 파티가 새벽 세 시에 끝난다고 해도 절대 만족하지 못한다.

그때 그는 2차를 추진할지도 모른다.

　동기는 현실적으로 부정적인 성향을 띨 수도 있다. 예를 들어 앙심을 품은 사람들은 경쟁과 갈등, 대립과 공격성으로 동기부여를 받는다. 그들은 며칠 동안 갈등이 없는 시간을 경험한 뒤 서서히 새로운 갈등의 필요성을 감지해 나간다. 시간이 흐를수록 타인에게 시비를 걸고 싶은 욕구가 커지는 것이다. 같은 방식으로 심각한 갈등이 예상을 뛰어넘어 과도하게 커지거나, 혹은 그들 자신이 누군가를 향해 특히 공격적인 행동을 한 뒤라면, 그들은 평화적인 행동을 지향한다. 이는 상황의 균형을 맞추기 위함이며, 아리스토텔레스의 중간점에 도달하고 싶어 하기 때문이다. 여기서 그 중간점은 개인적 성취의 수준으로 작용한다.[3]

진정한 나를 찾아서

　관계와 지위, 지식을 위한 우리의 노력은 삶의 근본적인 부분이다. 세 가지 동기는 수백만 년에 걸쳐 진화하며 호모 사피엔스가 살아남도록 도왔다. 우리는 대부분 앞선 세대들보다 더 높은 수준의 삶을 즐기고 있다. 이토록 좋은 삶을 누리면서 왜 그렇게 기분이 좋지 않느냐는 질문은 꽤 타당해 보인다. 이 질문에 대한 많은 답 중 하나는 바로 최상의 상태로 기능하기 위해 새로운 방법과 도구가 필요하다는 것이다. 우리가 언제나 그렇게 기능했던 것처럼 그동안 우리 세계도 변화했다. 인간의 동기는 우리를 구성하는 일부분이자 우리의 성격이다. 동기는 우리의 욕구와 관계와 행동을 지시한다. 이는 다음을 의미한다.

우리는 우리의 동기에 기초하여 소비한다.

갈등은 우리의 동기에 뿌리를 두고 있다.

우리는 동기 덕분에 일을 구하고 고용된다.

우리의 사고는 우리의 동기에 영감을 받는다.

우리는 동기에 따라 데이트를 한다.

우리는 동기를 따라 결정을 내린다.

우리는 동기에 따라 시간의 우선순위를 정한다.

그리고…… 우리의 관계는 동기의 영향을 받는다.

우리는 각자의 성격에 따라 각기 다른 방법으로 집단적 욕구를 충족한다. 하지만 행동 뒤에 무엇이 존재하는지 모르고 계속해서 그에 영향을 받는다면, 늘 그래왔던 방식으로 앞으로도 살아갈 것이다. 언제나처럼 이리저리 뛰어다니다가 오래된 함정에 빠지고 익숙한 실수를 반복해 나갈지도 모른다.

인간은 자신의 동기를 처음 제대로 인지했을 때 비로소 주도권을 잡는다. 엘리트 축구 선수가 그렇듯이, 개인적 통찰력을 얻기 위해서는 우리의 강점과 약점에 관한 현실적이고 솔직한 이해가 필요하다. 또 그 강점과 약점 모두에 동기부여를 해야 한다. 그래야 동기가 초능력으로 바뀐다.

여기서 인간의 신경화학, 즉 신경세포가 교류하는 화학물질을 이해하는 것이 중요하다. 무엇이 우리를 기쁘고 슬프게 하는지, 또 무엇이 우리를 자극하고 특정 방향으로 인도하는지를 이해하면 평화와 수용을 쉽게 경험할 수 있다. 가장 가까운 사람들을 이해하고 용서하는 행위 또한 수월해진다.

진정한 자신이 되기가 항상 쉽지만은 않다. 가능한 최고의 방법으로 우리 자신(그리고 우리의 관계)을 다루는 법을 배우는 행위는 흔히 도전으로 여겨진다. 하지만 자신에게 부여한 모든 자기비판self-criticism과는 반대되게, 잠시 몸을 쭉 펴고 어깨를 두드려보자. 태초에 도구를 마구 휘둘렀을 때처럼, 현대 세계에서 살아가는 것이 만만치 않다는 단순한 사실에 주목하자. 우리는 아마 여태껏 그래 왔듯이 꽤 잘하고 있다! 하지만 이 책을 읽고 나면 훨씬 더 잘할 수 있다. 자신과 주변 사람들 모두를 새로운 시각으로 바라보게 될 것이다.

앞으로 이 책에서 인간의 동기가 어떤 상황에서 어떻게 우리에게 유리한 고지를 가져오는지 이해하는 법을 배우게 된다. 그렇지만 동기가 우리 삶을 통제할 필요는 없다. 바로 우리 자신이 통제를 맡게 될 것이기 때문이다. 본문에서는 인간의 행동을 더 잘 이해하고 일상을 더 수월하게 다루며, 더 나은 결과를 성취하고 관계를 잘 발전시키기 위한 몇몇 수단을 다룬다.

이 책에서는 우리가 꼭 해야 하는 무언가를 다루지 않는다. 근본적으로는 **우리가 이미 어떠한 상태인지**에 관한 책이다. 아니면 그 이상의 것을 다룰 수도 있다. 어떻게 하면 더 성공적이고 행복한 자신을 일구어나갈 수 있을까?

세 가지 동기를 자세히 다루기 전에 각자에게 영향을 미치는 특정한 행동의 이면에 있는 요소들을 살펴보자. 무엇이 우리를 움직이고 있을까?

우리가 그렇게 행동하는 이유

방금 우리가 친절한 마음으로 공감 능력을 발휘하여 특정한 행위를 했다고 가정해 보자. 왜 그렇게 했을까? 이 물음은 더 나아가면 '왜 그렇게 행동했는가?'라는 질문이기도 하다.

미국의 심리학자이자 행동주의를 창시한 존 왓슨 John Watson은 인간의 행동이 환경의 영향을 굉장히 잘 받는다고 생각했다. 인간의 행동은 환경적 요건에 따라 만들어진다. 왓슨의 주장에 따르면, 우리는 무작위로 선택된 10명의 어린아이들을 우리가 원하는 모습으로 키워낼 수 있다고 한다. (이는 나중에 틀렸음이 입증되었다.)

이런 관점은 20세기 중반 내내 (미국의) 심리학계를 지배했다. 기본적으로 심리학자들은 행동에 대한 환경적 영향(대개 고정된)을 전적으로 확신하는 반면, 동시에 이에 관련된 다른 설명은 무시했다.

나를 비롯한 오늘날의 많은 심리학자는 우리가 다양한 수의 렌즈를 통해 행동을 관찰할 때 가장 정확한 결과를 얻는다고 확신한다. 인간의 특정한 행동 뒤에는 여러 이유가 있기 때문이다. 그리고 이는 다양한 방법으로 설명된다.

미국의 신경내분비학자이자 영장류학자인 로버트 새폴스키 Robert Sapolsky 는 《행동 Behave》에서 이런 설명의 첫 번째 범주가 인간의 신경화학에서 발견된다고 주장했다. 그 행동이 일어나기 1초 전, 우리 뇌에 무슨 일이 일어났을까?[4]

이번에는 다음 범주의 설명으로 옮겨가서 그보다 더 전에 일어난 일을 자세히 살펴보자. 어떤 감각(시각, 청각, 신체적 감각)이 신경계를 자극해 특정한 행동을 이끌었을까?

또 다른 설명은 인간의 호르몬에서 찾을 수 있다. 우리는 지금 행동과 사건이 발생하기 몇 시간, 혹은 며칠 전에 대해 이야기하고 있다. 과연 무엇이 특정한 개인에게 위와 같이 즉각적이고 감각적인 인풋 input 을 정확하게 수용하고, 그 행동이 일어날 가능성을 허용했을까?

분명한 사실은 여기서 설명을 끝마치지 않아도 된다는 점이다. 이런 요인들이 영향을 미치는 유일한 요소가 아니고, 왜 우리가 그런 행동을 하는지 해명하는 유일한 설명 모델도 아니기 때문이다. 우리는 지난 몇 주 혹은 몇 년간 우리 뇌를 형성해 왔다. 또한 우리는 다양한 자극에 반응하는 방식을 제공한 우리 환경의 세부적인 부분으로, 또 그 과거들로 계속해서 되돌아갈 수 있다. 또 우리는 어린 시절으로도, 아니면 훨씬 오래전 어머니의 자궁에서 촐랑대며 돌아다녔던 생명체의 초기 시절로도 거슬러 갈 수 있다. 그것도 아니면 개개인 고유의 유전자 시절도 가능하다.

그렇다면 개인에 대한 의문을 가지는 것보다 더 큰 요인들을 그저 성찰해 보는 것은 어떨까? 또 어떤 요인들이 우리 문화를 현재와 같은 방식으로 형성했을까? 그리고 그 문화는 어떻게 특정한 행동의 발달에 영향을 주었을까?

자, 우리 시야가 이처럼 더 넓어졌다! 혼란스러운가? 아니면 해방감을 느끼는가? 하나의 행동에 이토록 다양하고 많은 수준의 설명이 존재한다.

신경화학으로 설명되는 것들

인간은 복잡한 유기체다. 하지만 그러한 우리에 관한 것들 대부분이 이미 설명되어 있다. 행동이 그러하며, 동기 또한 그렇다. 예측될 수 있다는 뜻이다.

하지만 모든 행동을 호르몬과 유년 시절, 또는 유전자라는 한 가지 요인으로 설명하는 것은 의미가 없다. 우리는 우리의 관점을 다양한 규율의 허브로 확대해야 한다. 개인적이며 외부로부터 완전히 고립된 규율의 영역은 존재하지 않는다. 각각의 규율 모델은 이전에 존재했던 것들의 결과물인 다른 규율 모델들과 서로 연관되며 앞으로의 일에 영향을 미친다. 단순히 어떤 특정 행동이 하나의 유전자, 하나의 호르몬, 또 유년 시절에 겪은 하나의 경험에서 비롯한 결과라고 추측할 수 없다. 행동과 같은 복잡한 현상을 우리는 커다란 관점으로 바라봐야 한다.

이제 우리가 그렇게 행동하는 이유를 설명하는 모델 중 하나인 신경화학을 살펴보자. 간단한 예로, 어떤 때는 기분이 좋고 어떤 때는 기분이 좋지 않다. 우리는 자주 이 둘 사이의 어딘가에서 멈칫거린다. 어쩌면 우리는 왜 기분이 좋지 않은지 꼭 집어 말할 수 없다는 점이 짜증스러울지 모른다. 그 현상 뒤에 존재하는 확실한 요인을 분리하여 생각할 수 없기 때문이다.

그렇다면 기분과 감정에 영향을 미치는 것은 무엇일까? 여기서 인간의 신경화학이 중요한 역할을 한다. 여성과 남성이 호르몬으로 나뉜다고 해도, 인간은 여전히 동일한 근본적 신경화학물질을 공유하고 있다. 말하자면 이 물질에 영향을 미치는 다양한 요인이 우리 삶에 큰 역할을 한다는 소리다. 유전자는 분명 중요한 작용을 한다. 하지만 우리가 처한 특정한 상황도 우리에게 중대한 영향을 준다.

화학적 신호와 호르몬

우리가 기분이 좋을 때 뇌는 다양한 신경화학물질을 분

비하고 있다. 이런 현상들은 포유류의 역사에서 일찍이 시작되었다. 당시 삶은 분명 오늘날보다 위태로웠을 테고, 생물들은 수도 없이 목숨을 위협받았을 것이다. 이 현상들은 인간의 정서적 삶의 배경을 형성한다. 그리고 우리의 신경화학물질은 단 하나, 생존 가능성을 높이려는 목적으로 발전되어 왔다.

우리 뇌는 생존 확률을 높이는 행위를 하기 전에는 물질을 분비하지 않는다. 이는 식량과 안전, 혹은 사회적 지원과 관련이 있을 수도 있다. 우리 몸이 말한다. "친구야, 이건 너에게 좋은 일이야. 더 많은 것을 얻기 위해 네가 해야 할 일을 해!" 하지만 짧고 일시적인 행복의 순간은 충분하다. 새로운 쾌감이 필요하게 되면 우리는 그것을 얻기 위해 움직여야 했다.

만약 인간에게 내적 만족을 안겨주는 이런 신경화학물질이 끊임없이 분비된다면, 아마 우리는 온종일 나무 밑에 누워 있을 것이다. 그리고 무기력함과 수동적이고 만족스러운 기분에 젖을 것이다. 그저 신경화학물질에 취해 아무것도 안 하는 현재 상태에 만족해 버릴지도 모른다. 우리 조상들 역시 영양분을 섭취하려 애쓰지도 않고 포식자들의 동태를 주시하지도 않았을 것이다. 번식 파트너를 찾으려는 충동조차 느끼지 않았을지 모른다. 그렇게 인간은 살아남지 못했을 것이며, 유전자 또한 후손들에게 성공적으로 전해지지 않았을 것이다. 그리고 이내 멸종의 순간을 맞이했을 수 있다.

신경화학물질은 인간의 행동을 생산적인 방향으로 이끈다. 이 물질들이 분비될 때 우리의 기분은 좋아지고, 반대로 이 물질들이 분비되지 않을 때 기분이 나빠진다. 한편 이 물질들이 언제나 개인으로서의 우리가 가장 생산적인 행동을 하도록 돕는 것은 아닐 수도 있다. 오히려 전체적으로 인류에게 이익이 되는 행동을 유도하기도 한다. 이 물질들을 복용하고 물질들이 몸에서 대사 작용을 한 뒤(다시 말해 효과가 사라졌을 때), 우리는 무언가가 꺼진 듯한 기분을 경험한다. 더 많이 경험하기 위해서는 더 많은 것을 해야 한다.

뇌의 다른 구조들

인간의 뇌에는 변연계 limbic system(사람의 감정과 욕구를 통제하는 신경계의 일부분으로 편도선, 해마, 시상하부로 구성되어 있다)와 피질 cortex이라는 두 가지 주된 체계가 있다. 피질 안쪽에는 전두엽이 있는데, 그곳에서 행동과 결과의 관계를 처리한다. 전두엽은 또한 옳고 그름을 결정하는 곳이기도 하다. 인간에게 이 뇌의 영역은 우리가 내리는 판단의 본부, 즉 이성적 사고의 중심이라 할 수 있다.

전두피질은 우리가 '만약 내가 X를 한다면, Y가 일어나겠지'라고 결과나 다른 잠재적 미래의 시나리오를 예상하게 하는 기능을 수행한다. 이런 식이다. '아내의 생일을 잊어버리면 우리 관계에 금이 갈 거야. 그러니 잊지 않는 게 좋겠지.' 또는 '내가 마감 일자를 모두 맞춘다면,

재계약을 협상할 때 더 좋은 결과를 낼 수 있겠지.' 이는 우리가 자동적인 반응과 충동에 전적으로 의존하는 대신 경험과 책, 타인의 삶에서 배울 수 있는 것이다. 하지만 이런 피질도 변연계에 의해 조절되는 신경화학물질을 통제할 수는 없다. 이 물질들은 자동적이며, 생존 가능성을 높이기 위해 지정되었기 때문이다. 피질이 의사소통을 유연하게 하기 위해 변연계의 정보를 제공할 수는 있지만, 인간의 신경화학 분비물을 통제하는 것은 여전히 변연계의 몫이다. 그런 변연계의 중요한 구성 요소로 편도체amygdala(뇌의 변연계에 속하는 일부 구조로 사람의 동기나 감정, 학습과 관련된 정보를 주로 처리한다 – 옮긴이)가 있다. 편도체는 뇌의 다른 부분에 위험을 경고하는 경보 시스템을 지닌다.

변연계는 특히 옥시토신, 세로토닌, 도파민, 엔도르핀endorphin 등 기분을 좋게 하는 네 가지 신경화학물질과, 반대로 좋지 않은 감정이 들게 하는 신경화학물질인 코르티솔cortisol을 분비한다. 그중 코르티솔은 두려움이나 슬픔, 분노의 감정을 느낄 때 분비되어 위험을 경고한다.

인간의 신경화학은 여전히 생존이 어디에 달렸는가를 따지는 오래된 이해의 관점에 따라 존재한다. 그 이해의 관점은 포유류가 수백만 년에 걸쳐 생존할 수 있게 해주었다. 우리가 다룰 세 가지 동기는 이런 신경화학물질과 밀접하게 연관되어 있다.

모두가 동일하게 근본적인 신경화학적 요인과 동기를 가지고 있지만, 그래도 우리의 성격은 제각기 다르다. 개인으로서 우리의 힘이 다양한 이유다. 지식에 대한 갈망이 큰 사람이 있는가 하면, 누군가는 지위를 좇는다. 어떤 이는 사교에 대한 욕구가 유독 크다. 선천적으로 신체 접촉을 덜 좋아하는 사람이 있는 반면, 성행위를 중요하게 생각하는 사람도 있다. 사소한 '부당함'조차 상대에게 되갚아 주고 싶은 욕구가 평생 특정한 누군가를 괴롭히는가 하면, 남들보다 너그러운 성품을 지닌 이도 있다. 이처럼 자신에게 중요한 동기가 어떤 것인지를 다룬 자기만의 프로필은 우리를 남들과 다른, 독특하고 개별적인 존재로 성립시킨다.

이제 우리가 지닌 세 가지 동기를 제대로 탐구해 볼 시간이다. 이 동기들, 즉 지위·관계·지식은 우리 삶의 다양한 상황과 행동 그리고 도전을 설명해 줄 것이다.

차례

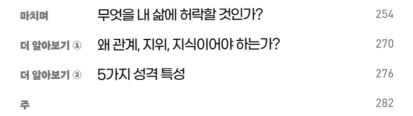

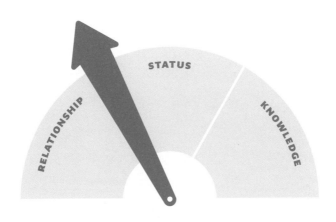

**DINA DOLDA
DRIVKRAFTER**

첫 번째 동기,

안전하게 행복하기 위한

관계

✦ RELATIONSHIP ✦

✳   최근에 우리가 어떤 선택을 했다고 가정해 보자. 무엇이

든 좋다. 새 셔츠를 샀다거나 후미진 골목 모퉁이의 술집

에서 맥주를 마셨다거나, 아니면 영화를 볼 계획을 세웠

다고 해도 좋다. 어느 정당에 투표하고, 누구를 데이트 상대로 정하고,

어떤 진로를 택할 것인지와 같은 더 중요한 선택도 가능하다.

그 상황에서 우리는 왜 그런 선택을 했을까? 무슨 이유로 그 특정한

결정을 내렸던 걸까?

이 질문은 유치할 정도로 단순하게 느껴질지 모른다. 분명 우리는

우리가 좋아하는 것을 선택했을 테니까! 우리가 내리는 결정은 우리의

취향과 선호도에 따라 결정된다. 그런데 일이 그냥 이렇게 간단하지만

은 않다. 사실 다른 사람들은 우리가 살면서 하는 대부분의 일에 큰 영

향을 미친다. 우리는 친구들이 운동한다는 이유로 운동을 한다. 내게도

어머니가 본다는 이유로 보기 시작한 TV 프로그램이 있을 정도다. 지

난주 토요일 저녁 식사 때 알게 된 사람이 보험에 관한 이야기를 들려

주어서 생명보험에 가입하기도 했다. 내 아이들은 같은 반 친구 둘이

테니스를 친다는 이유로 테니스를 배우고 있다. 또 말레이시아에서 휴

가를 보내는 사진이 소셜 미디어에 올라온 것을 보고 그곳으로 여행을

떠나기도 한다. 이렇듯 사회는 우리에게 영향을 미친다.

다른 사람들의 영향을 전혀 받지 않는 단독 선택을 찾기가 상당히

어렵다는 것은 분명하다. 하지만 우리가 내리는 결정이 아무런 이유 없

이 다른 사람에게 영향만 받는 것은 아니다. 차를 구입할 때는 당연히

안전에 관하여 신뢰할 만한 기록이 있는지, 가격이 합당한지, 연비가 좋은지가 중요하게 작용하다. 하지만 그 이상으로 친구와 가족이 내놓는 의견과 제안도 중요하다. 또 특정한 차의 소유 여부를 '멋진' 사람들(높은 지위를 지닌 사람들)의 조건과 연결 짓는 시선에도 영향을 받는다.[5]

한편 우리는 우리 자신을 두고는 이런 효과를 인식하는 데 자주 어려움을 겪는다. 대부분의 사람이 대중 앞에서 하는 연설을 죽음에 대한 공포를 넘어설 만큼 두려워한다는 말을 들어본 적이 있는가? 왜 그런 걸까?

대중 연설을 극도로 두려워하는 이유는 바로 많은 사람이 우리를 거부할 우려가 있기 때문이다. 대중이 우리가 하는 연설을 시간 낭비라고 치부할지 모른다. 이는 말하기공포증glossophobia이라고 불리는 매우 강력한 공포증이다. 주변 사람들에게 비판적으로 평가받는 것에 대한 인간의 선천적인 민감성은 목숨이 걸린 것만큼 '해롭지 않은' 상황에서 우리가 어떻게 반응하는지를 보여주는 또 다른 예다.

어떤 사람들은 다른 사람들보다 더 열심히 걱정거리를 찾는다. 역사적으로 보자면, 조금이라도 위험 상황이라고 간주했을 때 스트레스에 대한 반응을 활성화하는 것이 사실상 효과적이다. 안타깝게도 오늘날 이 반응은 전혀 불필요한 이유로 활성화되기도 한다. 관심이 있는 누군가가 의미 있어 보이는 문장 대신 고작 세 단어로 이뤄진 단답형으로 대답했을 때, 또는 이웃의 생일 파티에 초대받지 못했다고 생각할 때(나중에 파티에 초대하는 이메일이 스팸메일함에 들어가 있는 것을 알게 될 때도 있다)가 그렇다. 우리는 그 즉시 이렇게 생각한다. '그들은 나를 좋아하지 않아. 나는 재미있는 사람도 아니고 가치 없는 존재인가 봐. 사회적 왕따인 걸까?'

인간이 이처럼 소외되는 것을 두려워하는 이유는 무엇일까? 이는 우리 조상들에게 '배제'된다는 것은 곧 죽음이나 다름없었기 때문이다.

외로움과 우울

심리학자 로이 바우마이스터Roy Baumeister와 마크 리어리Mark Leary는 '소속 욕구 need to belong'를 주제로 한 연구에서, "소속 욕구는 강력하고 근본적이며 극도로 만연해 있는 동기"라고 밝혔다. 특정한 집단에 소속되면 음식을 나눌 수 있고, 잠재적 배우자에게 더 쉽게 접근할 수 있을뿐더러 육아에 관한 책임을 공유할 수 있기 때문에 삶이 더 수월해진다.[6]

만일 인간에게 관계가 얼마나 중요하게 작용하는지 이해한다면, 왜 우리가 그렇게 외로움에 강하게 반응하는지 역시 이해할 수 있다. 사실 내가 이런 감정들이 얼마나 강력한 힘이 있는지 알아보고자 할 때, 나 자신의 반응을 살펴보는 것으로도 충분했다. 예를 들어, 가끔 기분이 우울할 때가 있다. 여기서 흥미로운 것은 내 우울의 방식이 체계적이고 조직적으로 이루어진다는 점이다. 나는 한 번씩 며칠 동안 혼자서 일을 하고는 했는데, 그때 자주 우울한 감정을 느꼈다. 그리고 그 감정의 영향을 너무 많이 받은 나머지 체육관에서 운동을 하거나 다른 사람을 만나러 어딘가로 이동하지 않는 한 실제로 생산적인 활동을 하기 어렵다는 점을 깨달았다.

우리는 다른 사람과 함께 있을 때 일반적으로 기분이 좋아진다. 인간이 경험하는 그 어떤 것보다 결속시키는 힘이 강한 유대감은 우리에게 더 큰 의미와 행복, 만족감을 느끼게 한다. 한편 외로움은 그 자체로도 흥미로운 현상이다. 말 그대로 실제로 혼자가 아니더라도 주기적으로 혼자인 것처럼 느끼기 때문이다.

외로움이 위험한 이유

오랫동안 인간에게 외로움은 주로 심리적인 영향을 미친다고 여겨졌다. 하지만 오늘날 우리는 외로움이 심지어 신체 건강에도 좋지 않은 영향을 미친다는 점을 깨달았다. 사실 외로움은 죽음으로까지도 이어질 수 있다. 여기서 비자발적 고립과 자발적 고립의 구별이 중요하다. 심장과 순환기 질환의 위험성이 증가하거나, 더 나아가 때 이른 죽음까지 불러일으키는 것은 비자발적 고립이다.

왜 혼자 있는 것이 해로울까? 이는 스트레스 호르몬이 체내에 분비되기 때문이다. 바로 이 호르몬들이 우리에게 좋지 않은 영향을 미친다.

또 비자발적 고립은 뇌의 통증 반응을 활성화한다. 그렇기에 인간은 혼자 있을 때, 다른 사람과 함께 있을 때보다 더 큰 고통을 느낀다.

진화론적 관점에서는 외로움이 해로운 이유에 관해 인간이 다른 많은 동물에 비해 상대적으로 약하고 느리기 때문이라고 설명한다. 우리는 함께 협력하고 뭉치는 법을 배울 때 성공적으로 살아남는다는 일종의 전략을 깨달았다. 다른 사람과 함께하는 것은 인간에게 성공을 위한 요소가 되었다. 우리는 생존에 도움이 되는 것들을 꽤 간단히 경험했다. 우리 뇌는 행복한 기분을 느끼게 하는 신경화학물질을 분비했고, 이는 왜 다른 사람들과의 접촉이 태어날 때부터 숨이 멎는 마지막 순간까지 우리에게 동기를 부여하는지 설명한다.

약간 호감을 느끼는 사람에게 문자메시지를 보냈다고 가정해 보자. 작은 점들이 글자 모양으로 돋아나와(상대방이 적극적으로 대답하고 있다!) 우리의 감정을 건드리는 과정을 지켜보는 것은 몇 초도 걸리지 않는다. 연구원들은 이 작은 점들이 가져오는 효과를 연구했다. 흥미로운 것은 특정 메시지가 전송되고 있다는 것을 인지하는 과정이 우리 내면의 불안감을 불러일으킨다는 점이다.[7] 이 상황은 주변에서 일어나고 있는 다른 일들을 무시하게 만든다. 하지만 이는 갓 바른 페인트가 다 마르는 것을 보기 위해 주변을 둘러싸고 앉아 있는 것만큼 우스운 일이다. 그런데도 우리의 반응은 여전히 위와 같다.

우리는 다른 사람과 그들이 우리에게 하는 말에 사로잡혀 있다. 행복과 고통, 걱정 등 온갖 다양하고 강렬한 감정이 우리가 맺는 관계와 연관된다. 다시 말하지만, 이렇듯 강렬한 감정을 경험하는 것은 우연이 아니다. 이 모든 감정은 인간인 우리가 살아남을 수 있게 도와준다. 사회적 고통은 육체적 고통만큼이나 중요하게 여겨진다. 우리가 관계에 신경을 쓰기 때문이다. 우리는 우리 아이들을 안전하게 보호하고 아이들과의 거리를 가깝게 유지하려 해야 한다. 또 사람들에게 애착을 느끼고, 친구를 사귀고, 친척들을 돌보는 행동도 필요하다.

과거에 인간은 더 작은 규모로 무리를 지어 생활했다. 마을에서 조금 벗어나기라도 하면 불안과 스트레스를 느끼고 걱정스러워했다. 그렇게 스트레스 호르몬이 분비되었다. 오늘날 우리는 전혀 다른 새로운 세상에 살고 있지만, 우리가 지닌 유전자는 인류 역사 속에서 지금과 완전히 다른 시대로부터 전해져 내려왔다. 많은 사람이 그렇듯이, 주변에 다른 사람이 있는 환경은 우리에게 일종의 쾌감을 준다. 인간은 본디 사회적인 동물로 태어났다. 우리의 정체성은 우리가 자신이라고 부르는 공동체가 가진 가치의 반영이기도 하다. 관계는 우리에게 커다란 행복을 가져다준다. 이런 관계는 가끔 삶이 무의미한 것처럼 느껴지게 한다. 관계가 언제 끝날지도 모르고, 가까운 누군가가 갑자기 죽는 경우도 있기 때문이다.

집단적인 행동은 기본적으로 인간에게 (영원히) 불변적인 개념이다. 이 경우, 독특하고 고유한 개인에 대해 느끼는 우리의 자부심은 역설적으로 느껴질 수 있다. 이렇듯 모순되는 개념들은 내면의 갈등을 일으킨다. 주변에서 볼 수 있는 간단한 예를 들어보자. 같은 직장에 다니는 사람들은 보통 서로 비슷해 보인다. 그들은 비슷한 방식으로 옷을 입는다. 또 그들에게는 어떤 행동 양식을 갖추고 어떤 사고방식으로 무엇을 믿어야 하는지에 관한 일련의 불문율이 발전하기 마련이다. 이렇게 서로가 유사성을 띠어야 하지만, 여전히 사람들은 파티에 갔을 때 자신이 다른 누군가와 똑같은 재킷을 입고 있는 상황과 마주치기 싫어한다. "이런, 제 옷이 여기에 전혀 어울리지 않네요. 어떻게 이렇게까지 드레스 코드를 잘못 이해했는지 모르겠어요!"라고 말하는 상황을 원하지 않는다는 뜻이다.

진화는 인간의 뇌를 발달시켰다. 우리는 다른 사람에게 다가가고 그들과 일종의 통합을 이루는데, 이는 진화가 원하는 현상이다. 바로 인류가 지구상에서 가장 우세한 종으로 존재하는 이유다. 하지만 안타깝게도 이런 적응은 우리가 우리 자신에게 수수께끼 같은 존재로 느껴지는 이유이기도 하다. 인간의 '맹점'은 우리가 누구이며, 어떻게 기능하는지를 이해하는 데에서 두드러지는 비중을 차지한다.

이제부터 하나의 종으로서 인간이 어떻게, 또 어떠한 이유로 관계에 의해 움직이는지 자세히 살펴보도록 하자. 왜 이런 식으로 기능하는지, 다른 사람과 함께 있을 때 신경화학적으로 어떤 현상이 몸에 일어나는지, 우리가 내리는 결정은 우리가 관계에 의해 움직인다는 사실로부터 또 어떤 영향을 받는지, 마지막으로 이 모든 것들이 어떠한 결과로 이어지는지를 좋든 싫든 간에 알아보자.

사회적 영향,
타인의 방식

우리의 선택은 다른 사람에게 영향을 받는다. 이 사실은 다른 사람에 관해 말할 때 쉽게 발견된다. 하지만 우리 자신에 관한 한 간단히 인지하기 어려운 문제이기도 하다. 이 장에서는 다른 사람들이 다소 단순한(하지만 흔히 절묘하기도 한) 수단을 통해 우리의 행동에 어떠한 영향을 미치는지를 다룬다.

보면 볼수록……

　무엇에 관심을 가지는지, 점심으로 무엇을 먹는지, 얼마나 자주 연습을 하는지 등 우리의 모든 행위는 다른 사람들의 행동에 영향을 받는다. 왜 그런 것일까?

　이에 대한 설명 중 하나가 심리학에서 '사회적 바람직성에 의한 편향social desirability bias'이라고 불리는 것이다. 영향을 받는 것 자체를 우리가 달갑게 여기지 않기에 스스로 이 영향을 인식하기 어렵다. 어느 시점, 어느 지점에서인가 사회는 인간에게 독립된 개인이 되어야 하며, 그렇기에 영향을 받는 문제를 극복해야 한다고 주입했다. 누구도 다른 모든 사람들처럼 맹목적으로 누군가를 따르고 싶어 하지 않는다. 우리가 이런 관점을 가진다면 사회적 영향력은 바람직하지 않은 것이며, 우리는 분명 그런 부정적 시각에서 자신을 바라보고 싶지 않아야 한다.

　하지만 문제가 그렇게 간단하지 않다. 만일 영향력이 긍정적으로 인정받는다고 해도 자신이 다른 사람에게 영향을 받는 상태를 인지하는 것은 여전히 즐겁지 않다. 작가이자 교수인 조나 버거Jonah Berger는 《보이지 않는 영향력Invisible Influence》에서, 우리가 어떻게 영향을 받으며 이를 어느 정도 인지하지 못하는지를 자세히 설명하는 연구를 다루었다.[8]

　이 연구는 피츠버그대학교의 R. L. 모얼랜드R. L. Moreland 교수의 주도로 진행되었다.[9] 연구진은 혼성 실험 참가자들에게 총 네 명의 여성

(각각 A, B, C, D로 표기했다)의 사진을 보여주었다. 참가자들은 이 여성들 각각에 대한 몇 가지 질문에 대답했다. 질문은 다음과 같았다. '당신은 이 여성을 얼마나 매력적으로 느낍니까?', '당신은 이 여성과 함께 시간을 보낼 의향이 있습니까?', '당신은 이 여성과 친구를 하고 싶다고 느낍니까?' 제시된 사진 속 여성들 가운데 눈에 띄게 두드러지는 사람은 한 명도 없었다. 외모로 볼 때는 모두 전형적인 대학생처럼 보였다. 사진 속 여성들은 거의 같은 나이처럼 보였고 편안한 옷차림을 하고 있어, 마치 같은 반 친구나 공부를 같이하는 단짝쯤으로 생각되었다.

한편 사진 속 여성 가운데 셋이 모얼랜드 교수가 강의하는 수업에 학생으로 나타났다. 수업이 시작되기 몇 분 전 모습을 드러낸 그들은 앞쪽 책상을 향해 천천히 걸어간 다음, 대다수의 학생이 잘 볼 수 있도록 그 자리에 앉았다. 강의가 진행되는 동안 그들은 조용히 앉아 필기를 했다. 그리고 강의가 끝나자 소지품을 챙겨 다른 학생들과 함께 강의실을 떠났다. 이 여성들은 이렇듯 강의를 듣는 평범한 학생처럼 보였지만 사실은 모얼랜드 교수가 의뢰한 '엑스트라'였다.

실험에서 다룬 중요한 세부 사항은 네 여성이 수업에 각자 다른 횟수로 출석한다는 점이었다. 총 40회였던 모얼랜드의 강의에 여자 A는 한 번도 참석하지 않았고 여자 B는 다섯 번, 여자 C는 10번, 그리고 여자 D는 열다섯 번 참석했다. 실험의 결과를 알리기 전에 한 가지 덧붙일 말이 있다. 우리는 모두 서로 다른 기호를 가지고 있다. 전혀 이상한 일이 아니다. 배우자가 될 잠재적인 가능성이 있는 누군가를 생각할 때,

밝은색 머리를 선호하는 사람이 있는가 하면 어두운색 머리를 좋아하는 사람도 있다. 운동선수, 지적인 사람, 재미있는 사람, 다정다감한 사람, 키가 작은 사람, 힘이 센 사람 등 사람들의 기호는 각양각색이다. 따라서 각각의 학생들이 여성 A, B, C, D를 다른 강도의 흥미로 인식한 점은 그다지 놀랍지 않다. 학생들 중 몇몇은 여성 A에 더 호감을 느꼈고 다른 몇몇은 여성 B나 C, D를 더 좋게 생각했다.

하지만 이런 개인의 선호도에도 불구하고, 더 자주 수업에 참석한 여성을 더 매력적으로 인식하는 규칙이 나타났다. 실험 참가자들에게 15번 수업에 참석한 여성은 '다섯 번 수업에 참석한 여성보다 더 매력적으로 느껴졌던' 10번 수업에 참석했던 여성보다도 더 매력적으로 느껴졌다. 누군가를 잦은 빈도로 바라보는 행위는 다른 사람이 그들을 좋아하는 결과로 이어졌다. 한편, 15번 수업에 참석한 여성이 다른 여성보다 더 매력적인 외모를 지닌 것은 아니었다. 그들은 모두 외형적으로는 비슷한 매력을 갖고 있었다. 실험 참가자 중 단 한 명도 이 여성들의 존재를 강의가 진행되는 동안 알아차리지 못했다. 분명 이 여성들은 강의실에 나타났지만 언어적으로든 다른 무엇으로든 강의실의 학생들과 교류하지 않았다.

실험 결과를 요약하면, 학생들이 특정 여성을 더 선호한 것은 단순히 그 여성을 다른 여성보다 더 자주 보았기 때문인 것으로 드러났다. 실험 참가자들은 자신이 자주 본 여성에 관심을 보였고, 그 사람을 더 알고 싶어 했다. 실은 강의실에서 해당 여성을 몇 번 더 보았을 뿐이었는데도 말이다.

나는 이 실험을 통해 만약 누군가의 관심을 내게 향하게 하고 싶다면 반드시 그 사람이 나를 볼 기회를 만들어내야 한다고 느꼈다. 만나거나 대화할 기회를 만들고, 내 사진을 상대방이 볼 수 있게 하자. 하지만 경계는 늦추지 말아야 한다. 누군가를 더 자주 만나면 만날수록, 만일 그 만남이 가벼운 데이트를 목적으로 한 것이라도 감정이 싹틀 위험성 또는 긴장감이 더 커지기 때문이다. 그런 반면 누군가에게 사진이나 메시지, 대화를 폭탄처럼 쏟아붓는다면 그 효과는 위와 정반대로 나타날 수 있다.

사회적 영향, 보이지 않는 힘

노출은 긍정적인 마음을 키운다. 강의실의 학생들을 상대로 한 실험뿐 아니라 수백 개에 달하는 다른 실험이 이를 증명했다. **단순한 노출 효과** mere-exposure effect는 텍스트, 과일주스, 건물, 광고 등에 적용된다. 우리는 무언가를 보면 볼수록 그것을 더 좋아한다. 상황이 실제로 일어나고 있을 때 우리가 그 사실을 얼마나 인지하지 못하고 있는가를 보면 상황은 더욱 흥미로워진다. 실험에 참여한 모얼랜드 교수의 학생들에게 그 여성들을 본 적이 있는지 물었다. 거의 모든 학생이 본 적이 없다고 회상했다. 그들에게 이 사실이 그들의 의견에 영향을 준다고 생각하느냐고 물었다. 학생들은 당황하며 대답했다. "음, 누군가를 몇 번 보는 것이 왜 그 사람을 더 매력적으로 생각하도록 영향을 미칠까요?" 어쨌거나 상황은 정확히 그렇게 전개되었다.

우리는 사회적 영향의 중요성을 과소평가한다. 사회적 영향이 일어나고 있다는 것을 인지하지 못하기 때문이다. 우리는 자신의 행동에 영향을 미치는 사회적 영향의 증거를 인정하려 하지 않는다. 눈과 귀를 막으며 애써 부정한다. 하지만 그런 일은 매일같이, 그것도 우리 주변에서 늘 일어난다. 마치 계속되는 우박 폭풍 속에서 원자들이 서로 부딪치고 있는 것처럼 사회적 상호작용은 끊임없이 일어나며 우리를, 즉 우리의 정체성과 행동을 형성한다.

어떤 것에 대한 지식이 너무 적거나 어떻게 행동해야 할지 모를 때 우리는 다른 사람들의 의견이나 경험을 통해 그들이 상황을 어떻게 다루는지 슬쩍 들여다본다. 이 과정은 충분히 논리적이다. 우리는 또한 다른 사람을 일종의 자원으로 인식하고 의존하여 의사 결정을 좋은 방향으로 바꿀 수 있다. 이는 시간과 에너지를 절약해 준다.

연구에 따르면, 정확한 해결책을 알고 있는 상황에서도 인간은 여전히 집단의 의견에 순응하는 경향이 있다. 만약 그 집단의 의견이 완전히 틀렸다고 하더라도 우리는 또래 압력 peer pressure (동료 집단에게 받는 사회적 압력 – 옮긴이)의 희생양이 된다. 예를 들면, 술을 마시거나 직장에서 누군가를 괴롭히는 상황이 그렇다. 아니면 다른 사람들이 (질 나쁜) 농담에 웃고 있는 것을 보고 같이 웃음을 터뜨리는 행위도 이에 해당한

　첫 번째 동기, 안전하게 행복하기 위한

다.[10] 요컨대, 명백한 답이 존재하거나 어떤 것이 옳은 일인지 알 때조차도 우리는 여전히 다른 사람을 따라 하고는 한다.

유유상종은 정말일까?

흔히 듣는 말 중에 '유유상종'이라는 표현이 있다. 우리는 자신과 비슷한 사람에게 끌린다. 심지어 우리 자신처럼 행동하는 사람을 좋아하기도 한다. 다시 말하지만 이는 아마 우리가 기존에 알고 있는 것에 너무 익숙한 데다가, 다른 사람들도 마찬가지로 이 친숙함을 높이 사길 기대하기 때문이다.

한 연인이 관계를 형성하고서 초기에, 몇 년 동안 상대방과 서로 비슷한 모습을 보였다고 가정해 보자. 그들은 해를 거듭할수록 훨씬 더 서로를 닮아갈 것이다.[11] 만일 수십 년 동안 동일한 사람과 어울렸다면, 그것은 곧 상대방의 몸짓과 표정을 수없이 거울처럼 따라 한 시간을 의미한다. 몇 년 동안 반복된 표정은 얼굴에서 일종의 선을 만들어낸다. 심지어 두 살 된 아기들도 다른 아기의 울음소리를 듣고 따라 울기 시작한다. 놀랍게도 아기들은 자신을 보살펴주는 사람의 표정을 따라 하기도 한다.[12]

무의식적으로 일어나는 이런 모방은 거울 뉴런mirror neuron(다른 사람의 행동을 거울처럼 반영하는 신경 네트워크 – 옮긴이) 때문에 일어난다. 우리가 어떤 협상에 들어가는데, 그 합의에 응할 여지가 높다고 가정해보자. 만일 우연히 상대방도 합의에 응할 가능성이 높다는 것을 알게 된다면 협상은 그럭저럭 합의에 도달할 가능성이 매우 크다. 반대로 우리와 상대방 모두 합의에 응할 여지가 적으면 적을수록 서로의 의견에 중복되는 부분이 줄고 협상 또한 어려워진다. 이는 우리와 상대방 모두 차이점을 조정하기 위해 처음에 예상했던 것보다 더 많은 시간을 들여 협상 시간을 연장해야 한다는 것을 의미한다.

그런데 협상 당사자들이 합의에 이를 가능성을 획기적으로 높이는 수단이 있다. 상황이 절망적일 때도 활용되는 이 속임수는 바로 상대방의 행동을 마치 거울에 비춘 것처럼 따라 하는 것이다.[13] 이 현상은 실험 참가자들에게 짝을 지어 협상하게 한 다음 조사되었다. 한 그룹의 협상가들은 자신들의 협상 상대자를 신중히 모방하라는 지시를 받았다. 예를 들면, 판매자가 코를 긁으면 구매자도 코를 긁는 식이었다. 판매자가 앞으로 몸을 당기거나 의자에 기대려고 뒤로 자세를 젖히면 구매자도 똑같이 따라 했다. 물론 이런 모방은 상대방이 눈치채지 못하는 선에서 절묘한 방법으로 이루어졌다. 결과적으로 협상에 모방을 활용한 협상가들은 거래를 성사시킬 가능성이 다섯 배나 높게 나타났다. 성공적인 결과를 얻은 셈이다.

모방, 즉 미러링 mirroring은 협상에서 합의할 가능성을 높이는 것 말고도 더 큰 성과를 거둘 수 있도록 도와주었다. 인터뷰에서 미러링을 활용하자 인터뷰 대상자들이 더 편안한 기분을 느꼈고, 이는 성공적인 결과로 이어졌다. 시장에서 미러링은 구매자를 설득하는 판매자의 능력을 높였다. 우리가 우리의 행동을 따라 하는 웨이터들에게 70퍼센트나 되는 팁을 더 준다는 사실을 혹시 알고 있는가.[14] 이메일에서 상대방의 인사말을 미러링하는 단순한 행위(안녕, 안녕하세요, 잘 지내셨죠, 별일 없으셨죠? 등)가 해당 이메일이 상대방에게 긍정적으로 받아들여질 잠재적 가능성을 높인다.

미러링은 유대감을 형성하고, 사람들을 연결하는 사회적 접착제 역할을 한다. 우리와 상대방의 감정이 대치되는 대신 관련 당사자들은 우리를 포함한 자신들을 더 밀접하게 연결된 존재, 상호 의존적인 존재로 평가한다. 공동체라고 인식하는 셈이다. 만일 누군가가 우리와 똑같이 행동한다면, 그것을 본 우리는 그와 우리가 실제보다 더 많은 공통점이 있다고 믿는다. 아니면 다른 방법으로 우리가 같은 종이라는 느낌을 받기도 한다. 미러링은 더 큰 수용을 불러온다. 이는 데이트 관련 연구에서도 증명되었다. 상대방의 언어 스타일을 반영하는 스피드 데이터 speed dater(자신의 파트너를 찾기 위해 다양한 사람을 돌아가며 잠깐씩 만나는 싱글들을 말한다 – 옮긴이)의 경우, 그들의 잠재적 데이트 상대가 그들을 다시 만나고 싶어 할 확률이 세 배나 더 높았다.[15] 서로 일치하는 언어 스타일을 가진 커플은 3개월 후에도 여전히 관계를 유지하고 있을 가능성이 50퍼센트나 높았다.

서로를 모방하지 않는 유일한 시기, 다시 말해 우리가 이 타고난 성향에서 벗어날 때는 바로 상대방을 피하고 싶어 할 때다. 예를 들어, 현재 연인과의 로맨틱한 관계에 만족감을 느끼는 사람은 다른 매력적인 사람을 미러링하는 경향이 적다.

보통 나는 강의를 할 때 인간이 진화 과정을 통해 어떻게 사회적 유연성을 발전시켜 왔는지를 두고 토론한다. 이는 대부분 사회적 역량에 관한 것이다. 우리가 어머니와 딸에게 같은 방식으로 말을 한다고 해서 거짓된 사람이 되는 것은 아니다. 우리는 배우자에게 말을 할 때나 무대에 섰을 때 각기 다른 방식으로 말을 할 수 있다. 융통성은 경직성보다 우위를 점한다. 우리의 성격은 딱 정해진 것이 아니다.

인기를 예측할 수 있을까?

1950년대 폴란드의 심리학자 솔로몬 아시 Solomon Asch는 실험 참가자들에게 다수의 질문에 답하게 하는 실험을 했다.[16] 실험 참가자들은 다른 사람의 영향을 받지 않고 스스로 온전히 답을 하게 되었을 때 거의 모든 답을 맞혔다(질문이 특별히 어렵지는 않았다).

하지만 다른 많은 사람이 오답을 내고, 또 실험 참가자들이 그 오답에 노출되었을 때 상황은 바뀌었다. 무려 전체 참가 인원의 3분의 1이 오답을 냈다. 이 실험에서 특기할 것은 참가자들이 낯선 사람에게 영향을 받았고, 또 참가자들에게 그 낯선 사람을 기분 좋게 할 이유가 딱히 없었다는 점이다.

첫 번째 동기, 안전하게 행복하기 위한

이를 **순응**conformity이라고 한다. 후속 인터뷰에서 많은 참가자가 "내가 처음에 했던 추리가 틀렸을 거예요"라고 말했다. 그들은 자신을 의심했다. 뇌 연구 결과를 살펴보면, 실제로 실험 참가자가 다른 사람들이 인지한 것처럼 상황을 바라보기 시작했다는 것을 알 수 있다. 우리는 현실에 대한 다른 사람들의 인식을 받아들인다. 사회 전체에 스며드는 이념과 규범, 가치관에 고착되어 있는 셈이다. 우리는 다른 사람들과 함께 성장했기에 그들을 절대적으로 믿으며, 그들의 타당성에 의문을 제기하는 일이 거의 없다.[17]

앞서 여성 '대학생'들이 참여한 연구를 기억하는가? 학생들이 가장 많이 본 여성은 그들이 가장 선호하는 여성이기도 했다. 하지만 상황을 (예를 들어) 예술적인 분야로 바꿔본다면 어떻게 될까? 최고의 아티스트, 최고의 배우, 그리고 최고의 책이 가장 인기 있는 사람과 작품이 될까? 우리는 인기를 예측할 수 있을까? 어떤 노래가 세계적으로 인기를 끌까? 또 어떤 추리소설가가 많은 독자에게 가장 어필할까?

불행하게도 재능과 자질이 유일한 결정 요인이 되는 경우는 드물다. 다른 사람을 모방하려는 우리의 욕망은 어떤 노래와 영화, 옷이 가장 인기 있을지에도 영향을 미친다. 사회연구원 매슈 사가닉 Matthew Sa-ganik은 노래와 관련해 이를 시험해 보기로 했다.[18] 그의 연구팀은 사람들이 노래를 듣고 내려받을 수 있는 홈페이지를 만들었다. 이 실험에서 이미 잘 알려진 노래는 제외되었다. 참가자들은 노래를 듣고 좋아하는 노래가 있다면 내려받을 수 있었다.

이 연구에는 약 1만 4000여 명이 참여했으며, 참가자들은 노래 제목과 노래를 부른 가수, 전 청취자들이 선호했던 노래에 관한 정보를 제공받았다. 그들은 모든 노래에 대해 얼마나 많은 사람이 해당 노래를 다운받았는지 알 수 있었다. 실험은 순조롭게 진행되었다. 가장 인기 있는 노래가 목록의 맨 위에 나타났고, 그다음으로 인기 있는 노래가 두 번째에 위치했다. 그 아래로 줄을 이어 인기순으로 노래가 정렬되었다. 이는 노래가 다운로드될 때마다 리스트가 업데이트된다는 것을 의미했다. 실험에서 흥미로운 사안은 다른 사람의 선택과 관련된 정보가 다른 참가자에게 얼마나 영향을 미치느냐는 것이었다.

실험 참가자들은 다른 사람들의 선호를 따르는 경향을 보였다. 그들은 이전 청취자들이 내려받은 노래를 내려받기로 결정했다. 다운로드가 되든 안 되든, 자신이 선호하는 것을 표현하는 사람이 많으면 많아질수록 가장 인기 있는 노래와 가장 인기 없는 노래의 격차는 커졌다. 노래 자체에는 변한 점이 없었다. 하지만 사회적 영향은 가장 인기 많은 노래는 점점 더 인기가 많아지고, 반대로 가장 인기 없는 노래는 점점 더 인기가 없어지는 상황을 만들었다.

연구팀은 인기에 관한 사회적 영향의 효과를 입증해 냈다.

눈덩이에서 눈사태로

사가닉과 연구팀은 그 다음에 별도의 음원 다운로드 사이트 여덟 개를 새로 만들었다. 그 사이트들은 각기 다른 여덟 개의 현실과 같았다. 연구팀은 실험 참가자들을 여덟 개의 영역에 무작위로 배정하고 상황을 살폈다. 모두 정확히 같은 조건에서 시작했지만, 각각의 현실은 완전히 독립적으로 발전했다.

만일 성공이 오직 결과물의 질과 관련 있는 것이라면, 이 여덟 가지 현실은 사실상 모든 실험이 끝날 때쯤 동일하게 보여야 했다. 가장 인기가 많았던 노래는 여전히 가장 높은 순위를 차지해야 했고, 반면 가장 인기가 없었던 노래는 그 반대여야 했다. 또 특정한 노래가 하나의 현실에서 인기를 끌었다면 다른 현실들에서도 인기 있는 것이 당연했다. 하지만 그런 일은 일어나지 않았다. 특정한 노래의 인기는 각각의 현실에서 극적으로 달랐다. 한 현실에서 가장 인기가 있었던 노래는 다른 현실에서는 전혀 인기가 없는 것으로 나타나기도 했다.

왜 각각의 성공에 변동이 심했을까? 어째서 공통된 맥락이 존재하지 않았을까? 답은 역시 사회적 영향이었다. 사람들은 앞에 의견을 제시했던 다른 사람들을 모방하는 경향을 보였다. 눈사태로 번지는 눈덩이처럼, 작고 무작위적이었던 처음의 차이가 증폭되어 인기의 큰 변화를 초래한 것이다.

결정적인 원인은 먼저 자신의 의견을 내놓은 사람들이었다. 당연히 그들은 음악과 관련해 취향이 다양했다. 컨트리송을 좋아하는 사람이 있는가 하면 발라드, 펑크, 또는 힙합을 좋아하는 사람도 있었다. 사람들이 노래를 선택하는 순서도 다양했다. 한 현실에서 가장 먼저 실험에 참여한 참가자는 컨트리송 팬이었고, 또 다른 현실에서는 메탈 음악의 골수팬이었다. 그다음 참가자가 참여했을 때 그들은 최초 참가자가 어떤 곡을 선택했는지 볼 수 있었고, 결국 사람들은 이를 '자신'의 취향을 정할 때 참고할 지표로 삼았다. 이렇게 한 현실이 다른 방향으로 진화하기 시작한 것이다.

분명 다른 사람들의 생각이 내 의견의 방향을 완벽하게 통제할 수는 없다. 하지만 특정 방향으로 결정의 저울을 기울이는 행위에는 충분히 영향을 미친다. 특정한 작품이 다음번에 성공을 거두게 하는 힘, 또 세계적으로 유명해질 노래와 책, 영화를 결정하는 힘은 행운과 박수를 보내는 대중의 힘이 하나로 뭉쳐 생겨난다.

이런 사실이 세계적으로 유명한 스타인 비틀스, 엘비스 프레슬리, 아바, 메탈리카, 비욘세가 거둔 엄청난 성공이 우연이었음을 의미할까? 어떤 짧은 CM송이라도 유명해질 수 있다는 것을 의미할까? 아니면 누구라도 스타가 될 수 있다는 것을 의미할까? 아니, 그렇지는 않다. 사가닉의 실험에서도 상품의 질이 성공과 상관관계가 있다는 점이 증명되었다. 가장 뛰어난 노래가 최하위권을 차지하거나 최악의 노래가 1위를 차지하는 상황이 벌어지지는 않았다. 하지만 많은 변화가 일어났다. 그리고 이는 성공의 조건이 결과물의 질만으로는 충분하지 않다는 증거다.

이런 메커니즘이 인간에게 어떤 영향을 미치는지 알고 싶다면 음원 스트리밍 사이트에서 노래를 고를 때나 인터넷 서점에서 책을 고를 때 우리가 어떻게 행동하는지 되돌아보면 된다. 평소에 우리는 어떤 과정을 통해 결정을 내리는가? 보통 우리는 어떤 선택을 해야 좋을지 충분히 찾아볼 시간도 없고 전문성도 없다. 그래서 다른 사람들을 통해 유용한 지름길을 찾아낸다. 인기 차트나 추천 평가 같은 수단을 다른 사람들이 무엇을 읽고 들으며 좋아하는지 나타내는 지표로 활용한다. 시간과 에너지를 절약하는 셈이다.

다른 사람들이 어떻게 세상을 바라보는지를 반영해 자신도 그렇게 바라보는, 이른바 **사회적 순응** social conformity은 우리가 비슷한 사람들로 구성된 집단에 속해 있음을 나타낸다. 나만의 현실을 다른 사람과 공유하는 것은 내가 어딘가에 소속되었다는 것을 느끼게 하는 하나의 방식이다. 우리는 어딘가에 소속되었으며, 그렇기에 살아남을 것이다. 소속되었기에 비로소 크게 숨을 내쉴 수 있다. 진화론적 관점에서 보면 이것이 바로 생존을 의미하기 때문이다. 자신의 무리에서 떨어지지 않았던 부족원들은 살아남았다. 반면 외로운 늑대들은 낮은 생존율을 기록했다.

남들과 비슷하게 느끼는 것은 우리에게 깊은 만족감을 안겨준다. **사회적 사형** social death penalty이라는 표현은 사회적 관계가 단절된 상황을 묘사한다. 인간이 발굴하는 가장 아픈 기억은 보통 사랑하는 사람을 갑자기 잃었을 때나 어렸을 적 백화점에서 부모님을 잃어버렸던 사건 등과 연결된다.

첫 목소리가 가장 큰 영향력을 행사한다

앞서 말했듯 사회적 순응은 집단의 결정에도 영향을 미친다. "위원회가 낙타를 말로 만들었다A camel is a horse designed by a committee(여러 사람이 모여 간단한 일을 두고 의논하다 자칫하면 엉뚱한 결과를 낳을 수 있다는 뜻 - 옮긴이)"라는 속담이 있다. 포커스 그룹focus group(여론조사 및 시장조사를 하기 위해 각 계층을 대표하여 선정한 몇몇 사람들로 이루어진 집단 - 옮긴이)이 어떻게 의견을 나누는지, 또 인사위원회가 채용 대상을 어떻게 결정하는지를 살펴보면, 가장 먼저 들린 목소리가 최종 결정에 큰 영향을 미친다. 사가닉의 연구에서 가장 인기를 끌었던 노래들과 같은 방식이다.

결합된 집단적 지혜는 집단이 모든 개인의 지식을 접할 수 있는지에 달렸다. 만약 지식을 결합하고 또 종합한다면, 이는 더 나은 의사 결정으로 이어진다. 하지만 모든 사람이 다른 사람을 따르거나 혹은 자신의 경험과 지식을 혼자서만 간직한다면, 집단의 가치는 파도 속으로 쓸려가 버린다.

그렇다면 사회적 영향이 미치는 힘을 깨뜨리기 위해, 그리고 구별

짓고 차이를 만드는 목소리를 듣기 위해 우리는 무엇을 할 수 있을까? 사실 단 한 번의 반대 의견만으로도 충분히 다른 사람들이 스스로 반대 의견을 말하게 할 수 있다. 새로운 의견을 내기 위해 반드시 주류에 속할 필요는 없다. 단지 우리는 대중 속에서 홀로 머리를 내밀 때 완전한 혼자가 아니라는 것을 느껴야 한다.

몇 가지 팁을 소개한다. 첫째, 개별적인 의견을 내놓을 때 비공개적인 방식을 허용한다(예를 들면, 회의가 시작되기 전 익명으로 답하는 설문지를 배부한다). 둘째, 집단의 규모를 축소한다(각자의 목소리가 더 큰 비중을 차지하는 경우에 해당한다). 셋째, 자신의 의견을 먼저 밝힌다(아직 전반적으로 합의되지 않았어도 관심을 끌 만한 주제에서 의견이 부족한 사람들에게 일종의 방향을 제시할 수 있다). 넷째, 회의가 시작되기 전 각 참가자와 개별적인 대화를 나누고 그들과 의견을 공유한다(입장을 공유하는 사람들과 연합을 시작할 수 있으며, 이는 나중에 나머지 집단의 사람들을 우리에게 유리하게 유도할 수 있다).

인간은 사회적 영향이 발생하는 것을 알아차리지 못하기에 사회적 영향의 중요성을 낮게 평가한다. 우리는 또 사회적 영향이 행동에 어떤 영향을 미치는지를 보여주는 증거를 목격하지 못했다. 본질적으로는 사회적 영향의 발생을 인지하지 못하고 있는 셈이다.

하지만 사회적 영향의 발생은 여전히 우리 주변에서 늘 일어나고 있다. 정신분석의 창시자인 지그문트 프로이트Sigmund Freud조차 인간이 변화를 좋아하지 않는 유기체라고 주장했다. 오늘날 우리의 주변 환경은 엄청나게 빠른 속도로 변화하고 있다. 이는 곧 사람들이 지속적으로 변화를 겪게 된다는 것을 의미한다. 흔히 우리는 어떤 행동을 해야 하고 어떤 반응을 해야 하며, 아니면 어떤 행동을 절대 하지 말아야 하는지 판단하는 유일한 방법으로 주변 사람들을 이용한다.

'합리적인' 차이가
가능할까?

때로는 다른 사람들의 선택을 따르는 것이 가장 안전한 길처럼 보인다. 무엇이든 인기가 많으면 많을수록, 그것이 더 좋아지기 마련이다. 그렇지 않은가?

확실히 가끔은 다른 사람들처럼 되고 싶다. 그러나 또 어느 때는 그들과 달라지고 싶은 것도 사실이다. 다른 사람처럼 적응하는 것이 인류에게 중요하다고는 하지만, 항상 그래야 하는 것은 아니다. 어쩌면 우리는 주문하는 맥주와 파티에 갈 때 새로 신는 구두로 우리의 고유성을 표현하는지도 모른다.

이런 선택에 다른 사람들의 영향이 수반된다고 하더라도, 그 선택은 그저 가벼운 일탈일 뿐이다. 이 현상을 속물 효과 snob effect라고 한다. 과학적으로 설명하면, 우리의 개별적인 요구가 시장의 일반적인 요구와 반비례한다는 것을 의미한다. 다른 사람들이 어떤 것을 많이 사용하면 사용할수록 우리는 그것을 구매하거나 사용하는 행위에 관심을 잃는다.

주류냐 비주류냐

대체로 우리는 특정한 일을 하는 유일한 존재가 되길 원하지 않는다. 그렇지만 만약 너무 많은 사람이 우리가 하려는 어떤 일을 하기 시작한다면 어떨까? 그렇다면 우리는 차라리 다른 일을 택할 것이다. 모든 사람이 요가를 한다거나 특정한 먹을거리에 빠지는 등 특정 대상이 지나치게 유행하면 일종의 반발이 생긴다.

실은 자신도 즐기고 있으면서, 너무 많은 사람이 자신의 선호 대상을 함께 즐기기 시작했다면 우리는 기꺼이 그 대상을 포기하려 한다. 아마도 군중 속의 일인, 또는 의지 없이 움직이는 꼭두각시가 되고 싶지 않아서일 것이다. 좋아하는 밴드가 언더그라운드에서 주류로 이동했다고 가정해 보자. 다른 사람들이 모두 우리가 좋아하던 그 밴드를 좋아하게 되면 갑자기 우리는 개인이 지녔던 독특함을 잃는다. 한 집단의 최고에 속하고 꽤 멋졌으며, 엘리트 클럽의 일원이었던 하나의 정체성을 잃는 셈이다(최고의 자리에 오르는 것은 두 번째 동기인 지위와도 관련이 있다).

남들과 다르다는 것에는 장점이 있다. 독특한 스타일의 옷을 입으면 다른 사람에게 주목받을 수 있다. 동료들보다 신경 써서 옷을 차려입으면 더 유능해 보일 수 있다. 반 친구들보다 키가 크면 농구부에 뽑힐 가능성이 더 크다. 우리의 이해관계나 활동도 별반 다르지 않다. 인간은 이미 그것이 대중의 지지를 얻었다는 이유로 특정한 활동을 피하고는 한다. "모두들 죄다 그 유명한 술집에서 어울리니까, 나를 그곳에서는 절대 볼 수 없을걸." 혹은 형제가 똑똑한 사람이라는 평판을 듣는다는 이유로 '유머 감각이 있는 사람'이 되어 두각을 나타내려 애쓴다. 또는 '사소한 걸로 하루 종일 짜증 부리지 않을 거야. 개처럼 되고 싶진 않으니까'라고 생각한다.

우리를 다른 사람들과 차별화하면 정의 definition와 특별함을 얻을 수 있다. 모두가 동일하다면 개인의 정체성을 느끼기 어렵다. 자신을 다른 사람들과 구분 지을 필요가 있기에, 비록 여러 면에서 남들과 똑같이 행동하더라도 결국은 자신을 돋보이게 하고 독특하게 느끼게 하는 데 집중한다. 새로 산 노트북을 자랑스러워하며 회의에 참석하지만, 똑같은 노트북을 산 동료를 둘이나 발견하면 이내 노트북 대신 새로운 스마트워치에 관심을 돌리는 식이다.

인간은 때로 다르다는 환상에 집착한다. 광고 에이전시들은 이런 인간의 욕구에 투자해 왔다. 많은 의류 브랜드와 담배 회사, 패스트푸드 체인점이 다음과 같은 메시지를 보낸다. "온전히 당신만의 방식으로 소비하라.” “아무나 탈 수 없는 이 차로 남들보다 앞서는 것은 어떤가요.” 이 값어치는 차이에 기반한다.

문제는 대중 속에서 함께할 때 더 기분이 좋은 사람이 있는가 하면, 더 눈에 띄고 싶어 하는 사람도 있다는 점이다. 사회적·경제적 지위, 즉 우리가 속한 특정 계층이 그 원인이다.[19] 예컨대 노동자 계층 출신은 중산층 소비자보다 더 유사성을 선호한다. 누군가 이미 특정 제품을 선택했다면 중산층 소비자들은 대체 제품을 고르는 반면, 서민 소비자들은 꼭 중산층 소비자들처럼 동일한 것을 소비하는 데 그리 혐오감을 느끼지는 않는다. 그들은 그저 더 인기 있는 제품을 고를 가능성이 크다. 만일 누군가가 정확히 자신과 같은 제품을 산다면, 그것은 단지 그들의 결정에 힘을 실어주어 그 선택을 더 강화할 뿐이다.

이와 같이 각자의 범위에서 어느 정도 설명할 수는 있지만, 그렇다고 전체적인 그림이 꼭 그런 것만은 아니다. 둘 다 유일한 설명은 아니다. 몇몇 사람은 남들과 다르게 사는 것을 단순히 즐긴다. 인기 있는 제품을 좋아하는 사람이 있는가 하면 그런 제품은 애써 피하려는 사람도 있다. 또 독특한 고유의 개성을 내보이고 싶어 하는 사람이 있는가 하면 대중 속에 조용히 섞이는 것을 선호하는 사람도 있다.

어떤 문화권에서는 타 문화권에서보다 개인주의를 더 옹호한다. 개인주의 옹호자들은 ‘누구든 무리에서 튀어나와 더 많은 주목을 받는 사람이 더 많은 것을 얻는다’라는 생각을 (대체로) 가지고 있다. 이런 문화에서 고유함은 자유와 독립을 상징한다. 한편 동아시아 문화권에서는

(대조군으로 예를 들자면) 조화와 연결성을 더 강조한다. 다른 사람들과 너무 다른 누군가가 있다면, 그는 자신이 속한 문화에 반대한다는 의미로 해석될 수 있다. 이런 문화에서는 팀 플레이어가 되는 것이 스타가 되는 것보다 더 낫다고 여겨진다.

우리가 성장하는 상황은 곧 우리를 형성한다. 부분적으로는 어떻게 행동하느냐에 따라, 또 자신과 다른 사람들의 행동을 어떻게 해석하느냐에 따라 우리 자신이 성립된다. 식당에서 단체로 음식을 주문하는 상황을 가정해 보자. 다른 사람이 정확히 우리와 같은 음식을 주문할 때 우리는 그와 다른 음료수를 주문하는 행위로 일종의 일탈을 꾀할 수 있다. 아니면 가장 먼저 주문을 하는 사람이 되기 위해 노력할지도 모른다. 그러면 다른 사람이 무엇을 주문하는지 신경 쓸 필요가 없기 때문이다. 먼저 그 상황을 점유하는 것이다. 회의에서 우리가 낸 목소리는 다른 사람들의 귀에 처음으로 들어간 의견일 수 있다. 또 친구들 사이에서 우리는 그 재킷을 처음 입은 사람일지 모른다.

같거나 다르게, 그리고 제3의 대안

우리는 이런 힘, 즉 다른 모든 사람과 같고 싶은 욕구와 구별되고 싶은 욕구가 자신에게 어떤 영향을 미치는지 알아야 한다. 그리고 결국은 이 두 가지 경향이 조직과의 관계에서 어떤 연관성을 띠는

지도 알아야 한다. 이는 매우 중요하다.

사회적 영향은 인간을 상반된 방향으로 밀어낸다. 다른 사람을 모방하게 하는가 하면 한편으로는 자신을 차별화하게 한다. 스스로 이를 인식할 수 있다면, 더 현명하고 질 좋은 정보에 근거해 의사 결정을 내리게 될 것이다. 구별되고 싶고, 일탈하고 싶은 욕구는 십 대들이 하위문화에 처음 발을 들였을 때 느끼는 그것 이상이기 때문이다. 개인에 따라 느끼는 정도는 다르지만, 누구도 이 상황에서 예외는 없다. 모두가 이를 느낀다. 만약 우리가 이 욕구를 같은 양으로 느낀다면, 남들과 달라지는 것은 불가능하다.

한편 사회적 영향은 모방이나 차별화의 행동에만 영향을 미치지 않는다. 여기서 세 번째 대안이 등장한다. 바로 저 두 가지를 동시에 실천하는 것이다. 인간은 비슷함과 다름을 동시에 수행할 수 있다. 이 특별한 현상은 일부 연구원들을 통해 증명되었다. 그들은 우리 이름처럼 기본적이며 보편적으로 적용되는 무언가를 발견했다.

예를 들면, 허리케인 카트리나Hurricane Katrina(2005년 8월 23일 미국 플로리다주에서 발생해 미국 남동부 지역을 강타한 초대형 허리케인 – 옮긴이)가 발생한 후에 '카트리나'라는 이름은 줄어들었지만, 더 많은 아이들이 K로 시작하는 이름을 갖게 된 일이 있다.[20]

마찬가지로, 특정 이름이 유행하면 그 이름과 닮은 이름들이 뒤에 인기를 얻는다. 한동안 렉시Lexi와 랜스Lance라는 이름이 유행하자 리사Lisa와 라일Lyle이라는 이름을 가진 아이들이 늘기도 했다.

첫 번째 동기, 안전하게 행복하기 위한

앞서 언급했던(강의실에 나타난 여성) 단순 노출 효과, 무언가를 볼수록 그것을 더 좋아하게 되는 이 현상도 마찬가지로 작용한다. 그뿐 아니라 우리는 그것을 연상시키는 것들도 더 선호한다.

친숙한 사람에게 느끼는 선호도는 진화적 보상을 획득해 왔다. 아이들은 부모에게 애착을 느꼈고, 인간은 먹어도 안전한 식물을 먹도록 동물을 조련했다. 또 기분이 변하고 의견이 달라도 부부는 함께 시간을 보냈다. 우리가 사람에 대해 이야기하든, 음식에 대해 이야기하든, 아니면 우리가 이름 붙인 무엇에 대해 이야기하든, '안전한가, 그렇지 않은가', '합법적인가, 그렇지 않은가', '긍정적인가, 부정적인가'처럼 일종의 평가가 필요한 새로운 것들과는 대조적으로 말이다.

아침 식사로 시리얼 한 그릇을 먹는 것이 생사를 좌우하는 결정이라고 상상해 보자. 우리는 콘플레이크 알갱이를 씹으며 과연 살아남을 수 있을지를 신중히 생각해야 할 것이다. 일찍이 접촉해 왔고 익히 잘 아는 것들이 내면에 긍정적으로 암호화되어 따스한 '인식의 불씨'를 만든다. 이 불씨는 반밖에 모르는 대상에서 타오르기도 한다. 전에 본 적이 있는 사람을 떠올리게 하는 완벽한 낯선 사람(아마 그는 전에 본 사람과 같은 머리 스타일을 하고 있거나 비슷한 얼굴 생김새를 지녔을 것이다)은 더 친숙하고 안전하게 느껴진다.[21]

하지만 이렇게 익숙함을 즐기는 동시에 인간은 새로운 것에 끌린다.[22] 우리는 자극을 갈망한다. 자극은 새로운 정보를 얻는 길이기 때문이다('세 번째 동기, 지식' 참고). 특정한 강의를 수강하거나 박물관에 가고,

새로운 목적지를 향해 여행을 떠나는 등 종종 새로운 활동에 참여하는 행위는 삶에 만족을 가져온다. 또한 배우자와 새로운 일을 하면 그와의 관계에서 더 편안한 느낌을 받는다.[23] 또 업무 현장의 변화는 생산성을 높이기도 한다.

그러나 이는 종형 곡선 bell curve (그래프에서 정상 분포를 나타내는 종 모양의 곡선 - 옮긴이)을 따른다. 너무 새로운 느낌은 낯설고, 너무 익숙한 느낌은 지루하다. 하지만 골디락스 존 goldilocks zone (지구의 생명체들이 생존할 수 있는 적합한 환경을 뜻하는 천문학 용어 - 옮긴이)은 그 중간 어딘가에 있다. 모든 것이 제자리를 찾는 곳, 그곳은 분명 존재한다. 이는 앞서 우리가 이미 살펴본 이름 관련 현상에서 본 것과 같다. 우리는 꽤 친숙하게 느껴지는 이름을 즐겨 선택한다. 이미 아는 것의 안전함과 새로운 것의 즐거움은 공존할 수 있다. 오래된 레시피를 새로운 방향으로 수정할 수도 있으며, 낡은 가구를 전에 없던 방식으로 꾸밀 수도 있다. 수십 년 전 유행했던 옷 스타일 역시 새로운 반전을 꾀할 수도 있다. 어느 날 갑자기 최신 트렌드의 반열에 오를 수 있다는 뜻이다.

정리해 보자. 다른 사람들과 같은 일을 하면, 타당성을 확인받는 느낌을 받는다. 우리는 우리가 옳은 일을 하고 있다고 느낀다. 하지만 형제와 완전히 똑같아지고 싶지는 않은 것처럼, 인간에게는 무리에서 돋보이도록 어떤 식으로든 자신을 차별화하고 싶은 욕구가 있다. 지금까지 우리는 두 가지 상반된 힘을 살펴보았다. 하나는 다른 모든 사람들과 같은 방식으로 행동하는 것이고, 또 하나는 특별하게 행동하여 남들

첫 번째 동기, 안전하게 행복하기 위한

과 다른 존재가 되는 것이다. 그 사이에서 합리적 수준의 유사성을 찾아내는 것이 우리에게 남은 해결책이다. 예를 들면, 친구들과 같은 브랜드의 옷을 사되 다른 디자인을 택하는 것이 이에 해당한다.

사회적 영향은 우리를 다른 사람과 똑같이 행동하도록 이끌지 않는다. 타인의 의견은 자석처럼 우리를 끌어당기거나 밀어낸다. 인간은 때로 흐름을 따라가며 다른 사람을 흉내 낸다. 그런가 하면 무리에서 일탈하여 시류와 다투기도 한다. 그렇지만 절대 강을 떠나지는 않는다.

타인이 우리에게
미치는 영향

다른 사람들이 영향을 미치는 또 다른 영역이 있다. 수행 능력이다. 우리는 다른 사람들 앞에서 더 나은 수행 능력을 발휘한다.[24]

시뮬레이션 테스트를 받은 프로 사이클 선수들은 인위적으로 만든 '그룹'으로 사이클 경기를 했을 때(대회 여부와 상관없이), 혼자 사이클을 탈 때보다 1킬로미터당 약 20~30초나 더 빠른 기록을 냈다.[25]

다른 사람의 존재가 수행 능력에 영향을 미친다는 것을 증명한 여러 실험에서도 같은 현상이 나타났다. 실제로 다른 사람들과 함께 일하는지는 상관이 없었다. 기본적으로 그냥 다른 사람들이 주변에 있을 때 더 일을 잘하는 것뿐인데, 그것을 **사회적 촉진**social facilitation이라는 용어로 부른다.

동물의 세계에서도 이런 성향이 관찰되었다. 쥐는 주변에 다른 쥐가 있을 때 더 빨리 물을 마시거나 더 신속하게 주변 환경을 살피며 움직인다.[26] 유인원들 역시 주변에 다른 유인원이 있을 때 더 빨리 간단한 임무를 수행한다. 개미들도 다른 개미들과 함께 일할 때, 그렇지 않을 때보다 약 세 배의 모래를 더 파낸다.

다른 사람과 나를 비교하고 이기다

사회적 영향은 승부에도 영향을 미친다.[27] 경기 초반 어느 시점에 지고 있던 팀이 최종 승리할 확률이 더 높다(약 8퍼센트의 확률로). 하지만 현재 지고 있는 상황이라고 해서 해당 팀의 승리 가능성이 커지는 것은 아니다. 이런 상황이 전반적으로 더 많은 경기에서 승리하도록 팀을 이끌었다는 관측도 있다. 실은 그 팀이 다른 팀들 사이에서 '최약체'로 꼽히기도 했고, 이기기 위해서는 경쟁 팀보다 더 많은 점수를 내야 하는 상황이었다. 만약 내기에 걸 돈이 있다면, 아마 가장 신중한 대안은 하프타임에 1점을 뒤져 있는 팀에게 거는 것일지 모른다.

그런데 왜 '거의 질 뻔했던 팀'이 더 자주 승리할까? 이는 자신이 뒤처진 것을 알았을 때 우리에게 어떤 일이 일어나느냐는 문제이기도 하다. 그때 우리는 동기부여가 강해져 더 열심히 움직이게 된다. 한 실험에서 참가자들은 자신이 남들보다 뒤처졌다는 피드백을 받았을 때, 피드백을 받지 못한 다른 참가자들보다 약 세 배 이상의 노력을 기울인다는 점이 관찰되었다. 경쟁자들은 우리의 기준점을 재배치하여 동기부여에 영향을 미친다. 그리고 이는 우리가 성공을 위해 활용하는 기준이 된다.

마라톤을 하든 고객에게 정보를 제공하는 일정한 수의 전화를 걸든, 우리는 흔히 자신에게 어떤 형태로든 목표를 설정한다. 예를 들면 다섯 시간 이내에 레이스를 마친다거나, 하루 동안 130통의 전화를 건다거나, 일주일에 신규 고객을 10명 유치한다는 계획을 세운다. 이때, 설정한 목표와 어떻게 관계를 구성하느냐에 따라 얼마나 열심히 일할 수 있는지가 결정된다. 목표보다 뒤에 있을 때 우리는 더 강하게 동기부여를 받는다. 그리고 미리 정해놓은 목표에 가까워질수록 그 동기부여는 커진다. 거의 목표에 이르렀다는 기분은 생산적이기도 하다.

경쟁은 다른 경쟁자들보다 뒤처졌다는 데에만 의미가 부여되지 않는다. 얼마나 뒤처져 있는지도 중요하다. 조금 뒤처진 상태가 멀리 뒤처진 상태보다 동기부여에 더 좋다. 너무 뒤떨어진 상태에서는 승리의 기운을 느끼기 어렵다. 현재 상황과 세웠던 목표 사이에 단절이 느껴지기도 한다. 결승점이 너무 멀어 영광을 위해 지금 가진 모든 것을 내던지기가 너무 버겁게 느껴진다. '확률을 놓고 보면 이렇게까지 할 가치가 있나?' 하는 생각이 드는 것이다.

　첫 번째 동기, 안전하게 행복하기 위한

다른 사람과 나를 비교하고 지다

사회적 비교는 이처럼 동기부여를 강화할 뿐 아니라 약화할 수도 있고, 심지어 아예 그만두라고 속삭이기도 한다.[28] 결국 우리가 목표로 하던 일을 그만두기로 했다면(경기 중간에 발목을 삐는 등 특정한 상황이 발생했을 때), 그냥 끝까지 했을 때 얼마나 비참한 결과를 냈을지 아무도 모른다.

사람들이 경기 진행 도중 승부를 포기한다면, 이는 경쟁자들과 관련해 그들이 품었던 기대가 무엇이었는지와 연관이 있다. 직장에서 중요한 발표를 하기 전에도 같은 메커니즘이 작용한다. 만약 우리가 사회적 통념을 무시하고 (역설적으로 들릴지 모르지만) 큰 규모의 발표를 앞둔 전날 밤 파티를 즐기러 갔다면, 이는 왜 발표가 청중의 기대에 미치지 못했는지를 설명할 때 편리한 구실이 된다. 마치 자신의 연약한 자아를 솜 패딩으로 감싸는 듯한 쉬운 방법이기도 하다. 일이 잘 안 풀렸다면, 숙취에 시달린 것이 원인이다. '밤새 밖에서 놀아서 그래. 그러지 않았다면 제대로 해냈을 텐데……'

누군가와 헤어지고, 일을 도중에 그만두고, 경기를 포기하거나 취소하는 것도 모두 비슷한 기능을 한다. 우리는 실패와 패배로 이름을 날리는 대신 완벽하게 괜찮다는 이미지를 유지한다. '계속하기만 했다면 틀림없이 이겼을 거예요.' 연구원들은 이런 이유로 우위를 차지하는 듯했던 참가자들이 도리어 패배를 인정할 가능성이 더 크다는 점을 발견했다. 더 약체였던 상대방과 달리, 높은 순위에 있던 테니스 선수가 자신이 우승 후보로 꼽히는 그 경기장에서 중간에 자리를 떠나기도 한다.

나와 비교할 대상을 정하고 이기다

그렇다면 영업팀이 더 열심히 일하도록 독려하거나 학생들에게 학습 동기를 더 크게 부여하려면 어떤 결론을 내려야 할까?

사회적 영향과 사회적 비교는 강력한 심리적 메커니즘이다. 따라서 우리가 다른 사람들과 연관된 상황에서 자신이 어느 정도의 위치에 있는지 인지하면, 더 열심히 일하거나 더 나은 성과를 거둘 수 있다. 반면 이것이 잘못 활용되면 용기를 잃고 포기하기도 한다.

불행히도 많은 직장과 학교에서 이 현상을 다소 잘못된 방식으로 활용하고 있다. '승자 독식' 모델을 채택하는 경우가 그렇다. 모든 영광과 인정은 전화를 가장 많이 거는 사람, 또 1등을 차지한 학생에게 돌아간다. 이 방법은 오직 단 한 번의 승리에 도달할 기회를 가진 사람들에게 동기를 부여할 뿐이다. 그들과 달리 정상에 오를 가능성이 현실적으로 없는 사람은 모두 의욕을 잃는다. '해볼 가치가 전혀 없어', '절대 그를 따라잡지 못할 거야' 등의 감정이 쉽게 생긴다. 앞서는 동료에 비해 절반의 전화밖에 걸지 못한 사람의 마음이 그렇다. 또 C와 D라는 학점을 받아 든 뒤 결코 자신은 A를 받지 못하리라는 것을 깨달은 학생의 기분도 그렇다. 자, 이쯤에서 이야기의 요점을 살펴보자.

이를 해결할 방법이 있을까? 다행히 있다. 결심을 유지하려면 더 작은 규모의 집단 비교group comparison를 사용하면 된다. 큰 집단이라면 그것을 더 작은 집단으로 나누어 수행할 수 있다. 집단 선택은 수행 능력에 따라 결정되며, 참가자는 비슷한 수준의 경험이나 능력을 지닌 다른 참가자들과 자신을 비교하게 된다. 이로써 엘리트들보다 너무 뒤떨어졌다며 많은 사람이 의욕을 잃는 현상을 막을 수 있다. 직장도 마찬가지다. 그냥 다른 사람과 자신을 비교하는 대신, 각자 자신보다 약간 앞서 있는 사람을 보고 유용한 피드백을 얻을 수 있다.

하버드대학교 소속 연구원인 토드 로저스Todd Rodgers는 정치 및 선거 기부금과 관련해 이를 시험했다.[29] 로저스는 도지사 선거에 나선 후보가 승리나 패배를 확정 짓는 순간, 플로리다주에 사는 약 100만 명 이상의 민주당 당원들에게 (여론조사에 따르면) 근소한 차이라는 내용을 담아 이메일을 보냈다. 놀랍게도 해당 후보가 지기 직전이었던 두 번째 상황에서는 해당 후보가 당선되기 직전이었던 첫 번째 상황일 때보다 선거 기부금이 약 60퍼센트나 더 많이 모였다.

이와 같은 현상은 누군가를 고용할 때도 영향을 미친다. 자격 요건을 갖춘 사람을 고용해도, 그는 특정한 직책을 맡은 새로운 환경이 아직 편하지는 않을 것이다. 만약 새로 입사한 직원에게 일정한 수준의 도전 과제를 제시한다면, 그는 비슷한 직책을 맡은 다른 사람보다 더 큰 동기부여를 느끼고 좋은 성과를 낼 것이다.

직원을 채용하든 돈을 모으든 전기 사용량을 줄이기로 마음먹든, 뭐가 되었든 간에 인간인 우리는 논리적으로 움직이는 로봇이 아닌 고도의 사회적 생물체다. 다른 사람과 연관된 지위는 행동에 영향을 미친다. 예를 들어, 우리가 지금보다 '더 나은' 동네에 살게 되면 전보다 더 양심적으로 행동하고 친절해지며, 건강 상태도 더 좋아지는 경향이 있다. 하지만 그와 동시에 이웃의 닮은꼴이 되고 싶지 않아 유사성과 차별성의 조건을 최적의 상황에서 찾으려 노력할 것이다. 극단을 피하려 노력하는 합리적인 수준에서 애를 쓸지도 모른다.

우리는 누가 우리의 사회적 영향력을 형성할지 결정함으로써 자신에게 영향을 미치는 사람을 통제할 수 있다. 이들이 우리의 행동과 수행 능력에 큰 영향을 미친다는 점을 알기 때문이다.

만약 자신과 주변 사람들의 더 나은 삶을 위해 이 현상을 이용할 수 있다면, 우리는 분명 승리를 거두게 될 것이다. 자신이(그리고 다른 사람들이) 인간으로서 소유한 이 강력한 메커니즘을 최대한 활용하는 프로그램을 만들고, 시스템을 구축하고, 환경과 상황과 캠페인을 형성할 수 있을 것이다.

행복과 좋은 관계의
중요성

행복이란 무엇인가? 우리는 지금보다 더 큰 행복을 느낄
수 있을까?

만일 무엇이 우리를 행복하게 하는지 알 수 있다면, 더 큰 행복을 가
져오는 것들에 다가서거나 그 반대의 것들을 피할 수 있다. 이 장에서
는 무엇이 우리를 더 행복하게 하는지, 주관적인 행복감을 높이는 것이
무엇인지 살펴보자.

무엇이 우리를 행복하게 하는가?

행복해지는 데 도움을 주는 확실한 요소가 몇 가지 있다.[30] 그중 하나가 **자연**이다.

2008년, 인류는 수천 년의 세월을 지나 역사적 이정표를 통과했다. 현재 대부분의 사람이 도시에 거주하고 있다. 이것은 좋은 현상일까, 아니면 좋지 않은 현상일까? 일반적으로 도시에 거주하는 사람들은 그렇지 않은 사람들보다 더 건강하고 부유한 편이지만, 행복에 관한 연구에서 우리의 행복한 마음이 자연환경 덕분에 커진다는 사실이 증명되었다. 물이 흐르는 녹지에 사는 사람들은 미로 같은 콘크리트 집에 둘러싸여 사는 사람들보다 더 큰 행복을 느낀다. 하지만 대도시에 산다고 해서 운이 나쁘다는 말은 아니다. 가까운 자연 속을 걷거나 공원 벤치에 앉아 책을 읽는 등의 방법으로 자연에서 즐거움을 얻을 수 있다.

우리에게 행복을 가져다주는 또 다른 요소는 **새로운 것을 계속 배우는 행위**다. 새로운 것을 계속 배우는 호기심 많은 사람들은 그렇지 않은 사람들보다 행복하다. 그렇다고 기하학 책을 들여다보거나 학교에서 배운 것들을 굳이 다시 돌아볼 필요는 없다. 그 대신 다른 사람이나 우리 자신의 새로운 면을 탐구하는 것도 좋다. 책을 읽거나 새로운 활동을 시도하고 새로운 장소로 여행을 떠나보는 것도 좋다. 세상을 흥미로운 시선으로 바라보려 한다면 당당히 행복 클럽의 플래티넘 회원으로 자리매김할 수 있다.

세 번째 요소는 **삶의 방향성, 목표를 설정하는 것**이다. 삶을 통해 무엇을 이루고 싶은지, 어떻게 하면 잠재력을 최대한 끌어올릴지 고민해 보자. 목표를 지속해서 경신하면 기분이 좋아진다. 보람을 느끼는 활동도 도움이 되며, 좋은 결정을 내리는 것 또한 그렇다. 간단히 말해, 목표를 향해 노력하는 것은 더 행복해지는 데 도움을 준다. 그리고 더 행복하다고 느끼는 것 또한 목표에 도달하는 데 도움을 준다. 긍정적인 피드백이 돌고 도는 셈이다. 이 밖에도 다른 사람을 도울 수 있다면, 그 또한 우리의 기분이 좋아지는 데 큰 역할을 할 것이다.

차분히 앉아 자신이 무엇을 좋아하는지 생각해 보자. 지금 하는 일에 만족하는가? 좋아하는 **직업**을 택하고, **관심이 가는 활동**에 매진하는 것은 삶의 만족도에 큰 영향을 미치는 네 번째 요인이다.

교외로 더 자주 나가거나 일주일에 적어도 4일은 아이들에게 책을 읽어주는 편이 좋다. 운동을 즐기고, 동물들과 시간을 보내고, 수업을 듣거나 취미에 열중해 보자. 즐겁고 도전적인 일에 시간을 투자하는 것은 멋진 일이다. 삶이 허락하는 한 활동적인 모습을 계속 유지하자.

다섯 번째 요소는 **태도**다. 우리 자신과 다른 사람, 그리고 세상을 전반적으로 어떻게 바라보고 있는가? 주변을 긍정적인 시선으로 바라보는가? 좋았던 옛 시절을 떠올리는 경향이 있는가? 심리학에서 AIM은 집중 Attention(다른 사람과 자신의 삶에서 긍정적인 부분을 보는 것), 해석 Interpretation('잔에 물이 반밖에 없네'가 아니라 '물이 반이나 차 있어'로 생각하는 것과 같은 호의적인 해석), 기억 Memory(과거의 부정적인 부분을 곱씹는 대신 좋은 것을 회상하는 것)이라는 세 가지 방법을 가리킨다. 특정한 목표를 열망할 때, 그리고 어떤 방법으로든 어디에서든 열망을 행동으로 옮길 때 우리는 더 행복해지고 일상에서 더 많은 성취감을 얻는다. 그러니 '상황에 긍정적으로 개입하는' 습관을 기르자. 감사하는 태도로 모든 상황에서 밝은 희망을 보도록 노력하자. 이는 삶을 더 나은 방향으로 이끈다. 결국 우리가 삶에서 승리한다.

그리고 우리에게 행복을 가져다주는 또 다른 요인이 있다. 다른 무엇보다 훨씬 더 중요한 것, 바로 **관계**다.

우리는 일반적으로 짜증 나는 상황과 자연스럽게 맞닥뜨린다. 말하고 있는데 누군가 끊고 들어올 때, 미친 사람처럼 운전하는 사람의 차와 마주칠 때, 뚜렷한 이유 없이 배우자가 폭발할 때가 그렇다. 이처럼 다른 사람과 사사건건 부딪히는 상황이 생긴다면, 우리는 정말 다른 사람이 없는 세상에서 살고 싶어질까? 그렇지 않다. 우리는 우리를 아껴주고 또 우리가 아끼는, 경험을 공유할 수 있는 주변 사람들이 필요하다. 그리고 이는 행복에 관한 연구가 반영하는 부분이기도 하다. 인간관계는 행복에 결정적인 역할을 한다. 사실 더 큰 행복을 만드는 다른 요인들 없이도 여전히 기분은 좋아질 수 있다. 하지만 긍정적이며 보람 있는 관계 없이는 절대 그럴 수 없다.

사랑을 연구하는 심리학자 엘런 버샤이드Ellen Berscheid는 호모 사피엔스의 생존을 위한 가장 결정적인 요소 중 하나가 사회적 기질, 서로 사랑하고 협력하는 능력이라고 말했다.[31] 많은 사람이 호모 사피엔스

첫 번째 동기, 안전하게 행복하기 위한

가 지구를 지배하는 것은 추상적인 추론을 하는 능력이 있기 때문이라고 생각한다. 하지만 인간이 차지한 지배적인 위치가 사회적으로 사고하는 능력의 결과라는 증거가 점점 늘고 있다. 가장 영향력 있는 아이디어, 가장 멋진 혁신, 가장 성공적인 기업, 그리고 최고의 사냥을 위해서는 보통 잠재력을 최대한 활용하기 위한 팀워크가 필요하다.

우리가 지닌 능력은 성공적으로 사회적 관계를 형성하고 유지하는 데 꼭 필요하다. 언어는 주변 환경에 대한 정보를 공유하기 위해 발전했다. 여기서 뜻하는 정보는 대수롭지 않은 내용의 정보가 아니다. 우리가 전달하는 말 중에 가장 중요한 정보는 다른 사람을 평가하는 것이다. 예를 들면 조직에서 믿을 만한 사람이 누구인지, 특정 분야에서 가장 뛰어난 사람이 누구인지, 어떻게든 피해야 하는 사람이 누구인지에 대한 정보가 그렇다. 누가 누구와 잘 지내는지, 상습적으로 추파를 던지는 사람이 누구인지, 다른 사람과 전혀 어울리지 않는 사람이 누군지를 아는 것도 유용하다. 믿을 수 없는 사람, 혹은 믿음이 가는 사람을 파악하는 것은 특히 귀중한 정보다.

인간이 사회적 동물이기 때문에 의사소통의 필요성이 생겨났고, 그 뒤 다른 사람과 관련된 이야기를 하는 능력은 언어 발달에서 가장 중요한 요소 중 하나가 되었다. 믿을 만한 사람을 찾아내는 것은 작은 조직들이 더 큰 조직으로 합쳐질 수 있다는 것을 의미했다.

행복은 삶의 자산이다

행복은 삶을 더 수월하게 해준다. 마치 인생에 좋은 것들을 더 많이 살 수 있는 화폐와도 같다. 행복은 우리가 특정한 관계를 찾아 발전시키도록, 창의적으로 사고하도록, 새로운 활동에 호기심을 가지고 임하도록 격려한다. 마음가짐을 긍정적으로 가지면 삶에 펼쳐진 험준한 산이 가뿐히 넘을 수 있는 언덕으로 바뀐다. 우리는 행복할 때, 더 잘 기능한다.

행복을 느끼면 건강과 기대 수명에도 긍정적인 변화가 일어난다. 행복한 사람들이 아무 이유 없이 자신들이 더 건강하다고 믿는 것은 아니다. 객관적인 의학 실험이 이를 증명한다. 왜 그럴까? 더 강한 면역 체계 때문이다.[32]

한 연구팀이 수녀들의 전반적인 건강 상태가 그들의 정서적 삶에 어떤 영향을 미치는지 연구했다.[33] 연구진은 수녀들이 22살에 쓴 개인적인 글을 읽으며 긍정적·부정적 감정을 나타내는 단어와 표현을 찾아냈다. 이 연구에는 약 180명의 가톨릭 수녀가 참여했다. 연구 결과, 가장 행복해했던 25퍼센트의 수녀가 가장 불행해했던 25퍼센트의 수녀에 비해 더 오래 산다는 사실이 밝혀졌다. 그들의 기대 수명은 무려 10년이나 차이가 났다.

96명의 심리학자가 쓴 전기에도 비슷한 분석 결과가 등장한다. 유머와 긍정적인 단어가 포함된 글을 쓴 심리학자들은 평균보다 적어도

6년은 더 오래 살았다. 반면 자신의 인생 이야기에 '불안하다', '긴장된다' 등의 단어를 썼던 사람들은 그렇지 않은 사람들보다 5년이나 더 일찍 생을 마감했다.

친밀한 관계는 건강과도 깊은 관련이 있다. 놀랍게도, 그것이 어떤 종류의 관계인지는 별다른 영향을 주지 않는다. 관계로부터 멀어지는 것은 우리가 느끼는 불행, 우울과도 관련이 있다.

많은 사람으로 삶을 채우는 것이 가장 좋은 해결책일까? 그렇지는 않다. 인간의 상호작용 중 대부분은 약 여섯 명 정도의 친숙한 사람들과 이루어진다는 사실이 관찰되었다.[34] 사람들은 '친밀하고 사려 깊은 친구 몇 명'에게 고마움을 느끼며 살아간다고 한다. '수많은 친구'라는 답은 설득력이 덜하다. 양보다는 질이 중요한 셈이다.

현실을 직시하자. 우리는 다른 사람들에게 끌린다. 그리고 따스함과 친밀함, 공감을 기대한다. 하지만 때로는 이런 감정들을 찾을 수 없는 관계에 머무르기도 한다.

혼자가 나을까, 불행한 둘이 나을까?

그렇다면 우리가 원치 않는 감정을 주거나 우리를 나쁘게 대하는 사람에게 어떻게 애착을 가질 수 있을까? 그들은 우리를 바라봐 주거나 원할 때 주의를 기울여주지 않는다. 어쩌면 비하하거나 경계선을 넘고, 또 우리를 과소평가하거나 끔찍한 존재라 여길지도 모른다.

우리가 이 이상 더 잘할 수 없어 보여서일까? 우리에게는 건강하고 애정 어린 관계를 맺을 능력이 없어서일까? 아니면, 우리가 상대를 바꿔야 한다고 생각하기 때문일까? 그것도 아니라면, 이 모든 것이 우리의 잘못이며, 상대방의 행동이 정당하다고 느끼기 때문일까?

이 중에 정답이 있을지도 모른다. 하지만 이 밖에도 사람들이 바람직하지 않은 관계에 머무르는 중요한(어쩌면 가장 중요한) 이유가 또 있다. 인간은 혼자 있고 싶어 하지 않는다. '아무도 나를 찾지 않으면 어떡하지?' 혹은 '이번이 진짜 내게 필요한 사람을 만날 유일한 기회일 거야'라는 말은 바로 그런 우리의 생각을 반영하는 것일 수도 있다.

우리는 혼자 있을 때 상처를 받는다. 방치되거나 외면당하는 아픔은 진정한 고통을 불러일으킨다. 많은 연구에서 이때 느끼는 통증이 육체적인 고통과 유사하다는 점이 밝혀졌다. 진화론적 관점에서 보면 이런 사회적 고통, 즉 이별의 고통 덕분에 역사적으로 부모와 자식 간의 사이가 밀접해졌고, 자신이 소속된 집단에 충실하게 되었다. 어떠한 대가라도 치를 마음의 준비가 되어 있을 만큼 집단에 소속되고 싶은 인간의 욕구는 매우 강력하다. 혼자서 걷는 것보다 기꺼이 배우자와 불행한 걸음을 걷는 것을 택할 만큼 그렇다.[35]

만약 혼자 있는 것이 괴로워서, 그리고 어떤 흑백 논리 때문에 특정한 나쁜 관계를 유지하기로 했다면, 그런 우리에게 과연 무슨 일이 일어날지 살펴보자.

연구 결과, 서로 행복한 커플이 서로를 잘 이해하지 못하는 커플보다 건강하다는 것이 드러났다. 좋은 관계는 우리 삶의 강력한 행복 촉진제다.[36] 반면 좋지 않은 관계를 유지하면 극도의 불행이 초래되고, 건강 또한 해칠 수 있다. 여성들은 불행한 결혼 생활 때문에 면역력이 떨어지기도 한다.

그리고 혼자 있는 것보다 나쁜 관계를 유지하는 것이 더 위험하다.[37] 인생의 많은 부분을 사소한 논쟁과, 자신이 얼마나 가치 없는 사람이며 모든 일을 어떻게 잘못 처리하는지에 대해 듣는 행위에 소비한다면 우리의 깊은 내면은 상처를 입는다. 부정적 상호작용과 갈등, 비판, 이처럼 원치 않는 감정들 탓에 단란함이라는 감각은 빠르게 스러져 간다.[38] 그렇기에 나쁜 관계를 경험하는 것이 외로운 것보다 덜 바람직하다.

한편 파괴라는 단어 자체에서 예상되듯이, 파괴적인 관계 역시 우리를 무너뜨린다.

우리 몸에는 **텔로미어** telomere(유전자 끝에 위치하여 세포를 보호하는 말단 영역 – 옮긴이)라고 불리는 말단 소립자들이 존재한다. 이들은 체내 세포가 분열될 때마다 더 짧아진다. 텔로미어가 짧아질수록 생활연령 chronological age(사람이 태어나서 자연적으로 매년 늘어나는 나이를 가리키는 심리학 용어 – 옮긴이)과 상관없이 우리 몸은 나이 들어 간다. 이런 텔로미어는 우리가 가능한 한 오래 간직하고 싶은 대상에 해당한다. 그러면서도 우리는 분명 필요 이상으로 몸에서 빨리 텔로미어가 사라지는 현상에는 관심을 보이지 않는다.

텔로미어를 줄이는 몇몇 요인을 살펴보자.[39] 흡연과 스트레스, 피괴적인 관계가 이에 해당한다. 쌍둥이를 대상으로 한 연구를 보면, 쌍둥이들의 생물학적 나이는 그들이 맺는 관계의 성격에 따라 최대 10년까지 달라질 수 있다.

공동의존codependent(상대방이 도박이나 술 등에 정신적·육체적으로 중독되면 다른 한쪽이 맨 먼저 심리적으로 불건전하게 된다는 심리학 용어 – 옮긴이)은 중독자와 가까이 있는 사람들에게 영향을 미친다. 이는 또한 위험한 관계에서도 나타난다. 공동의존성을 띠는 사람들은 중독된(또는 어려움에 처한) 사람들을 통제하고 다루는 행위에 사로잡힌다. 그들은 상대방의 반응에 따라 자신의 성격과 행동을 조절한다. '왜 그런 짓을 한 거야?' '도움이 될 것 같아서?' 이런 생각에 사로잡힐지도 모른다.

공동의존의 이면에 도사린 원인은 우리가 돌볼 사람이 없을 때 공허감을 느낀다는 것일 수 있다. 자신에 대해 부정적인 이미지를 떠올리고, 욕구를 무시하고, 다른 사람들의 이익을 자신의 이익보다 우선시하며 다른 사람들과 그들의 문제에 과도하게 관여하는 것이 원인일지 모른다. 만일 그렇다면 뛰어난 공감 능력을 타고난 우리는 뚜렷한 경계를 정하거나 아니라고 의사 표시를 하는 데 어려움을 겪고, 감정과 욕구를 표현하며 친밀함을 느끼는 것조차 버거워할 수 있다. 더 나아가 파괴적인 관계에 이끌린 자신을 한번 발견하면 그곳에서 벗어나기 어려워한다. 이 모든 것들이 좋지 않은 관계에 스며들도록 영향을 미친다.

우리가 공동의존적이라면, 우리 존재의 의미는 상대방의 기분과 열망·욕구에 의해 결정된다. 그리고 우리는 이에 계속 적응해 나간다. 그 관계가 곧 삶 자체가 되는 것이다. 이렇듯 파괴적인 관계는 사실상 일상이 되어 우리의 정체성을 가로챈다. 그러다 보면 스스로 가야 할 길을 잃어 상황에서 벗어나기가 더욱 어려워진다.

그러나 여기에 상대가 변화할지 모른다는 아주 작은 희망이 있다. 우리가 그들을 위해 존재하며, 모든 것이 괜찮다는 것을 보여주면 된다. 세상에 사랑이 고칠 수 없는 것은 없다. 그렇지 않은가? 바야흐로 자신에게 던지는 질문이 중요한 때다. '정말 제대로 잘되고 있는 거겠지? 어떤 신호가 정확히 우리가 올바른 방향으로 간다는 것을 보여줄까?'

아마 우리는 희망의 조짐이 보인다고 느낄 것이다. 파괴적인 관계를 맺고 있는 상대와 즐거운 저녁 시간을 보냈다고 가정하자. '어젯밤 우리는 저녁 식사를 하러 나가 정말 행복한 순간을 함께했어.' 저녁 시간만이 아니라 더 나아가 즐거운 일주일이 될 수도 있겠다. '그러고 보니 우리는 지금 며칠 동안이나 꽤 차분한(심지어 약간의 애정도 느껴지는) 시간을 보내고 있네.' 하지만 자신의 감정을 속이기 쉽다는 것도 기억하자. 상황을 좀 더 제대로 들여다보자. 나와 상대방 사이에 정말로 상황이 반전될 확률은 얼마나 될까?

관계가 시작되던 상황 역시 중요하다. 첫인상은 영향력이 크고, 일찍부터 멋진 시간을 보내왔다는 사실에 기초해 현재의 관계를 장밋빛으로 보이게 한다. 분명 우리는 모든 일이 '원래대로' 돌아가길 바라고,

그 관계에 엄청난 에너지를 쏟아붓는다. 사람들은 수년간 피와 땀과 눈물을 쏟은 그 관계를 쉽게 포기하지 않는다. '그 모든 것이 헛수고였을 리 없어!' '그가 없는 삶은 도무지 상상이 안 돼.' 그렇기에 '낯익은 불행'이 더 나은 대안으로 여전히 우리의 머릿속에 남는다.

하지만 결국 결정을 내려야 한다. 상대의 옆에서 불행하게 살 것인가, 아니면 혼자 앞으로 나아갈 것인가 하는 갈림길이다. 자신의 존재가 그 관계보다 훨씬 더 가치 있다는 점, 또 자녀가 (있다면) 긍정적인 환경에서 자라야 한다는 점을 인식할 때(우리는 분명 아이들이 우리의 전철을 밟길 원하지 않는다), 또 그렇게 내린 결정을 끝까지 밀고 나갈 수 있을 때 우리 삶에 중요한 것이 훨씬 더 많다는 점을 깨닫는다. 높은 하늘을 나는 비행기에 탔을 때 의미 있는 것들을 더 많이 볼 수 있다. 그리고 이는 분명 개선의 여지가 없는 사람을 고치려고 애쓰는 행위보다 훨씬 더 즐겁다.

좋은 관계를 만드는 마법의 비율

관계에 대한 의존성을 쉽게 알아차리기는 어렵지만, 그래도 파괴적인 관계를 맺고 있는지를 알아낼 수는 있다. 다음과 같은 사항을 고려해 보자. 상대방과 당신 사이에서 긍정적 성향과 부정적 성향 가운데 무엇을 더 많이 느끼는가?

물론 어떤 부정적 성향은 다른 것들보다 훨씬 심각하고 파괴적이지만, 일반적으로 관계에서 긍정적 상호작용과 부정적 상호작용의 균형은 이른바 **고트먼 원칙**Gottman principle에 따라 5대 1 정도로 맞춰져야 한다. 즉 한 개의 부정적인 상호작용을 경험했다면 약 다섯 개의 긍정적인 상호작용도 경험해야 한다. (이를테면 상대방에게 나쁜 이야기를 한 번 말할 때마다 적어도 다섯 번은 좋은 이야기도 말하도록 하자.)

이 현상은 1970년대에 심리학자 존 고트먼John Gottman과 로버트 레벤슨Robert Levenson이 연구했다.[40] 이 두 사람은 부부들에게 15분 안에 갈등 상황을 해결해 달라고 요구하고는 한 발 뒤로 물러서 그들을 관찰했다. 고트먼과 레벤슨은 어떤 부부가 9년 뒤에도 함께하고 있을 것인지, 또 어떤 부부가 헤어질 것인지를 약 90퍼센트에 달하는 정확도로 예측해 냈다. 그들은 행복한 부부와 불행한 부부의 차이점은 싸움이 일어났을 때 부정적 상호작용과 긍정적 상호작용 사이의 균형을 어떻게 맞추는가에 달려 있다는 점을 발견했다. 사랑을 계속 지속시키는 긍정과 부정의 균형은 약 5대 1로 나타났다.

관계가 지속된 부부의 관계에서는 긍정과 웃음, 장난스러움이 강조되었다. 이 요소들이 그들의 감정적 유대를 적절히 조절했다. 긍정적 요소와 부정적 요소의 균형이 거의 1대 1로 아슬아슬하게 맞춰져 있었던 부부는 거의 이혼 직전의 상황에서 삐걱거리고 있었다. 하지만 5대 1은 불변의 수치가 아니며, 모든 관계에 적용되지도 않는다. 부모와 (미성년자) 자녀라면 3대 1 정도의 균형을 유지해야 한다. 또 상사와 부하 직원

사이에서는 4대 1, 친구끼리는 8대 1 정도가 적당하다.

하지만 관계에서 생기는 분노가 꼭 위험한 것만은 아니라는 점을 지적하고 싶다. 위험성은 그 분노가 비판적인 태도와 경멸스러움으로 표출되는지, 아니면 방어적인지에 달려 있다. 분노가 어떻게 표현되는지가 중요하다. 정말 부정적인 상호작용은 감정적으로 냉담하거나 비판적이고 방어적인 것을 중심으로 일어난다(만일 그런 것이 아니라면 그냥 흘려보내자).

그러니 명심하자. 부정적인 성향은 매우 강력해서 희석하는 데 많은 노력이 필요하고, 이때 도움이 되는 것이 5대 1의 비율이다. 또한 갈등으로 인한 상처를 치유해야 할 때 공감과 인정이 가장 도움이 되는 수단이라는 사실이 이미 입증되었다.

한창 관계를 키워나가는 단계의 커플은 그렇지 못한 커플과 다르게 갈등 상황을 처리한다. 우선 그들은 갈등에 부드럽게 접근한다. 그리고 계속해서 자신들의 관계에서 긍정적인 요소들을 강조하고 다양한 방식으로 상황을 수정해 나간다. 이를테면 상대방에게 관심을 보이는 것(질문을 하거나 고개만 끄덕이는 것도 아무 행동도 하지 않는 것보다는 낫다), 상대방에 대한 헌신적인 마음을 표현하는 것, 자신에게 상대방이 중요하다는 점을 알려주는 것(사소한 제스처가 모이면 관계의 긍정적 요소를 유지하는 데 유용한 완충장치가 만들어진다), 상황에 감사하는 것(상대방의 긍정적 자질, 그리고 자신이 상대방에게서 경험한 긍정적 요소에 초점을 맞춘다)과 같은 방식이다.

갈등이 일어나는 상황에서도 서로가 동의하는 부분을 찾아내고, 공감을 표하고, 용서를 구하고, 문제를 대하는 상대방의 관점을 받아들이고, 웃음기를 잃지 않는 것이 정말 중요하다. 장난스러운 행동은 때에 따라 바보 같아 보이지만, 이는 상대방과 함께 웃을 기회를 찾아내 (달아오를 대로 달아오른) 갈등 상황에서 벗어날 수 있게 해주기도 한다. 존중할 수 있고 고마워할 수 있는 것, 그리고 함께 웃을 수 있는 것에 관해 농담을 건네보자.

요약하자면, 어떤 관계에서든 균형을 잘 맞춰보려고 노력하라. 긍정적인 태도와 진실한 말이 중요하다는 점을 가슴 깊이 새겨야 한다. 그럼에도 부정적인 면을 지적해야 할 상황이라면, 상대방의 성격이 아닌 행동을 비판하라.

관계와 행복은 서로를 보완하는 관계다. 두 가지 모두 서로 도움이 되며, 함께 좋은 방향으로 나아간다. 행복한 사람들은 더 좋은 관계를 맺는다. 그리고 좋은 관계로 말미암아 우리는 더 행복해진다. 관계에서 긍정적인 행동과 감정을 더 많이 만들어낼수록 행복과 안정감이 더 쉽게 찾아온다는 사실을 기억하자. 그럴 때 인간은 비로소 우리라는 관계 속에서 진정한 자신으로 거듭난다.

다른 사람이 우리를 좋아할 때

다른 사람과 안심할 수 있는 관계를 맺고, 호감을 얻거나 존경을 받고 또 사랑을 받는다는 사실은 인간이 느끼는 행복에 중요한 작용을 한다. 많은 연구자가 다양한 의도를 담은 메시지에 인간의 뇌가 어떻게 반응하는지를 연구해 왔다.[41]

한 실험에서 참가자들은 다양한 종류의 메시지를 받았다. 그들은 이 메시지에 대한 반응을 기록하는 기계와 연결되었다. 참가자들의 가족과 친구, 또 그들의 삶에서 중요한 사람들 등 가까운 사람들이 실험을 위해 메시지를 작성했다. 각각의 참가자들에게 전송된 메시지는 두 가지였다. 하나는 감정이 들어 있지 않은 메시지(예컨대, "너는 머리가 갈색이구나")였고, 다른 하나는 긍정적인 감정이 담겨 있는 메시지(예컨대, "나자신보다 나를 더 아껴준 사람은 너뿐이야")였다.

실험 참가자들은 사랑하는 사람들에게서 이처럼 몇몇 '안부의 말'을 전해 들었다. 실험 결과, 긍정적인 감정이 담긴 메시지를 받았을 때, 삶에서 보상을 받을 때 활성화되는 뇌의 일부 영역이 반응했다. 한편, 실험이 끝난 뒤 참가자들은 실험 중에 봤던 메시지를 다시 읽기 위해 어느 정도까지 돈을 지급할 의향이 있느냐는 질문을 추가로 받았다. 그 결과 의외로 많은 참가자가 실험 참가비로 받은 돈을 전액 지급할 수 있다고 답했다.

이 연구는 우리에게 가장 소중한 사람들이 우리를 어떻게 생각하는지를 다루었다. 그렇다면 과연 (우리에 대한) 낯선 사람들의 의견은 어떻게 작용할까? 같은 결과가 나타날까? 놀랍게도 그러했다. 연구진은 낯선 얼굴을 스크린에 띄워 실험 참가자들에게 공개했다. 참가자들은 태어나 처음 보는 사람의 얼굴을 마주하게 되었다. 그런 다음 참가자들은 그 사람이 자신과 대화를 나누고 싶어 한다는 것을 알게 되었다. 그러자 참가자들의 뇌에서 보상을 관장하는 영역이 활성화했다. 신기하게도 참가자가 그 낯선 사람과의 의사소통을 원하지 않을 때도 같은 현상이 일어났다.[42]

이처럼 딱히 같이 어울릴 생각이 없는 낯선 사람이 우리를 좋아한다는 말을 듣기만 해도 우리 뇌의 보상 센터가 활성화된다. 여러 연구가 다른 사람들의 인정과 긍정적인 판단에 대한 인간의 열망이 당황스러울 정도로 매우 강렬하다는 것을 증명했다. 연구 결과를 보면, 이런 욕구는 돈에 대한 욕망보다 훨씬 더 강하게 느껴진다. 아마 이것이 데이트 앱이 인기를 끄는 이유 중 하나일 것이다. 우리는 문자 메시지를 주고받는 상대와 데이트할 생각이 없어도 여전히 그의 반응을 확인하려 든다.

긍정적인 사회적 피드백이 우리에게 이토록 의미가 있다면, 직장 동료들과 가족들의 관계에서 이 귀중한 발견을 더 자주 활용해 보면 어떨까? 칭찬에 관대해지는 건 매우 쉽다! 간단하게 표현해 보는 건 어떨까? '부탁드려도 될까요?', '고마워요!'라고 말해보자. 친구에게나 연인에게, 아니면 낯선 사람에게 작은 칭찬을 건네거나 단 몇 초라도 시간을 할애해 그에게 감사하는 마음을 전해보는 행동도 좋다. 그렇게 우리의 관계를 개선하고 행복을 널리 퍼뜨려보자!

우리는 관대할까,
이기적일까?

다이애나 왕세자빈이 죽었을 때 전 세계, 특히 영국이 깊은 애도를 표했다. 사람들은 그런 영국과 영국 왕실 사이에서 감정적인 거리가 느껴진다며 비판의 목소리를 높였다. "그들은 서로 전혀 공감하고 있지 않아요." 교통사고 직전에 다이애나와 그의 애인이 탄 차를 '뒤쫓은' 파파라치가 다이애나의 사망에 직접적 원인을 제공했다는 비난도 일었다. 영국 대중은 낙담했고 집단적인 슬픔에 빠졌다. 이토록 압도적이고 무력한 슬픔을 국가적인 차원에서 일으킨 개인의 죽음은 여태껏 없었다. 많은 사람이 버킹엄 궁전으로 몰려가 꽃과 편지를 내려놓고 눈물을 흘렸다. 한편, 당시 버킹엄 궁전에는 국기 게양에 관한 엄격한 규정이 존재했다. 이 법에 따르면, 다이애나의 죽음은 조기를 게양할 명분이 없는 사건에 해당했다. 이는 영국 대중을 격분시켰다. 격양된 사람들은 한목소리로 외쳤다. "조기를 게양하라!"

며칠이 흘렀지만, 여전히 조기가 게양된 모습은 궁에서 찾아볼 수 없었다. 신문을 포함한 여러 언론에서 너도나도 좌절과 비난의 내용을 담아 수많은 보도를 내보냈다. 대중과 왕실 사이에서 감정의 골은 점점 깊어졌다. 나라의 분위기는 날이 갈수록 긴장감을 더해갔다. 결국 사람들의 분노는 왕실을 향했다. 망자에 대한 성의를 충분히 표하지 않는 왕실을 보며 영국 국민들은 그들이 사랑했던 다이애나가 죽은 뒤에도 왕실의 환대를 받지 못했다는 인상을 받았다. 대중은 왕실이 마치 다이애나가 살아 있을 때처럼 계속해서 그와 거리를 둔다고 느꼈다.

며칠이 지나고 갑작스레 조기가 게양되었다. 마침내 왕실이 대중의 요구에 굴복한 것이었다. 다이애나 왕세자빈의 명예를 세워준 것은 대중과 왕실의 화합을 뜻했고, 또 화해를 위한 첫걸음이기도 했다. 만일 겉으로 감정을 잘 드러내지 않는 여왕이 다이애나가 파리에서 비극적으로 세상을 떠난 지 5일째 되는 날 TV를 통해 연설을 하지 않았다면, 만일 여왕이 그 연설에 다이애나의 죽음에 대한 공감과 존경, 슬픔이라는 적절한 감정을 담지 않았다면 영국 왕실과 영국 국민들의 관계는 돌이킬 수 없을 정도로 멀어졌을지도 모른다. 하지만 여왕은 (특유의 절제된 방식으로나마) 왕세자빈의 죽음에 추모의 감정을 표현했다. 여왕은 사람들이 느끼는 슬픔과 조기를 게양해야 한다는 대중의 요구를 이해한다며 자신의 심경을 밝혔다. 엄밀히 말하면 다이애나 왕세자빈은 죽기 전에 이미 여왕의 아들과 이혼한 상태였지만, 이와 다른 방법으로 그의 죽음을 애도했다면 사람들은 결코 만족하지 못했을 터였다.

장례식이 끝난 뒤 다이애나의 관이 교회를 떠나 이동하며 여왕이 있는 곳을 지나쳐 갔다. 중계 카메라는 여왕에게서 작지만 충분히 눈에 띄는 제스처를 포착해 냈다. 마치 본능처럼(모두가 그렇게 생각했다) 여왕은 가볍게 고개를 숙였다. 그의 행동은 별 망설임 없이 이루어진 것 같았다. 이 단순하지만 의미 있어 보이는 제스처는 결국 영국 전체에 커다란 울림을 가져왔다. 사람들은 자국의 여왕이 자신들과 같은 마음으로 죽음을 애도하는 모습을 보고 싶어 했던 것이다.

이 전례 없던 비극을 통해 영국 왕실은 대중과 새로운 관계를 형성했다. 하지만 사실, 상황은 어쩌면 아주 다르게 전개될 수도 있었다.

옥시토신이 문제야

인간의 본성이란 진정 어떠한가? 근본적으로 악할까, 아니면 선할까? 우리는 관대할까, 아니면 이기적일까? 우리는 다른 사람의 행복을 신경 쓰는가, 아니면 대개 우리 자신을 위해 행동하는가?

대답이 쉽지 않을 수도 있다. 하지만 특정 상황에서 무엇을 할지 결정할 때, 또 무엇이 옳은지 그른지 결정하는 딜레마에 직면할 때, 우리 몸에 실제로 결정에 영향을 미치는 옥시토신이 흐른다는 점은 밝혀졌다. 옥시토신은 우리가 얼마나 친절하게 행동하는지와 관련이 있으며, 사회적 연결을 자극하는 물질이기도 하다. 우리는 실제로 체내 옥시토신의 분비 정도에 영향을 미칠 수 있다. 이제 이것이 어떻게 가능한지 함께 살펴볼 것이다. 우선은 옥시토신과 관련된 실험 내용으로 천천히 시작해 보자.

신경경제학자 폴 잭Paul Zak은 첫 번째 저서 《도덕적 분자The Moral Molecule》에서 다음과 같이 물었다. 얼마나 기꺼이 자기 돈을 나눌 의향이 있는가?[43] 그런데 실험에 등장한 훨씬 더 흥미로운 질문이 있다. 연구진은 인간의 관대함이 혈액 속을 흐르는 옥시토신의 정도에 영향을 받는지 궁금했다.

일명 **신뢰 게임** Trust Game 이라고 불린 이 실험은 다음과 같은 방식으로 진행되었다. 실험이 시작되기 전 실험 참가자들은 그 실험이 경제적인 의사 결정에 관한 것이라고 안내받았다. 15명의 다른 참가자들과 함께 그들은 각자 큰 방으로 이동했다. 모두 다른 참가자들을 모르는 조건에서 칸막이로 나뉜 개별 공간에 들어갔다. 각각의 칸막이 안에는 컴퓨터가 놓여 있었고, 참가자들은 컴퓨터 화면에 뜨는 지시를 따라야 했다.

우리가 참가자 중 한 명이라고 상상해 보자. 맨 먼저 우리는 자신의 게임 계정에 10달러의 참가비를 받는다는 점을 알게 된다. 또 이 돈을 보관할 수 있고, 실험 과정에서 훨씬 더 많은 돈을 얻을 수 있다는 사실 또한 고지받는다. 우리에게 배정된 컴퓨터는 곧 무작위로 하나의 다른 컴퓨터를 선정한다. 그리고 그 컴퓨터 앞의 참가자에게 질문을 던진다.

(편의를 위해 그 참가자의 이름을 '에이드리언'이라고 하겠다.) 바로 에이드리언이 소지한 돈의 일부를 다른 익명의 참가자에게 보낼 의향이 있는지(여기서 익명의 참가자는 우리가 된다), 혹은 가지고 있는 10달러 전부를 다른 익명의 참가자에게 보낼 생각이 있는지 말이다.

자, 그 돈을 받게 된다면 우리는 분명 '왜 그가 그런 행동을 했을까?' 라며 궁금해하게 될 것이다. 답은 다음과 같다. 게임 규칙에 따르면 상대방이 선택한 금액은 우리의 계좌에 보내지는 순간 그 가치가 세 배로 늘어난다. 이는 에이드리언에게 우리를 부자로 만들어 줄 기회가 주어졌다는 뜻이다. 만일 에이드리언이 우리를 부유하게 해주었다면, 이는 순전히 사심 없는 이타주의적 행동이었을까? 아니, 아마 완전히 그렇지는 않을 것이다. 게임 규칙에는 만약 에이드리언이 우리에게 돈을 송금한다면 그다음으로 우리가 받은 돈의 일부를 누구에게 돌려줄 것이냐는 질문 또한 받게 된다고 명시되어 있다. 여기서 지금 우리가 이 돈을 소지하고 있다면, 그 이유는 단지 에이드리언이 우리에게 돈을 주는 선택을 했기에 일어난 상황이라는 점을 기억하자.

이제 중요한 질문이 남았다. 우리는 에이드리언이 베푼 관대함에 보답할 것인가? 다시 말해, 우리가 우리 자신이 다른 사람에게 은혜를 갚으리라는 것을 믿을 수 있는가?

내가 주목하는 것은 얼마가 되었든 그 돈을 에이드리언에게 돌려주어야 한다는 어떤 사회적 압력도 우리에게 가해지지 않는다는 점이다. 실험에 익명으로 참가했고 직접적인 행동은 컴퓨터가 수행하여 우리의 결정과 행동이 감춰지기 때문에, 다른 참가자들과 비교해서 더 나은 행동을 하도록 강요하는 사람은 아무도 없다. 누구에게 돈을 받았는지 모르고, 돈을 주는 사람 역시 자신이 누구에게 돈을 보냈는지 알 수 없다. 실험을 진행하는 사람들조차 당사자들이 누구인지 모르고 오직 참가자 개인에게 부여한 일련번호를 통해 해당 참가자를 식별할 수 있다.

그러니 우리가 무슨 행동을 하는지 아는 사람은 우리 자신뿐이다. 오직 자신만이 다른 참가자들의 은혜에 보답할지 말지를 양심을 통해 결정한다. 일단 신뢰 게임이 끝나면 게임이 진행되는 내내 자신이 얼마나 돈을 벌었는지 알 수 있는 사람도 다름 아닌 우리 자신뿐이다.

경제적 측면에서 실험의 경과가 어떻게 진행되는지를 다음 예로 살펴보자. 에이드리언은 자신이 소지한 10달러 중 2달러를 우리에게 송금했다. 우리는 원래 가지고 있던 10달러에 새로운 6달러(미리 정해진 게임 규칙에 따라 에이드리언이 보낸 2달러는 우리 계좌에 송금되는 즉시 세 배로 늘어난다)를 더해 총 16달러를 소지하게 된다. 한편 에이드리언은 여전히 수중에 8달러를 지니고 있다. 우리는 누가 우리에게 2달러를 주었는지 전혀 알 수 없다. 따라서 감사해야 할 대상이 누구인지 모른다. 우리는 이 상황에서 내릴 수 있는 적절한 결정이 새로 불어난 6달러라는 이익의 절반을 돌려주는 것이라고 생각한다. 에이드리언은 현재 8달러를 지니고 있고 이제 우리로부터 3달러를 더 돌려받을 것이다. 13달러를 가진 우리와 11달러를 가진 에이드리언은 모두 처음 게임을 시작했을 때보다 더 많은 돈을 소지하고 있다. 둘 다 이득을 본 것이다.

반면 에이드리언이 베푼 관대함에 보답하지 않고 우리가 그에게 받은 모든 돈을 그냥 가지고 있으려 한다면, 이 결정 역시 전적으로 우리가 행사할 수 있는 권리에 해당한다. 만약 이 결정대로라면 우리의 계좌에는 16달러가 남고 에이드리언의 계좌에는 8달러가 남는다. 우리도, 에이드리언도 서로 돈을 주고받았다는 사실을 전혀 모르므로 일단 실험이 끝났을 때 서로 모습을 감추거나 숨길 필요가 없다.

게임의 총액을 늘리면 실험은 더 흥미로워진다. 만약 에이드리언이 다른 사람을 믿는 성향이 강해서 그가 가진 10달러를 모두 주기로 했다면 우리는 30달러가 추가로 생겨 더 부자가 될 것이다. 40달러가 들어 있는 계좌의 소유자가 되는 것이다. 만약 우리가 공정한 마음을 지녔다면 에이드리언과 이익을 나누기로 결정할 것이고, 그는 우리에게서 15달러를 돌려받는다. 반면 우리가 부도덕한 사람이라면 모든 돈을 그대로 간직할지 모른다. 그리고 40달러를 몽땅 손에 쥔 채로 게임을 떠나게 된다. 매일 아침 떳떳하게 거울을 바라볼 수 있을지는 또 다른 문제이지만, 어쨌든 모든 결정은 전적으로 우리 자신에게 달려 있다.

여기서 중요한 질문은 바로 이것이다. 만약 굳이 신뢰가 가고 옳다고 느껴지는 방식으로 행동할 의무가 없고 우리가 그렇게 하는지 혹은 하지 않는지를 아무도 모른다면, 그렇다면 우리는 실제로 전혀 모르는 다른 사람의 신뢰에 상호적인 제스처로 보답하려 할까?

이 실험은 또한 성별 대비를 조사하는 목적으로도 수행되었다. 10달러를 기부해 달라는 요청을 처음 받은 참가자를 참가자 A라고 하

자. 그리고 참가자 A가 돈을 주는 상대를 참가자 B라고 가정하자. 참가자 B로서 남성은 평균적으로 25퍼센트를 돌려주었다. 한편 여성이 같은 위치(참가자 B)에 있었을 때는 42퍼센트를 돌려주었다. 훨씬 적게 돌려주는 남성들도 많았다. 무려 30퍼센트의 남성이 10퍼센트에 불과한 돈을 돌려주었고, 여성은 13퍼센트에 해당하는 비율이 남성만큼 냉정하게 반응했다. 그리고 더 안 좋은 상황도 발생했다. 24퍼센트의 남성들이 그야말로 한 푼도 돌려주지 않았다. 반면 여성은 약 7퍼센트만이 이와 같은 행동을 했다. 옥시토신은 실험 진행을 위해 혈액 샘플 형태로, 그리고 관대함은 돈을 얼마만큼 돌려주느냐를 기준으로 측정되었다.

추가 연구는 옥시토신이 연인이나 부부 사이의 유대를 강화한다는 점을 증명했다. 두 사람이 만나 연인이나 부부가 되면 둘의 체내에서 순환하는 옥시토신의 양이 증가한다. 이 옥시토신 수치가 높을수록 육체적인 애정은 강해지고 행동이 동기화되었다. 또 두 사람의 관계가 오래갈수록 그 커플은 (연구팀에 따르면) 더 행복해하는 것으로 드러났다.

이 실험들은 옥시토신이 관계에 성공적인 영향을 미친다는 점을 의미할까? 그렇다. 분명 그래 보인다. 옥시토신은 친사회적 행동과 사회적 역량 그 자체다. 친사회적 행동은 '조력, 위로, 공유, 협력 등 자신을 제외한 다른 사람에게 이익을 주려는 광범위한 행동'으로 정의된다.[44] 이는 주로 관대하고, 상대방을 돕고 협력하며, 규칙을 따르고 사회적으로 허용되는 행동에 헌신하는 것과 관련된다. 또한 다른 사람과 사회 전체를 돕는 행위를 포함하기도 한다.

친절함은 타고나는 것일까?

최근 아이들이 매일 몇 분씩 마사지를 받거나 서로 마사지를 하게 하는 유치원에 관한 기사를 읽었다. 그 몇 분으로 아이들의 관계가 더 좋아진다고 한다. 직장이나 가정에서는 구성원이 상대를 믿고 의지하는 모습을 보여주어서 다른 사람의 옥시토신 수치를 높일 수 있다. 체내의 옥시토신 수치가 증가하면 우리는 더 신중하게 상황에 반응하고 관계는 개선된다.[45]

옥시토신은 적절한 자극(이를테면 따뜻하게 안아주는 것)에 반응하여 분비되며, 그 뒤 분비되는 수준이 점점 낮아진다는 점이 여러 연구의 실험 결과에서 관찰되었다. 어떤 연구에 따르면 옥시토신은 약 1시간 30분 동안 체내에 남아 있으며,[46] 또 다른 연구들에서는 더 오랜 시간 동안 남아 있는 것으로 증명되었다.[47] (예를 들어 서로 포옹을 나누면 더 오랫동안 남아 있기도 한다.)

신뢰 게임 실험에서 참가자 A가 참가자 B에게 투자한 신뢰(참가자 A가 참가자 B에게 돈을 보낸 것)는 참가자 B에게 절정에 다다른 옥시토신 분비를 유도했고, 최대로 분비된 옥시토신은 그 뒤 잠잠해졌다. 또 참가자 B(선물을 받은 사람)의 옥시토신 수준과 참가자 A가 투자한 신뢰에 보답하려는 의지 사이에 직접적인 연관성이 관찰되었다. 이 옥시토신 수준은 참가자 A가 참가자 B에게 주기로 한 금액의 영향을 받았다. 또 참가자 A가 참가자 B에게 준 금액이 클수록 참가자 B의 옥시토신 수치가 높아지고, 결과적으로 참가자 B가 참가자 A에게 돌려준 금액이 더 커졌다.

즉 더 많은 신뢰를 받을수록 옥시토신이 더 많이 분비되고, 옥시토신이 더 많이 분비될수록 우리는 기분이 좋아진다.

옥시토신 수치는 신체적 접촉과 다른 사람들에게 받는 신뢰에 크게 영향을 받는다. 인간은 서로 다른 수준의 옥시토신 생산성과 수용성을 지니고 태어난다. 특정 유전자들은 우리에게 더 높은 수준의 옥시토신 수용체를 갖게 하거나 혹은 더 많은 양의 옥시토신 수용체를 몸에 흡수하게 만든다. 이런 유전자를 지닌 사람들은 안정적인 성향을 지니며 일부일처의 관계에 더 몰입하는 경향을 보인다. 그들은 부모 역할에도 더 적극적으로 참여하고, 남들보다 더 융통성 있는 시야(여기서는 다른 사람의 관점에서 사물을 바라보는 능력을 말한다. 즉 이기주의와 반대되는 성향이다)를 지니며, 더 큰 공감을 표현한다.

성별과 관련해서도 공감과 옥시토신 정도의 차이를 알 수 있다. 분명 여성들도 범죄를 저지르며 전과 기록을 남기고, 자신이 낳은 아이를 학대하기도 하지만 이는 남성들의 수준에는 훨씬 미치지 못한다. 여성들은 남성들보다 공감과 신뢰의 수치가 더 높고 다른 사람에 대한 배려도 깊다. 그 밖에도 여성들은 다양한 상황에서 더 관대하고 자비로운 모습을 보인다.[48]

내 사람에게는 친절하게,
외부인에게는 날카롭게

물론 관계에 대한 욕구가 우연히 앞에 나타난 누군가와 무분별하게 어울려야 한다는 것을 의미하지는 않는다. 뇌가 점점 발달할수록 인간은 시간을 함께 보낼 상대를 고려할 때 더 까다로워졌다. 놀랍게도 우리 옆에 누가 있느냐에 따라 옥시토신은 다르게 반응했다. 이는 인류에게 유용했다. 시간이 흘러 증명되었듯이, 우리는 믿을 만하다고 증명된 사람만 믿어야 했기 때문이다. 그렇지 않은 사람은 믿을 수 없었다.

옥시토신은 다양한 사회적 상황과 그 안에 담긴 의미를 읽을 수 있게 도와준다. 일종의 사회적(도덕적) 나침반으로서 위험한 상황을 피하기 위해 어떻게 반응해야 할지 지적하는 역할을 한다. 옥시토신은 또한 어머니와 아이가 형성하는 유대 관계(내가 참고한 출처에서는 다루지 않았지만, 아마 아버지와 아이 사이에서도 그럴 것이다)와 부부 관계를 좋게 만든다. 불안과 스트레스를 줄이고, 자신감을 높이고, 사회적 연결망을 넓힌다. 옥시토신으로 인해 우리는 더욱더 협조적이며 관대한 성향을 띠게 된다. 이처럼 옥시토신은 이상적인 직장과 가정환경을 위한 완벽한 비법이다.

그렇다면 우리 몸의 옥시토신 수치를 최대한으로 높이면 모든 문제를 쉽게 해결할 수 있지 않을까? 안타깝게도 옥시토신은 100퍼센트 안전하지 않으며 평화와 사랑, 보편적인 조화를 위한 만능 호르몬도 아니다(늘 그렇듯 항상 단점이 있기 마련이다). 이 물질은 실제로 우리가 동등하다고 여기는 사람들, '우리'로 간주하는 사람들에 대한 친사회적 행동(공감, 관대함, 다른 사람들을 돕고 지원하는 행동)을 늘릴 뿐이다. 다른 개인의 존재에 관해서라면, 오히려 옥시토신 때문에 우리는 낯선 사람에게 더 불쾌감을 느끼고 더 불친절하게 행동한다.

아마도 옥시토신은 '우리'와 '그들'을 구별하는 사회적 역량을 강화하기 위해 발달했을 것이다. 왜 그럴까? '우리'는 신뢰할 수 있다고 강하게 믿는 사람들이다. 반면 '그들'은 잘 모르는 이들이고, 믿을 수 있을지 알지 못하는 사람들이다. 운 좋게도 '우리 중 한 명'이 누구인지는 결국 우리 스스로가 결정한다. 이런 능력은 건전한 관계를 구축하고 효과적인 협업을 이루는 데 결정적인 역할을 하기에 직장에서 확실히 실용적이다. 새로운 지인들과 함께 이런 '우리'의 감정을 만드는 것은 모두 유사성을 경험하는 일에 해당한다. 사회적 유대를 강화하는 한 가지 방법은 다른 사람의 몸짓이나 화법을 따라 하는 것이다. 우리는 또한 공유된 의견(태도의 유사성)이나 모두가 참여하는 활동(활동의 유사성)과 같은 것들을 찾아볼 수 있다.

우리는 다른 사람과 육체적으로 접촉하거나 다른 사람의 신뢰를 받으면 체내에 옥시토신이 분비되어 차분해지고 친밀감을 느낀다. 옥시토신은 본질적으로 이미 내재된 성향을 증폭한다. 원래 타고나길 관대한 사람은 훨씬 관대해지지만 덜 관대하게 타고난 사람은 그보다는 덜 관대해진다. 옥시토신이 분비되면 우리는 '우리'로 받아들인 사람들에게 더 친절하게 행동한다. 또 더 협조적이고 사려 깊어진다. 만약 다투고 있다면 더 빨리 화해하기도 한다.

동물의 세계를 조사했을 때 연구자들은 이른바 '화해 행동 reconciliatory behavior'이라고 불리는 몇 가지 사항을 발견했다. 이는 동물들이 갈등을 겪거나 부정적인 상호작용을 한 뒤에 하는 행동을 말한다. 동물들은 서로 털을 깨끗이 정리해 주거나 전과 다른 방식으로 몸을 치장하고, 평소보다 더 가까이 옹기종기 모여 있는다. 또한 가볍게 나누는 포옹은 동물들이 상황을 바로잡고 다시 좋은 기분이 들게끔 한다.

✴ **Summary**

다른 많은 종과 비교해 무엇이 인류를 특별하게 하는지 설명할 때 흔히 언어 사용과 이성적 사고 능력, 그리고 엄지손가락(엄지손가락 덕분에 우리에게는 물건을 잡을 수 있는 특별한 능력이 생겼다) 등을 떠올린다.

하지만 사실 지난 1000년의 세월 동안 우리에게 가장 큰 도움이 된 것은 인간으로서의 사회적 측면이다. 이는 지금껏 추적했던 다른 능력보다 훨씬 더 큰 힘을 지니고 있다(이 능력을 좇다 보면 3억 년 전 포유류가 지구에 처음 나타났을 때까지 거슬러 올라간다).

역사를 통틀어 포유류의 사회적 능력이 계속해서 인류의 생존에 이점을 주었다는 사실이 증명되었다. 인간으로서 사회적 본성이 오래 지속되고 또 진화해 온 이유는 그것이 생존과 번식 모두에 이롭기 때문이다.

무리에는 다른 사람을 잘 따라가지 못하는 사람도 있다. 외부와 단절되어 있는 것 같은 사람, 아웃사이더도 분명 존재한다. 그러면 무슨 일이 일어날까?

무리에서 떨어진 당황한 양들의 몸에서는 스트레스 호르몬인 코르티솔이 분비된다. 일단 떨어져 나온 양이 다시 양떼에 합류하면 코르티솔 분비가 멈추고 그 대신 옥시토신이 분비된다. 인간도 기분이 좋아지려면 다른 사람이 필요하다. 옥시토신은 우리가 함께 있을 때 보상을 준다. 말 그대로 누군가와 같이 있으면 기분이 좋아진다. 포식자 감시를 위해 다 같이 움직이는 활동은 독자적인 활동보다 더 성공적인 전략이었다. 무리 지어 사는 사람들은 먹을거리를 더 많이 찾아냈고, 아기들을 더 적게 잃었다. 배제는 죽음을 의미하기도 했다. 집단은 우리를 보호했고, 그런 우리의 삶은 더 편안해졌다.

관계를 형성하려는 강한 욕구는 인류가 인내하는 데 도움이 되기도 하지만 동시에 불리한 행동이나 결정, 감정 속으로 우리를 몰아넣기도 한다. 이제 이 원초적인 동기의 존재에도 불구하고 삶을 향상할 수 있는 몇 가지 조언을 살펴보도록 하자.

* **공통점을 찾아라.** 우리는 다른 사람들과 섞이고, 그들과 같은 것을 감상하길 즐긴다. 심지어 비슷해 보이는 것도 좋아한다. 상대와 닮은 점이 있을 때 우리는 소속감을 느끼며, 이렇게 공동체의 일부가 되는 것으로 생존 확률을 높인다. 만일 우리가 이를 인간의 욕구 중 하나로 인식한다면 위험을 무릅써야 하는 상황에서 더 편리해진다. 이에 관한 나의 충고는 다음과 같다. 다른 사람과의 유사성이 반영되는 대화 주제와 의견, 그리고 활동에 주력해 보자.

* **다른 사람을 미러링하라.** 다른 사람의 행동을 미러링하거나 모방하는 행동은 서로를 더 좋아하게 하고, 공통점을 찾아낼 확률을 높인다. 애착감을 조성하고 일종의 사회적 접착제 역할을 수행하여 유대감을 강화하기도 한다.

* **누구에게 영향을 받을지 선택하라.** 우리는 관심사나 점심 식사 메뉴, 얼마나 자주 운동을 할지 등에서 주변 사람들의 행동에 영향을 받는다. 또 우리가 결정을 내릴 때도 가족과 친구들의 의견이 영향을 미친다. 혹은 높은 지위의 사람들에게 강한 영향을 받기도 한다.[49] 자신을 '올바른' 방향으로 이끌고 싶다면 진짜 영향을 받고 싶은 사람들, 우리의 가치를 공유하는 사람들의 영향력을 허용해야 한다.

* **어떤 힘에 영향을 받을지 선택하라.** 사회적 영향은 다른 사람을 모방하거나 혹은 다른 사람과 달라지려 노력하는 서로 다른 두 방향으로 우리를 이끈다. 여기서 속물 효과를 생각해 보자. 다른 사람들이 어떤 것을 더 많이 사용할수록 우리는 그것을 얻거나 사용하는 행위에 관심을 덜 보인다. 다음번에 무언가를 사게 된다면, 그때 어떤 힘이 우리에게 영향을 주고 있는지 생각해 보자.

* **감사를 표현하라.** 우리는 다른 사람이 우리를 어떻게 생각하는지 듣고 그것에 강하게 반응한다. 많은 연구에서 우리가 다른 사람에게 인정받거나 감사 인사를 받고 나면 '잘했어!'라는 칭찬이나 어깨를 두드려주는 행위를 강하게 원한다는 사실이 증명되었다. 이런 보상은 심지어 돈보다도 강력한 효과를 보인다. 우리에게 직접 전달된, 긍정적인 감정이 담긴 메시지는 (다른 형태의 보상으로도 활성화하는) 뇌의 영역을 활성화한다. 함께 시간을 보내길 원하지 않는 낯선 사람들이 우

리를 좋아한다고 말해도 그 또한 우리의 보상 센터를 움직인다. 그러니 상대방이 무언가를 잘 해낼 때, 또 우리가 그들을 좋게 생각할 때 그 사실을 그들이 알게 하라.

* **사회적 거부를 관리하라.** 파티에 어울리지 않는 옷을 입고 가고, 다른 사람들과 다르게 생각하거나 대중 앞에서 연설을 망치는 등의 상황을 우리는 불편해한다. 다르다는 것은 옳지 못함과 비슷해 보이고, 우리가 실행하는 위험한 행동은 조직에서 배제되는 것이나 다름 없다. 이런 두려움이 어디서 생겨났는지 이해한다면 다루기가 수월해진다. 그리고 조직에서 이탈하는 것이 조금은 덜 불편하게 느껴진다.

* **혼자만의 시간을 조절하라.** 함께 사는 것은 인류의 생존 전략이다. 따라서 우리는 고립에 강하게 반응한다. 이를 인식하면 혼자라는 느낌에 대처하기 쉬워진다. 또 무엇을 하든지 다른 사람들과 함께할 때 기분이 더 좋아진다는 점을 이해해야 한다(일반적으로 말하면 그렇다). 만일 일상생활에서 많은 시간을 혼자 보내야 한다면, 가끔이라도 좋으니 소소한 교제의 시간을 마련하도록 노력하자.

* **적더라도 깊은 관계에 의지하라.** 과학자들은 우리 건강에 영향을 미치는 것이 관계의 양이 아니라 질이라는 사실을 밝혀냈다.[50]

* **반복 노출을 다루는 법을 익혀라.** (텍스트나 광고, 건물 등) 무엇이든 많이 보면 볼수록 좋아지기 마련이다. 만일 누군가의 관심을 끌고 싶다면 만나서 이야기를 나누고, 그 사람이 우리의 모습을 자주 보게 하는 등의 방법으로 자신의 존재를 노출하라. 하지만 동시에 일종의 경계심도 필요하다. 우리 또한 상대가 이상형이 아닌데도 고작 몇 번의 데이트만으로도 새로운 감정이 불타오를 수 있다.

* **잠시 멈춰 생각하라.** 그냥 동의하지 말라. 보통 우리는 무엇을 해야 하는지, 어떤 결정을 내려야 하는지, 즉 자신이 무엇을 원하는지에 대해 확신을 갖지 못한다. 이런 상황에서 남들은 무엇을 하고 있을지를 생각하며 다른 사람들에게 의지할 때가 많다. 이때 다른 사람의 행동과 결정은 우리를 조종한다. 이는 시간과 돈을 절약해 준다. 하지만 문제는 연구 결과를 통해 알려졌듯이, 그것이 틀렸을 때도 틀렸다는 걸 인지하면서 여전히 그 집단의 의견에 동의한다는 점이다. '다른 모든 사람'이 하는 일을 시도할 때는 잠시 멈춰 생각해 보자. 이것이 나에게 옳은 일인가? 과연 내가 하고 싶은 일인가? 정말 내가 생각하던 일인가?

* **사회적 영향의 힘을 꺾어라.** 직장에서 더 나은 결정을 내리기 위해 때때로 사회적 영향을 향한 우리의 묵인을 해제해야 할 때도 있다. 이러한 상황을 위한 몇 가지 지침이 있다. (예컨대 익명의 설문지를 통해) 개인이 의견을 낼 때 다른 사람에게 신변이 노출되지 않게 하거나, 과감히

첫 번째로 의견을 내거나(첫 번째 의견은 최종 결정에 불균형적 영향을 미치며 닻의 역할을 한다), 회의 시작 전 다른 사람들에게 영향을 미치거나(상황 발생에 앞서 각 참가자와 개별적으로 이야기를 나눠 조직 전체의 의견에 영향을 줄 수 있다), 소규모 조직으로 작업하자(집단의 크기가 작을수록 개인의 의견이 더 중요해진다).

* **과감히 생각을 달리하라.** 만약 어떤 의견에 동의하지 않는다면 과감하게 목소리를 높여라. 우리처럼 동의하지 않는 사람들이 더 있을 수 있고, 자발적 순응을 중단시키는 역할을 우리가 수행할 수도 있다. 한 번 반대 목소리를 내는 것만으로도 다른 사람들이 동참하도록 용기를 불어넣기에 충분하다.

* **많은 사람 앞에서 행동하라.** 그들과 함께 일하든 안 하든 상관없이, 어쨌거나 다른 사람들이 있을 때 우리는 더 좋은 성과를 낸다. 중요한 일이 진행될 때는 반드시 관객을 두자. 누군가가 더 잘 해내길 바랄 때도 마찬가지다. 또 누군가의 관대함을 끌어내고 싶다면, 가능한 한 많은 사람 앞에서 행동할 기회를 만들어라. (특히) 관대한 사람은 다른 사람의 인정에 의존하는 경향이 있다. 관찰자가 있으면 도파민이 분비되는 뇌의 보상 시스템이 활성화된다. 버스 정류장에 꽃 사진이 아니라 사람의 눈 사진이 걸려 있다면, 사람들은 근처에 버려진 쓰레기를 더 기꺼이 주울 것이다.[51]

✱ **한 발 뒤처져 동기부여를 꾀하라.** 경기 중 어느 순간 뒤처져 패배 가능성이 짙은 팀이 최후에 승리할 가능성이 크다. 일이 뒤처질 때는 이런 경향을 이용해 동기부여를 강화하고, 직장 업무나 학습의 성취도를 함께 끌어올리자. 팀원들에게도 이 심리적 메커니즘을 설명해 추진력으로 활용하자. 우리에게 닥친 거대한 두려움을 의미 있는 움직임으로 바꾸어보자.

✱ **쉽게 포기하지 말라.** 사회적 비교는 동기부여를 강화하거나 때에 따라 약화한다. 만약 심각하게 질 것 같으면 우리는 포기하게 된다. 경기 도중에 그만두는 것은 체면을 지키기 위한 방어 수단이다. 끝까지 그대로 지켜봤다면 상황이 얼마나 악화했을지 아무도 모른다. 하지만 자신을 상대와 비교하며 열등감에 빠지기보다는 최선을 다해 열심히 싸우고, 지고, 끝까지 분투하는 자신의 끈기를 칭찬하라. 이 감정은 포기에 따른 덧없는 안도감보다 오래가며, 우리에게 보람을 느끼게 한다.

✱ **더 작은 그룹으로 나누어 비교하라.** 다른 사람들과 비교해 자신의 위치가 어디쯤인지 당사자에게 알려주는 것은 그들이 더 열심히 일하고 더 좋은 성과를 얻는 데 도움이 된다. 하지만 어떤 경우에는 용기를 잃거나 쉽게 포기하게 될 수도 있다. 그러니 '이기는 사람이 모든 것을 차지한다'고, 오직 한 명만이 보상받는다고 생각하게 돼서는 안 된다. 이는 그저 단독으로 최고 위치에 오를 기회를 지닌 사람들에게 동기

를 부여하고, 유감스럽게도 승리에 필요한 합리적 기회를 받지 못한 사람들의 의욕을 꺾을 뿐이다. 대안은 큰 그룹을 작은 그룹으로 나누고, 그 작은 그룹들 내에서 계속 비교하여 마치 모든 사람이 기회를 잡는 양 느끼게 하는 것이다.

* **포옹하라.** 포옹과 마사지, 섹스는 모두 옥시토신을 최고조로 분비하는 효과가 있다. 이러한 행위를 하면 우리는 좀 더 너그러워지고 마음을 열뿐더러 다른 사람을 공감하는 마음이 커진다. 심지어 동물을 쓰다듬는 행위도 옥시토신의 분비를 자극한다. 실제 생활에서 인간관계는 항상 실망을 안겨줄 위험을 내포하지만, 동물들은 결코 우리를 실망시키지 않는다.

* **다른 사람을 믿어라.** 상대를 신뢰한다는 것을 그에게 느끼게 하면 그는 높은 수준으로 분비되는 옥시토신을 경험한다. 그는 우리에게 더 마음을 열게 되고, 그렇게 관계는 좋은 방향으로 나아간다. 직장 동료들과 회의를 하거나 자녀들과 말다툼하는 상황이 되면 이를 명심하라. 그리고 자연스럽게 상대에게 우리 자신이 믿음이 가고 신뢰할 만한 사람이라는 점을 분명히 인식시켜라.

* **문제가 있는 관계를 해결하라.** 관계를 맺고 있는 사람 중에서 유독 원만하게 잘 지내지 못하는 특정한 사람들이 있다. 하지만 우리는 이런

관계의 개선을 꾀할 수 있다. 먼저 잠깐 눈을 마주치는 것부터 시작하라. 그다음 날은 날씨에 관한 화제를 꺼내도 좋다. 셋째 날은 뉴스에서 들은 내용을 언급할 수도 있고, 어쩌면 살짝 미소를 지어 보일 수도 있다. 그렇게 관계가 좋아지기까지 오랜 시간이 걸릴 수도 있다. 하지만 분노를 표출하지 않고 너무 개인적인 화제를 언급하지도 않는, 중립적인 접촉을 지속한다면 아마 몇 주 뒤에는 그 관계에서 새로운 패턴을 정립할 수 있을 것이다. 인내심을 가지고 한 번에 한 걸음씩 상황을 처리해 나가라.

* **파괴적인 관계에서 벗어나라.** 나쁜 관계를 유지하면 극심한 불행과 건강 악화로 이어진다. 좋지 않은 상황을 벗어나는 것이 항상 쉽지만은 않다. 만약 지나치게 상대에게 의존적인 상태이거나 외로움이 몹시 두렵다면, 더 깊은 차원에 의미 있는 많은 것들이 존재한다는 점을 먼저 깨달아야 한다.

* **남의 이야기를 떠드는 것은 자제하라.** 수다는 어떤 무리를 예의 주시하는 방법이자 모든 개인에게 직접 정보를 얻는 대신 쓸 수 있는 유일하고도 빠른 대체 방안이다. 정직한 사람이 누구이며 믿을 수 없는 사람이 누구인지 아는 것은 분명 신뢰가 가지 않는 위험한 사람들을 피하는 방법이다. 다만 남의 이야기를 하는 것이 일종의 괴롭힘이 될 수 있다는 점을 명심하라.

* **모두를 허용하라.** 사회적 배제는 생존 본능과 매우 밀접하게 연결되어 있다. 그래서 우리는 소외감을 느낄 때 큰 영향을 받는다. 소외감을 느끼는 사람들은 그렇지 않은 사람들보다 덜 관대하고 덜 공감하는 모습을 보인다. 그러니 모두를 포용하도록 노력하라.

**DINA DOLDA
DRIVKRAFTER**

두 번째 동기,

협력하고 비교하기 위한

지위

✳   왜 우리는 지위에 매료될까? 지위는 인간의 생존 능력 중 번식을 돕는다. 역사적인 관점에서도 지위가 더 높은 사람이 먼저 배불리 먹고 가장 안전한 곳에서 잠을 잤으며, 더 매력적인 배우자로 여겨졌다.

하지만 불행히도 지위에 대한 인간의 열망에는 또 다른 면이 있다. 하나는 자신을 다른 사람과 비교하는 것, 또 하나는 과소비를 하거나 강한 힘을 지닌 사람들과 동맹을 맺으려 노력하는 것이다. 우리는 다른 사람이 더 잘나갈 때 기분 나빠 하거나 남들에게 실제 자기 모습보다 더 성공적으로 보이려고 노력한다.[52]

지위는 강력한 동기부여 요인이다. 자연선택은 인간을 지위에 관심을 보이고, 그것에 동기를 부여받는 존재로 진화시켰다. 체내의 신경화학 역시 일이 잘 진행되거나 더 큰 영향력을 가질 때 느끼는 긍정적인 감정, 혹은 다른 사람들의 일이 매우 잘 풀린다는 것을 알 때 느끼는 부정적인 감정 등을 통해 지위에 관한 관심을 유도해 왔다.

지위를 그저 나쁘다고 간주할 수는 없다. 이미 붉은 피와 함께 우리 몸속을 흐르고 있기 때문이다. 자신이나 자녀들의 일이 잘 풀릴 때 자랑스러운 기분이 드는 것은 어쩔 수 없다. 깊이 생각해 봐야 할 것은 지위가 우리를 잘못된 방향이나 도움이 되지 않는 상황으로 이끄는 경우다. 물론 지위 획득을 향한 추진력의 균형을 맞추기 위한 해결책 역시 존재한다. 이를 통해 우리는 개인의 발전, 동기부여, 계획 및 야망에 영감을 불어넣는다. 더 나은 자신이 되기 위해서 말이다.

지위란 무엇일까?

지위는 사회에서 우리가 차지하는 위치와 관련된다. 어원 자체는 '서 있다'라는 뜻을 지닌 동사의 완료 분사 형태 'status'에서 유래했다. '힘·권력', '우월·지배', '영향·영향력' 등 다른 단어들도 이에 동반되는 경우가 많다.

좀 더 좁은 의미로 정의하자면, 이 단어는 특정 조직 내에서 갖는 전문적 혹은 권위적 지위를 의미한다. 예를 들면, 소속된 조직이나 직장, 이웃들과 맺은 관계에서의 위치를 뜻한다. 더 넓은(또 더 관련성 짙은) 정의를 살펴보면 대개 세계적으로 확장된다. 역사적으로 지위는 귀족, 사냥꾼 등 사회 내의 다양한 집단을 포함했다. 하지만 점점 더 경제적인 성공과 연관 짓게 되었다.

지위의 개념에서 우리 모두는 지도자에서 추종자까지 아우르는 범위에 있다. 지도자들은 보통 자신을 야심 차고, 영향력이 크며, 열심히 일하는 사람이라고 생각한다. 반면 추종자들은 자신을 겸손하고, 사려 깊다고 여긴다. 영향력에 대한 욕구가 생겼을 때, 그에 대해 아무 열망도 느끼지 않는 사람은 찾아보기 힘들다.

지위에 대한 욕구가 삶에서 어떻게 표출되는지 쉽게 이해하기 위해 이제부터 각기 다른 세 사람의 삶을 살펴보자.

35세 데이비드는 8년간 자영업을 운영해 오고 있었다. 그는 아내와 세 살짜리 딸과 함께 스톡홀름 남쪽 교외에서 살았다. 지난봄 데이비드는 새 차를 샀는데, 한눈에 보기에도 고급스러워 보였다. 그의 차를 본 이웃들은 다음과 같이 말했다.

"데이비드가 산 새 차 봤어요?"

"리스로 산 거 같은데. 그거 살 형편이 안 되지 않나?"

"그 돈이면 다른 곳에 더 잘 쓸 수 있을 텐데, 왜 저런 차를 샀을까?"

또 다른 이웃은 탄성을 질렀다. "바퀴 한번 끝내주는데!"

그의 말처럼 깊은 인상을 받은 것 같은 구경꾼 몇 명은 아직도 그 일에 대해 나름대로 의견이 있는 듯했다. 사람들은 대부분 어느 정도 자신만의 의견이 있었다. 완전히 중립적인 사람은 거의 없었다.

하지만 이것이 이야기의 끝은 아니다. 데이비드는 머나먼 북쪽 노를란드(스웨덴 북부에 있는 전통적인 지역 – 옮긴이) 출신이었다. 그는 매년 여름이면 고향으로 돌아와 몇 주 동안 머물렀다. 더 젊었을 때도 그랬고, 지금도 여전했다. 그리고 별다른 일이 없는 한 앞으로도 쭉 그럴 예정이었다. 올여름 7월의 일이었다. 어느 이른 아침, 데이비드는 가족들의 짐을 챙겨 자신의 새 이동 수단에 올라타며, 문득 몸 깊숙한 곳에서 흘러나오는 색다른 기분을 느꼈다. 짐을 가득 실은 차는 굴러갈 준비를 마쳤다. 길 위에서 긴 하루를 보낸 뒤 그들의 고급스러운 차가 노를란드로 들어섰다.

평소였다면 데이비드는 마을 중심부를 지나지 않으려고 어린 시절 살던 집으로 가는 지름길을 택했겠지만, 이번에는 그러지 않았다. 그는 길을 오가는 모든 사람이 서로를 알아보는 마을의 중심 쪽으로 곧장 차를 몰았다. 눈앞에 중앙로가 펼쳐졌다. 길의 한쪽 끝과 다른 한쪽 끝은 원형 교차로로 이루어져 있었다. 차 안에서 앞 유리를 통해 밖을 바라보던 데이비드는 옛 동급생이 인도를 걸어 내려오는 것을 발견하고 기쁨에 휩싸였다. 그는 친구에게 손을 흔들며 인사했다. 처음에 누가 자신에게 손을 흔들고 있는지 몰랐던 친구는 차 안을 들여다보았고, 그제야 낯익은 데이비드의 얼굴을 알아보았다. 남자는 깜짝 놀라 손을 흔들며 답했다. 데이비드의 가슴은 터질 듯한 만족감으로 부풀어 올랐다.

줄리아는 스웨덴 남부에 사는 9학년(한국의 중학교 3학년에 해당한다 - 옮긴이) 학생이다. 그는 이른바 '잘나가는 아이들' 무리에 속한 아이였다. 모든 종류의 무리에는 항상 다른 사람들보다 훨씬 더 모두와 잘 어울려 지내는 사람들이 있다. 특히 내가 보냈던 십 대 시절에는 교실 안에서 유달리 무리가 구분되었던 것 같다. 아니면 영화 산업이 우리를 설득해 '잘나가는 아이들', '운동에 빠진 남자들', 그리고 '따분한 아이들'로 사람들을 정형화했는지도 모른다.

줄리아가 지닌 지위인 '잘나가는 아이'는 몇 가지 요인으로 뒷받침되었다. 그는 외향적이며 자신감이 넘쳤다. 또 자기 의견을 분명하게 말하고, 옳다고 생각하면 꿋꿋이 밀고 나갔다. 그는 언제나 유행을 한 발 앞서 나갔고, 아무리 멋진 남자친구들에게도 쉽게 휘둘리지 않았다. 또한 자기가 원하는 것이 무엇인지 정확하게 알았지만, 넘지 말아야 할

선을 지키려 했다. 적어도 십 대들의 관점에서 보면, 줄리아는 잘나감을 나타내는 항목 대부분에 체크 표시를 할 수 있었다.

같은 반의 다른 여학생 셋도 꽤 잘나갔지만, 줄리아만큼은 아니었다. 줄리아는 그들의 롤 모델이었고, 스타일과 몸가짐에서도 학교에서 손꼽히는 트렌드 세터(유행을 앞서나가는 사람 – 옮긴이)였다. 줄리아와 어울리면 누구든 자동으로 유명 인사가 되었다.

제니퍼와 아마데우스는 14년 전 만나 이제 결혼한 지 11년이 되었다. 그들에게는 아홉 살짜리 아들과 11살짜리 딸이 있었다. 제니퍼는 4년간 자신이 세운 스타트업 회사를 운영해 왔다. 매우 안전한 형태의 사업이었지만, 지난 몇 년 동안 일은 쉽게 풀리지 않았다. 재미있고 흥미로웠지만 경제적으로는 진정한 의미의 도전이기도 했다.

하지만 1년 전부터 상황이 반전되기 시작했다. 제니퍼와 그의 팀이 개발한 제품이 마침내 출시된 것이다. 판매가 시작되고 일부 얼리 어답터들에게서 제품에 관한 피드백을 수집했다. 그의 팀은 몇 가지 수정 작업을 거친 뒤 업데이트된 버전을 발표했다. 새로운 버전으로 제품이 업데이트될 때마다 매출이 증가했다. 잠재력이 큰 제품이 출시되기 석 달 전까지도 이와 같은 상황이 계속되었다. 그리고 모든 언론과 투자자들의 관심은 현실이 되었다. 모두가 바랐던 대로 드디어 잭팟을 터뜨린 것이다!

한편, 남편 아마데우스는 늘 아내 제니퍼의 노력을 지지하고 격려

했다. 하지만 지난 몇 달 동안 변화가 생겼다. 둘은 평소보다 훨씬 더 말다툼이 잦았다. 아마데우스는 화가 나 있었다. 그가 이 생각에 굳이 항의하지 않는다면, 그의 화는 아마 제니퍼가 거둔 놀라운 성공 때문일 것이다. 아내를 격려해 오던 예전의 다정한 아마데우스는 어디론가 멀리 떠나버린 모양이었다.

데이비드, 줄리아, 제니퍼의 이야기를 모두 관통하는 하나의 실마리는 무엇일까? 바로 지위와 권력, 영향력이다.

데이비드는 새로 산 차를 통해 자신이 더 성공했다는 기분을 느꼈다. 낡았던 예전 차는 새 차만큼 높은 지위를 드러내주지 않았다. 그는 새 차에 탄 모습을 다른 사람에게 보임으로써 만족감을 느꼈다. 다른 사람들의 경이로운 시선 덕분에 그에게서는 세로토닌(혈액이 응고할 때 혈관 수축 작용을 하는 물질 – 옮긴이)이 분비되었다. 특히 고향에 돌아갔을 때 그는 다른 사람들 속에서 자못 우쭐해졌다.

줄리아는 반에서 가장 높은 지위를 차지했고, 반 친구들은 그런 그와 어울리고 싶어 했다. 줄리아와의 동맹은 그들의 위상을 높였기 때문이다. 소셜 미디어에서 이러한 상황이 벌어질 수 있다. 우리는 예술가나 스타 등 영향력 있는 사람들과 연결됨으로써 대중에 알려질 수 있다. 기업들은 인플루언서들과 함께 제품을 선보이고 그 대가로 비용을 지급한다. 별다른 이유 없이도 그런 사람들은 다른 사람들의 소비 결정에 영향력을 행사한다.

올바른 사람들을 알고, 올바른 장소에 자리하면 많은 문이 열린다. 전 세계의 수많은 권력자는 높은 지위를 지닌 사람들과의 관계 형성, 그리고 '올바른' 사람들과의 접촉으로 자신들의 위치를 만들어왔다. 이는 인간에게만 적용되는 일은 아니다. 이를테면 침팬지들 사이에서도 같은 현상이 목격되었다. 권력은 대담한 시위나 싸움을 통해서만 얻어지지 않았다. 한 마리의 침팬지, 혹은 다른 두 마리의 경쟁자 침팬지는 보통 권력자가 되기 위해 다른 무리의 침팬지들과 관계를 맺었다.

한편, 제니퍼와 아마데우스는 제니퍼의 사업이 잘 풀리기 시작한 뒤 점점 더 자주 말다툼을 했다. 아마데우스는 제니퍼의 지위가 전보다 약간 올라갔다는 이유로 (그동안은 그렇지 않았는데) 자신이 지배층에서 내려간 느낌이 들어 기분이 상했다. 제니퍼와 비교했을 때 그는 권력이 약해지고 덜 성공한 듯한 자신을 느꼈을 것이다. 적어도 그의 관점에서 보았을 때 상황은 그러했다.

권력의 불균형은 관계를 갉아먹을 수 있다. 비교 대상이 되는 두 사람이 어느 정도 입장이 비슷할 때 상황은 훨씬 더 단순하게 설명된다. 연구자들은 이를 **사회 교환 이론**social exchange theory, 즉 두 사람 사이의 자원 교환이라 불렀다. 여기서 자원은 단순히 돈이나 재정적 안정, 더 나아가 화려한 직책과 같은 물리적 자원을 의미하는 것이 아니라 재능과 인기, 갈등 상태에서도 침착할 수 있는 능력과 신뢰성, 인내심, 풍부한 계략 등을 의미한다. 예를 들면, 역사적으로 여성의 육체적 아름다움은 흔히 남성의 재산이나 지위와 일치했다.[53] 그러나 여러 연구와 경험적 증거 모두, 한 사회가 평등할수록 이런 남녀 간의 교환이 동등해진다는 점을 보여준다. 요즘은 여성의 아름다움이나 남성의 사회적 지위를 넘어선 훨씬 더 많은 요소들이 높이 평가되고 있다.[54]

지위에서 불합리한 큰 차이가 우리를 괴롭힌다. 생계를 책임지는 사람, 혹은 적어도 반쪽짜리 가장이라는 점은 우리에게 중요한 의미처럼 여겨졌다. 우리는 가정경제에 기여하는 처지인가, 아니면 경제적으로 의존하는 처지인가? 주는 처지인가, 아니면 그냥 받아만 가는 처지인가?

계급이 존재하는 이유

지위를 얻으면 즐거워진다. 더 많은 자원과 자유, 시간이 주어지기 때문이다. 그리고 사람들이 우리가 하는 말을 귀담아듣는다. 무엇보다도 남들에게 사랑받는 기분이나 가치 있게 여겨지는 기분이 든다. 그들은 우리가 무슨 농담을 하든 (재미가 없어도) 웃음을 터뜨린다. 아니면, 파티에 초대되거나 다른 사람에게 존경과 관심을 받기도 한다.

우리는 계급을 높여나갈 수 있다. 하지만 역사적으로 보았을 때 인간은 이미 다양한 사회적 계층에서 태어나며, 사회적 우위의 정도 또한 다양하다. 대초원에 지어진 집으로 돌아가는 길에서는 무언가 더 할 말이 있는 사람들이 있었다. 이들은 지도자들이었으며, 물론 추종자들을 거느리고 있었다. 어떤 사람들은 자신이 원하는 것을 가져갔고, 다른 사람들은 얌전하게 자신의 차례를 기다렸다. 몇몇은 위험을 감수해야 했지만, 다른 몇몇은 그렇지 않았다.

미국의 신경학자 로버트 새폴스키는 계급을 "제한된 자원에 대한 불평등한 접근성을 공식화하는 순위 체계"라고 정의했다.[55] 자원은 그에게 음식부터 위신에 이르기까지 더 추상적인 개념을 포함한 모든 것을 의미했다.

사회적 계급은 개인이 주변 환경의 다양한 사회적 단서를 분석하고 음식을 얻을 기회를 늘리는 안전한 방법, 안전한 잠자리, 또 더 많은 파트너를 선택하는 방법을 찾을 때 발달한다. 계급에서 차지한 지위가 높을수록 더 많은 자원을 얻게 되며, 생존 가능성 또한 커진다. 본질적으로는 생존과 번식에 관한 모든 확률을 높이기 위함이다.

계급의 존재 이유에 관해 두 가지 설명이 있다. 첫째는 인간이 모두 자신의 위치를 아는 행위에서 이익을 얻는다는 설명이고, 둘째는 개인이 자신의 위치를 아는 행위에서 이익을 얻는다는 설명이다.

어떤 종에는 알파, 즉 서열 1위에 해당하는 개체가 하나 있고 그다음에 다른 개체들이 존재한다. 이 다른 개체들의 경우 다소 동등한 가치와 지위를 지닌다. 또 다른 종에는 더욱 상세한 계급제도가 존재한다. 예를 들면, 알파(서열 1위), 서열 2위, 서열 3위, 서열 4위…… 이런 식이다. 만일 우리가 서열 4위를 차지하고 있다고 가정해 보자. 그렇다면 앞에 있는 사람이 서열 1위인지 2위인지는 우리에게 특별히 중요하지 않

두 번째 동기, 협력하고 비교하기 위한

다. 우리는 그 둘 모두와 좋은 관계를 유지해야 하기 때문이다. 만약 서열 3위인 우리가 술집에서 술을 마시는데, 방금 서열 1위가 들어와 우리의 이야기 상대가 될 수 있었던 누군가를 자신의 저녁 식사 파트너로 가로챘다고 해보자. 우리는 아마 그들에게 들러붙거나 그들 사이에 자리를 잡지는 않을 것이다. 물론 몇 잔의 맥주가 입에 들어간다면, 용기를 불어넣는 액체의 힘으로 그 순간에는 서열 1위에 대한 일시적인 자신감이 치솟을지 모른다.

그렇다면 우리 인류 말고 다른 종들 안에 존재하는 계급을 살펴보자. 그들의 계층구조는 어떻게 형성되어 있을까?

계급은 사람들보다 동물들 사이에서 더 잘 나타난다. 여기 개코원숭이 두 마리가 나뭇가지 끝에 매달려 즙이 많은 과일을 훔쳐보며 침을 흘리고 있다. 두 마리 다 그 과일을 원한다. 어떤 개코원숭이가 열매를 차지할까? 물론 지위가 더 높은 개코원숭이가 과일의 주인이 된다. 만약 두 개코원숭이 사이에 진작부터 존재했던 그들의 계급(안정적인 권력 역학)이 없었다면, 그 대신 갈등 상황이 발생했을 것이다. 두 마리 중 한 마리, 혹은 두 마리 모두 다치거나 죽었을지 모른다. 이는 많은 에너지 소비를 의미하며, 개인과 조직 모두에 바람직하지 않다.

이번엔 그 복종적인 개코원숭이가 순간 혼란스러워져서, 계급 내의 자신의 위치를 잊었다고 상상해 보자. 아마 이 개코원숭이는 자신이 속한 무리에서 잠시 떨어져 있었을 것이다. 이제 잠재적 문제 상황이 생겼다. 무슨 일이 일어날 것 같은가. 우리는 분명 이렇게 생각한다. '음,

곧 싸움이 일어나겠군.' 하지만 사실 꼭 그렇지는 않다. 이 상황은 지배자 위치의 개코원숭이가 상징적인 제스처로 다른 개코원숭이에게 자신의 지배력을 주지시킴으로써 충분히 해결된다. 그는 무리에서 자신이 가장 강하다는 것을 표시한다. 한편, 이 권력의 표시는 종에 따라 상당히 다르게 나타나기도 한다.

인류를 구해온 계급

무리 지어 사는 형태는 인류를 포식자로부터 보호했지만, 시간이 흐르며 양상이 복잡해지기 시작했다. 계층구조는 일을 단순화했다. 자연선택은 계급이 존재하는 집단에서 생존하고 원활히 협력하기 위해 우리의 뇌를 발달시켰다. 모든 사람이 자신의 위치를 알고 있다. 언제 자기 뜻대로 밀고 나가도 괜찮은지, 또는 언제 한 발짝 물러나야 하는지를 제대로 인지한다. 역사 속 특정 시점에서 아마 계급이 우리 조상들의 생명을 구했을 것이다.

언젠가 사회적 상황에 맞닥뜨린다면 계급의 렌즈를 통해 펼쳐지는 사건들을 관찰해 보자. 사건 관계자들이 모두 계급에서 다른 지위를 차지했다면 상황이 달라질 수 있는지도 생각해 보자. 우리는 하나의 계급적 지위만을 좇는 호사를 거부했고, 아마도 대부분이 여러 개의 계급 시스템에 속해 있을 것이다. 이는 인류 고유의 특성이기도 하다.

이를테면 어떤 상황에서 우리는 계급 X에 속하며 다른 상황에서는 계급 Y에, 그리고 세 번째 상황에서는 계급 Z에 속할 수 있다. 예컨대 우리는 직장 축구 동호회에서 수석 트레이너, 즉 코치라는 높은 지위(계급 X)에 있을 수 있다. 하지만 집에서는 전혀 다른 지위일지 모른다(계급 Y). 그리고 직장에서도 실제로는 서열이 밑바닥에 가까울 수 있다(계급 Z).

지인 중에 성인이 되어 스웨덴으로 거주지를 옮긴 사람이 있다. 그는 내게 의사로서 매우 중요한 사회적 지위를 차지하고 만족스러운 급료를 받았던 자신이 어떻게 해서 고국으로 돌아왔는지 말해주었다. 스웨덴에서 그는 택시를 운전한다. 그의 말투에는 특정 억양이 도드라지는데, 이는 그가 덜 유능할 것이라는 고정관념을 강화했다. 우리 모두 알다시피 고정관념은 상대방을 바라보는 관점에 영향을 미친다.

그렇다면 우리는 어떤 계급을 가장 선호할까? 자연스럽게도, 우리는 자신이 가장 상위에 있는 집단을 좋아한다. 우리를 뛰어넘는 사람들은 우리의 야망과 포부를 위협한다. 먼저 음식을 차지하거나 배우자가 될지 모르는 누군가의 마음에서 더 큰 비중을 차지하기 때문이다. 우리는 한 계급의 끝에 있을 때 또 다른 끝에 있는 사람들과 자신이 다르다고 느낀다. 일반적으로 말하자면, 이것이 바로 사람들이 페이스북에서 다른 사람들의 상태 업데이트를 확인한 뒤 기분이 안 좋아지는 이유다. 나 말고 다른 사람들은 다 너무 잘나가고 있다(우리는 갈등이나 이혼, 실패와 관련한 게시물은 올리고 싶어 하지 않는다)!

새로운 세상 속 오래된 동기

자연선택은 우리 인류를 지위에 동기가 부여되는 생물체로 진화시켰다. 반면 파충류는 다른 파충류에게 '인사치레로 말하네'라는 감정을 느끼지 않는다. 그들은 변연계를 가지고 있지 않다. 그들의 신경계는 자신들을 위협하는 포식자를 향해 경계 태세를 갖추고 있지만, 그렇다고 같은 종족에 속한 다른 구성원들에 대해 우정이라는 감정을 경험하지 않는다. 우정과 같은 긍정적인 감정을 뒷받침하려면 앞서 말한 변연계가 필요하다.

하지만 포유류는 같은 종족의 다른 모든 동료를 동등한 조건에서 평가하지 않는다. 우리는 다른 사람들에 관해 각기 다른 것을 느끼고 동시에 그들과 관련된 모든 종류의 사회적 판단을 내린다.

모든 포유류가 가지고 있는(많고 적음의 차이는 있지만) 것이 바로 피질(특히 대뇌의)이다. 피질은 대뇌 표면을 구성하는 여러 개의 세포층이며, 모든 척추동물에게서 발견된다. 이 조직은 기억과 주의, 인식, 언어 같은 뇌의 복잡한 기능 가운데 많은 부분과 연관이 있다. 이 뇌 부위는 충동과 맞설 수 있게 하며, 이를 후천적인 행동으로 대체하도록 돕는다. 그 덕분에 우리는 더 효율적으로 행동하는 법을 익히고, 상호작용을 하는 상대가 누구인지에 따라 행동을 조정한다.

일반적으로 동물들은 별다른 억제 없이 내부에서 분비하는 신경화학물질에 반응한다. 더 많은 피질을 소유한다는 것은 (마치 우리처럼) 다

두 번째 동기, 협력하고 비교하기 위한

른 기계적 또는 자동적 반응에 대해 더 나은 대안을 세울 수 있다는 것을 뜻한다. 인간은 동물보다 덜 반사적으로 행동하지만, 인간에게는 한 발짝 뒤에서 결정에 끊임없이 영향을 미치는 변연계가 있다.

우리의 동기는 인류의 역사만큼이나 오래되었다. 그것은 우리의 진화 과정에서 큰 혜택을 주었지만 오늘날 인간이 누리는 일상생활은 매우 달라졌다. 이 새로운 세계에서 고대로부터 전해져 내려온 동기를 어떻게 다뤄야 할지 배워야 한다.

우리가 사는 세계가 다른 종족들, 또 우리 조상들의 세계와 얼마나 다른지 알려면 몇 가지 예가 필요하다. 옛날에는 보통 50~150명의 인원이 속한 유목민 집단을 만들어 살았고, 한 장소에서 다른 장소로 이동해 간단히 정착지를 마련했다. 오늘날 우리는 대부분 도시에 살며 같은 장소에서 삶의 많은 시간을 보낸다. 과거에 인간은 일생 동안 약 100명, 많아야 약 1000명 정도의 사람들만 마주했고, 만나는 사람들은 대부분 자신과 비슷했다. 요즘은 어떨까. 우리는 한평생 전 세계에서 온 수백만 명의 사람을 마주한다. 전에는 평균수명이 30년 정도밖에 되지 않았고, 인구의 절반 정도가 대개 10번째 생일을 맞이하기 전에 세상을 떠났다. 오늘날 세계의 평균수명을 보면 보통 남성이 70년 이상, 여성이 75년 이상이다. 예전만 해도 실제로 존재하는 생명의 위협에 저자세를 취하거나 경계하며, 끊임없이 주변을 살펴야 했다. 오늘날은 이런 인간의 속성이 문제를 일으킨다. 요즘은 작은 소음에 주의력이 흐트러지지 않게 유지하는 능력이 가장 중요한 부분 중 하나다.

이런 식으로 자질 하나하나를 계속해서 늘어놓을 수 있다. 우리가 사는 환경은 짧은 기간에 엄청난 변화를 겪었다. 사실 몇천 년, 몇백 년은 인류의 진화론적 측면에서 보면 눈 깜빡할 사이에 해당한다. 그런 짧은 시간에 지금 환경과는 전혀 다른 환경에서 진화가 거듭되어 온 것이다. 우리는 눈앞에 놓인 새로운 현실에 제대로 준비되지 않은 채 내던져졌다. 이런 우리의 미흡함이 세 가지 동기와 관련해 많은 문제를 일으킨다는 점을 이해해야 한다.

다양한
개인의 우월성

성격이란 무엇일까? 살아가는 동안 변하지 않는 것일까? 아니면 상황이나 삶의 형태, 그리고 현재 우리를 둘러싼 특정한 사람들의 영향으로 변화할까?

새로운 상황에 어떻게 반응하는가? 특정한 문제에 직면했을 때는 어떤가? 이때의 대응 방법에 성격이 많이 반영된다고 한다. 새로운 경험에 완벽히 녹아들거나 더 새로운 경험을 추구하는 사람들이 있는가 하면, 똑같이 새로운 경험에 직면했을 때 마음의 문을 닫거나 불안에 시달리는 사람도 있다.[56]

심리학에서 다루는 개념 중에 **빅 파이브** Big Five(다섯 가지 성격 요인 모델)가 있다.[57] 사람의 성격을 말할 때 가장 많이 쓰는 모델이기도 하다.

수천 명이 참가한 연구에서 다섯 가지 광범위한 특성(각 단어의 머리글자를 따 OCEAN이라 표기하는 다섯 가지 범주)이 구체화되었다. 우리 모두는 이 특성을 각각 (다양한 정도로) 가지고 있다.

- 개방성 Openness
- 성실성 Conscientiousness
- 외향성 Extroversion
- 친화성 Agreeableness
- 신경증 Neuroticism

그 밖의 모든 자질은 이 다섯 가지 자질과 비슷하거나 변주된 것으로 간주된다(다섯 가지 자질에 관한 더 자세한 설명과 서로 다른 성격 뒤에 숨겨진 심리에 관해서는 이 책의 '더 알아보기 ②'를 참고하라).

그렇다면 성격은 어디에서 비롯될까?

1. 인간은 각자가 처한 환경과 그 환경 속 사람들의 행동에 적응한다. 성격과 상황 모두 개인으로서 우리의 모습에 영향을 미친다.[58]

2. 인간은 내재된 특정 자질을 지닌다. 성격은 약 50퍼센트가 DNA에 의해 형성된다. 우리는 성격에 따라 특정한 환경, 특정한 활동, 그리고 가장 좋은 자신의 모습을 유지해 주는 사람들과 삶을 즐긴다. 그

러나 그렇다고 해서 외향적인 사람이 혼자 있을 때 늘 비참하다거나, 새로운 경험에 개방적인 사람이 반복적인 일상을 잘 즐기지 못한다는 뜻은 아니다.

성격의 약 절반이 DNA에 의해 형성된다는 것을 어떻게 알아냈을까? 한 연구팀이 50년에 걸쳐 455만 8903쌍의 쌍둥이를 대상으로 메타분석(여러 개의 개별 연구를 수집하여 통계적으로 재분석하는 방법) 연구를 진행했다.[59] 이 메타분석 연구에 활용된 기초 연구만 해도 무려 2748개에 달했다(여기서 기초가 되는 연구의 양이 방대하다는 지적은 불필요하다). 연구자들이 '우리의 자질, 즉 성격이 유전일까?'라는 질문을 던졌고, 성격의 약 49퍼센트를 부모에게서 물려받았다는 답을 얻었다.

다양한 이론에서 성격은 유전적 상속과 환경, 그리고 당시 상황의 결과로 여겨진다.[60] 학습된 행동과 습관에서 비롯된다고 보는 셈이다. '성격'이라는 단어를 쓸 때, 흔히 우리는 상대가 어떻게 행동할 것인지 어느 정도 예측할 수 있다고 여긴다. 나는 보통 사람이 근본적인 성향을 지니고 태어난다고 생각한다. 그리고 그다음으로 어린 시절과 현재의 환경에 따라 (예컨대) 1에서 10 사이의 어딘가에 위치한다. 여기서 1은 성장과 발전에 도움을 줄 조건이 열악함을 의미한다. 반면 최적의 조건과 함께였다면 정착지는 10이 된다.

성격으로 삶을 예측할 수 있을까?

또 다른 메타분석 연구였던, 성격의 힘에 관한 연구에서는 서로 다른 경험을 하는 개인의 삶에 성격이 큰 영향을 미친다는 점이 증명되었다. 이 연구를 진행한 연구자들은 특히 분석에서 실험 대상자가 이혼을 할지, 또 직업적으로 성공할지, 건강할지, 얼마나 오래 살지를 성격으로 예측하는 방법을 살폈다. 기본적으로는 성공과 사랑, 건강이 주요 주제였다.[61]

성격이 세 가지 각기 다른 방식으로 앞으로의 일에 영향을 미친다는 점은 흥미로웠다. 로맨틱한 관계부터 예를 들어 살펴보자.

첫째, 성격은 우리가 경험하는 것, 즉 다양한 환경에서 우리가 어떻게 느끼는지에 영향을 미친다.

둘째, 성격은 우리가 상대방의 행동에 어떻게 반응할지에 영향을 미친다. 신경질적인 사람은 자신을 관찰하는 연인이나 배우자의 악의 없는 시선에 과민 반응하기도 한다. 또 그들은 상대가 자신이 보낸 문자 메시지에 재빨리 답장을 보내지 않으면 더 이상 자신이 사랑받지 않는다고 굳게 믿는다. 아니면 상대가 파티에서 다른 사람과 그저 대화를 나누었다는 이유로 바람을 피웠다고 확신하기도 한다. 즉 특정한 인격적 자질은 이혼의 위험성을 높인다.

셋째, 성격은 배우자에게 영향을 미치는 행동을 낳는데, 이는 결국 그 관계의 질에 영향을 준다. 불친절한 사람과 짝을 이룬, 감정적으로

두 번째 동기, 협력하고 비교하기 위한

불안정한 사람은 상대를 비난하고 경멸하거나 수동적 공격 성향을 보이는 등 관계를 무너뜨리는 행동에 쉽게 에너지를 쏟는다.[62] 이로써 왜 그런 사람이 관계 전반에서 여러 일상적 갈등에 부딪힐 가능성이 큰지 알 수 있다.[63] 적대적인 사람은 계속되는 갈등을 위험한 수준까지 끌어올리는 버릇이 있다.[64] 반대로 다정하고 공감 능력이 뛰어난 사람들은 불친절한 사람들보다 갈등 상황에서 감정을 조절하는 데 능숙하다.[65] 이들은 그와 같은 자질 덕분에 갈등을 줄이고 더 빨리 화해할 수 있다. 또 성실하고 친절한 사람들은 더 오래 관계를 지속하며, 이혼에 이르는 경우도 적다.[66]

신경증은 관계에서 불만족과 가장 강력하고 일관되게 연결되는 자질이다. 또 이런 성격적 특성은 갈등과 폭력, 이별과도 관련이 있다.[67] 정서적 불안정은 어떤 성향의 관계를 맺었든 모든 관계의 질에 영향을 미치고, 지금의 연인이나 배우자가 아닌 다른 짝과의 관계에서도 비슷한 문제를 일으킨다. 그러한 상황은 삶이 끝날 때까지 계속 반복된다.[68]

직업적 성공은 어떨까? 성격은 실직 상태가 길어지지 않을지, 아니면 한 무리를 이끄는 지도자가 될지, 또 어떤 종류의 직업을 찾을지, 얼마나 열심히 일할지 등 직업적 성공에도 영향을 미친다. 자기통제self-control에 실패하고 높은 수준으로 짜증이나 적대감을 드러낸다면 곧 실업이라는 위험 상황에 놓일 것이다[69](충분히 예상되는 전개다). 반면, 긍정적인 태도와 감정은 복잡한 정보를 효과적으로 처리하고 창의적으로 문제를 해결하게 돕는다.[70]

무엇보다도 성격에 맞는 직업을 찾으면 더 쉽게 성공한다는 점을 유념하라.[71] 그러면 더 나아가 삶에서 더 큰 만족을 느낄 수 있다.

건강과 관련해 살펴보면, 외향적인 사람들은 흔히 관계를 꾸준히 넓혀 나가기에 더 큰 사회적 네트워크를 갖고 있다. 이는 건강이라는 측면에서 긍정적인 효과를 불러오는 듯하다. 한편, 부주의한 성향의 사람들은 위험한 활동에 시간을 쓰는 경향이 있는데, 결과적으로 그로 말미암아 수명에 부정적인 영향을 끼치기도 한다.[72]

이처럼 우리 삶은 자연스럽게 많은 요인, 즉 동기와 관심, 감정, 가치관, 그리고 자신을 인식하는 방법과 자기훈련self-discipline 등에 크게 영향을 받는다. 자기훈련은 생각과 감정, 행동을 통제하고 영향을 미치는 능력이다. 그러나 성격은 우리가 관계와 직업, 건강 등 인간의 존재를 구성하는 크고 작은 요소를 다룰 때 명백히 중요한 역할을 한다.[73] 들으면 기뻐할 만한 사실도 있다. 성격은 성인이 되어서도 계속 발달할 수 있다.[74] 이미 짐작했겠지만, 이 성격은 인간의 세 가지 동기로부터 얼마나 영향을 받는가에 따라 영향을 또 받는다.

빅 파이브를 다룰 때는 우리 개인을 독립된 유형으로 분류하지 않는다는 지적이 꼭 따라온다. 이는 덜 과학적인 다른 성격 설명과 대조된다. 히포크라테스Hippocrates의 기질 테스트에 대해 들어보았을 것이다. 의학의 아버지라고도 불리는 히포크라테스는 사람의 기질을 각각 담즙질choleric, 우울질melancholic, 다혈질sanguine, 점액질phlegmatic 등 네 유형으로 분류했다. 또 색상이 사용된 성격 유형 분류에 대해 들어

보았을 수도 있겠다. 이 분류에 따르면, 사람 X는 Y처럼 행동한다. 왜냐하면 그가 해당하는 색이 Z이기 때문이다(속성에 대한 근본적인 오류다).

이런 성격 묘사는 성격을 미리 정해져 있는 자질들의 조합 형태에서 미리 조립된 개념으로 제시한다. 요점은, 우리의 성격은 이렇듯 편리하고 작은 '뭉텅이'로 나타나지 않는다는 것이다. 그것은 우리를 둘러싼 세계와의 조화를 고려하지 않는다. 예컨대, 우리는 주변 환경이 행동에 영향을 미친다는 점을 놓치고 있을 수도 있다. 어쩌면 제대로 기능하지 않는 리더십 때문에 우리의 근무 환경이 고통스러울 수도 있는데, 이때 하루 중 많은 시간을 스트레스가 폭발하는 환경에서 보내게 된다. 그러다 최악의 상황에는 이혼 문제에 휘말릴 수도 있다. 분명히 이 모든 것은 우리의 행동에 영향을 미친다!

우리가 삶에서 어디쯤에 있는지에 따라 전혀 다른 방식으로 행동한다는 것도 사실이다. 아니면 그 순간에 우리가 처한 상황에 따라 달라질 수도 있다. 예를 들어, 우리는 오래 사귄 친구들에게는 느긋하고 외향적인 모습을 보이지만 일에서는 내향적이다. 예전에 함께 일했던 동료가 더 많은 공간을 차지했다는 이유로 불만을 가까스로 참았을 수도 있다. 어쩌면 그 관계에서 숨이 막히거나 경멸감을 느꼈을지도 모른다. 하지만 새롭게 관계를 맺게 된 다른 동료는 그와는 또 다른 자질을 지니고 있으므로 우리가 더 많은 것을 보고 들을 수 있다. 모든 것이 역학 관계로 움직인다. 사람과 상황, 맥락, 삶의 국면은 우리가 누구인지, 또 우리의 성격이 어떻게 인식되는지에 영향을 미친다.

요약하자면, 성격을 특성의 집합으로 보아야 한다. 이는 이분법의 문제가 아니라 어떤 조합과 어떤 차이가 우리의 의사 결정에 가장 큰 영향을 미치는가에 관한 문제다. 이 특징들은 반복적인 행동으로 연결된다.

성격에 따라 우리가 지닌 장점과 단점이 달라진다. 성격과 처한 상황은 특정 상황에서 어떻게 행동하는지를 설명해 준다.

성격은 우리의 관계를 동기로 이끈다. 또 경험할 수 있는 쉬운 일이나 어려운 일, 또 그에 대한 활용법과 특정 종류의 도전에도 영향을 미친다.

동기는 우리의 주의를 지휘한다. 동기는 생각과 감정, 행동에 영향을 미친다. 세 가지 주요 동기는 우리가 주목하는 것을 조절한다. 즉 우리는 욕구에 따라 우연히 일어나는 자극에 반응하지만, 욕구를 충족하지 않는 자극은 완전히 놓치기도 한다.

복수 욕구가 큰 사람은 모욕이 느껴지는 언행이나 도발에 주의를 기울이지만, 복수 욕구가 작은 사람은 모욕과 도발을 해도 알아차리지 못한다. 정돈 욕구가 큰 사람은 방이 얼마나 정리되어 있는지(지저분할 때도 마찬가지다) 금방 알아차리지만, 정돈 욕구가 작은 사람은 부엌이 어질러져 있어도 전혀 의식하지 못한다.

마지막으로, 빅 파이브 이론은 기본적으로 다섯 가지 자질을 다룬다. 나의 소견으로는 우위성(사회적 지배 성향)이라는 자질이 하나 빠져 있기는 하다. 연구원 제임스 킹 James King 과 호세 피게레도 José Figueredo 는 지배를 다른 사회적 환경에서, 다른 사람과 관계를 맺은 사람의 '의지'로 묘사했다.[75] 지배는 동정심이 없거나 협력을 꺼리는 것이 아니다. 사실은 다른 사람을 지배하려는 의지에 관한 것이다.

빅 파이브에서 다루는 다른 자질들처럼 지배에도 우리를 바람직한 상태로 유지해 줄 최적의 수준이 존재한다. 만약 지나치게 지배성을 드러낸다면 다른 사람들이 우리 곁에 있으려 하지 않는다. 그렇다고 너무 순종적으로 굴면 다른 사람의 존경을 잃고 이용당하기 쉬운 대상으로 보일 수 있다.

동물의 세계에서는 이런 지배와 계급이 더 명백히 나타나는 예가 많다. 우리 사회에서 이 경향은 보통 (다른 이유도 많지만) 정치적인 올바름, 사회적 예의 또는 의지를 다른 사람에게 강요하는 것보다 배려할 때 더 이점이 크다는 간단한 기본적 통찰로 억압된다(전두엽에 대해 다룬 걸 기억하는가?). 사람들 사이의 지배적 계급을 논하기 시작하면, 직장에서도 친구들과 만난 자리에서도, 혹은 배우자와 함께 있을 때조차 편안하게 느껴지지 않는다. 하지만 우리에게 많은 영향을 미치는 것은 사실이다.

영장류동물학자 리처드 랭엄 Richard Wrangham에 따르면, (약 200만 년 전) 인간이 불을 다스리는 방법을 발견한 이래 우리는 공격적이고 지배적이며 지극히 침팬지스러운 행동에서 벗어나 보노보(난쟁이 침팬지의 일종으로 우리와 유전적으로 가장 가까운 두 부류 중 하나다)가 보여준 평등하고 개방적이며 협력적인 행동을 향해 가고 있다. 전문가들은 불이 이런 성향에 결정적인 영향을 미쳤다고 생각한다. 불씨를 살리기 위해서는 협력이 필요했다. 음식 준비와 육아, 사냥, 그리고 시간 집약적인 다른 활동에서도 효율을 높이려면 서로 협동해야 했다. 우리는 좀 더 유순해져야 했고, 집단생활을 할 정도로 길들여져 왔다. 이 와중에 우리 종족에서 가장 비이성적이고 폭력적인 이들은 점차 체에 걸러지듯 시간 속에서 걸러져 왔다.[76]

하지만 우리는 여전히 주변에서 어떠한 대가를 치르더라도 이기려 애쓰는 사람들을 만난다. 그들은 원하는 것을 얻기 위해 공격성을 이용한다.

남보다 앞서고 싶은
욕망

비가 내리던 10월의 어느 금요일, 나는 친구 퍼를 스톡홀름의 유르고르덴Djurgården섬(박물관과 목가적인 풍경으로 유명한 섬으로, 스웨덴 스톡홀름 중부에 있다 – 옮긴이)에서 만나기로 했다. 우리는 유서 깊은 레스토랑에 자리를 예약해 놓았다. 오전 11시 30분, 식당에 도착해 보니 이미 친구가 테이블에 앉아 나를 기다리고 있었다. 나는 자리에 앉으면서 그와 반갑게 인사를 나누었다.

잠시 뒤 우리의 화제는 자동차로 바뀌었다. 조금 전 나는 부분 점검을 위해 차를 맡겨 두고 왔다. 점검은 별 탈 없이 순조롭게 진행될 터였다. 하지만 지금이 내 차를 전체적으로 정비해야 할 때라는 점은 분명했다. 나는 퍼에게 이 광범위한 서비스를 받기에 괜찮은 곳을 알고 있는지 물었다. 그는 내 질문에 답하기도 전에 뭔가 재미있는 일이 생겼다는 표정을 감추지 못했다. 퍼는 한 자동차 정비소 바로 옆에 사무실을 빌렸을 때의 이야기를 늘어놓기 시작했다. 친구가 말했다.

"거긴 고급차들이 접근하기 쉬운 리딩외 Lidingö 에 있어. 하지만 그런 고급차들도 서비스를 받을 때는 비싼 값을 치러야 하지."

나는 퍼가 계속 말을 이어 가기 전에 그와 비슷한 표정을 지으며 간신히 "그렇구나"라는 말을 입에서 끄집어냈다.

"너도 비싼 차를 살 여유가 있는 사람이라면 점검 서비스도 받을 수 있다고 생각하지?"

"물론이지. 솔직히 그렇잖아."

내가 대답했다.

그는 "사실, 때로는 상황이 정반대로 흘러가기도 하지"라며 내 의견에 반박했다.

"그 차는 여전히 할부금을 내는 상태거든. 그래서 점검 서비스에 대한 우선순위가 그만큼 낮아져."

자신이 주문한 미트볼이 도착하자 그는 설명을 서둘렀다.

"그러니까 앤절라, 이런 거야. 어이없이 들리겠지만 차 주인이 서비스 센터에서 제시하는 점검 서비스 플랜을 따를 여유가 없다니까. 자동차 정비소에 차를 끌고 나타난 고객 중 몇은 새 타이어를 살 여유가 없어서 다 닳아 반질대는 타이어를 차에 끼워 돌아다니더라고. 점검을 마친 차야 훌륭해 보였지. 반짝반짝 윤도 났고. 멀리서 볼 때야 대단해 보

두 번째 동기, 협력하고 비교하기 위한

였지만, 남보다 앞선 것처럼 보이려고 차주들은 가능한 만큼 최대한 신용 한도를 늘렸던 거야. 물론 차를 제대로 수리할 돈도 없었지. 왜 그런 거 같아? 내 생각엔, 다들 이웃이 새 차를 사고 자기 차는 그것보다 못한 상황을 못 견뎌서 그런 거야."

그는 이렇게 결론을 내렸다.

지위를 과시할 기회

우리가 서로 얼마나 강하게 영향을 주고받는지 조금 우스워 보일 정도다. 최근 나는 조카의 생일 파티에 참석하려고 언니네 집에 머물렀다. 언니의 직장 동료 마그달레나 역시 아이 셋과 함께 그 집에 머물고 있었다. 그는 요전에 자신과 아이들이 초대받은 생일 파티에 대해 말을 꺼냈다.

아이들 생일 파티는 대부분 비교적 단순한 행사였지만, 마그달레나와 아이들이 초대받았던 그 파티는 전혀 달랐다. 돈을 그냥 쓴 것이 아니라 거의 쏟아부은 수준이었다. 파티를 주최한 집에서는 깜짝 출연자를 한 명 섭외했다. 스웨덴 음악계에서 유명한 인사가 거대한 생일 케이크 맨 윗부분에서 튀어나왔다. 파티에 참석한 아이들은 함께 온 부모의 귀에 대고 "역대급 생일 파티야!"라고 고래고래 소리를 지르는 등 제정신이 아니었다. 그리고 그 자리에는 바bar도 마련되었다. 앞으로 열릴 파티는 항상 그날의 파티와 비교될 숙명이었다. 이 파티가 새로운 기준이 되었다.

서로를 비교하는 것은 비단 어른들만이 아니다. 아이들 세계에서도 지위가 존재한다. 아이들은 가방과 지우개, 머리핀을 비교한다. "가장 많이 가지고 있는 사람이 누구야?" "가장 큰 건 누가 가지고 있어?" "누구 것이 제일 반짝거려?" "어떤 애가 가지고 있는 게 제일 특이해?"

물론 위의 예에서 경쟁하고 있는 것은 부모였다. 호화로운 파티의 주최자들은 제대로 헛간에 불씨를 던지고 싶어 했다. 그리고 그 불씨는 아이들이 오랫동안 떨칠 수 없는 성질의 것이었다. 어쩌면 주최자들에게 다른 대안이 있었을 수 있다. 아마 그들은 다른 부모들 앞에서 그들이 충분히 할 수 있고 실행할 수단도 있음을 증명하고 싶었을 것이다.

우리를 이끄는 감정들

생존은 그냥 주어지지 않는다. 적절한 행동으로 적극적으로 대비해야 비로소 손에 들어온다. 태어나 첫 숨을 내쉴 때부터 생의 끝에서 마지막 숨을 몰아쉴 때까지 우리 뇌는 이 질문에 답하기 위해 노력한다. '그다음 단계는 어떻게 되지? 이제 무엇을 하면 될까?'

대부분의 측면에서 우리는 어제 일어난 일에 더는 신경 쓰지 않는다. 그보다는 현재와 미래에 대부분이 달려 있다.

일상에서 인간은 오감(시각·청각·후각·미각·촉각 등의 다섯 가지 감각 - 옮긴이)을 통해 정보를 받아들인다. 또 이 정보와 함께 기억과 경험도 사용한다. 감정은 나아갈 길을 계획하고, '여기서 무엇을 하는 것이 최선일까?'라는 질문에 답하는 데 영향을 미친다.

이 책에서 다루는 세 가지 동기는 모두 감정과 밀접한 연관이 있다. 그리고 이 감정은 결국 체내의 신경화학과 연결된다.

앞에서 등장한 생일 파티를 주최한 부모들은 아마 아이의 파티를 열었을 때 쏟아지는 기쁨을 느꼈을 것이다. 하지만 계급과 비교는 이런 상황 말고도 어디에서나 발견된다. 작가들도 그들만의 계급을 지닌다. 프로 운동선수들도, 농부들도 예외는 아니다. 좋든 싫든 간에 계급은 한 무리의 사람들이 모이면 저절로 생성되어 드러난다.

인간은 무의식중에 서로를 비교한다. 누가 가장 비싼 양복을 가졌고 누가 최고의 엘리베이터 피치 elevator pitch(엘리베이터를 타고 올라가는 짧은 시간을 빗댄 단어로, 투자자에게 기업이나 상품에 대해 요약하여 설명하는 것을 말한다 - 옮긴이)를 할 수 있는지, 또 술이 가장 센 사람은 누구인지, 파티에서 팔씨름 챔피언이 될 사람은 누구인지를 생각한다.

소셜 미디어가 나오기 전에는 다른 사람들의 성공을 무조건 목격하는 상황은 없었다. 그때는 그저 자신을 지금보다 한 단계 더 끌어올리거나 원래 지녔던 뛰어난 자질을 발견하거나, 또 '결국 내가 해냈어!'라고 생각하는 일이 잦았다. 오늘날 인간은 전 세계와 경쟁을 벌이고 있다. 이 사실을 생각하면 우리가 처한 상황에 조금 우울해진다. 말하자면 이렇다. 어느 날 보니, 내가 속한 조직에서 9위 밖으로 밀려나 있다. 그런가 하면 인스타그램을 확인했는데 갑자기 순위가 409위로 떨어져 있는 것이다.

지위가 행복에 맞먹는 이유

이탈리아의 역사학자 프란체스코 귀차르디니 Francesco Guicciardini는 이렇게 말했다.

"중요한 사업에 관여하고 있다면, 항상 실패를 감추고 성공을 과장하라. 사기라고 할 수도 있지만, 우리의 운명은 때때로 사실보다는 다른 사람의 의견에 달린 경우가 많으니 모든 것이 잘되어 간다는 인상을 심는 편이 좋다."[77]

이 말대로 해야 한다는 뜻은 아니다. 하지만 이런 상황은 빈번하게 일어난다.

우리는 사람들 사이의 지위와 계급을 순식간에 판단한다. 하지만 만일 그 권력의 역학이 가변적이며 누가 계급 구조의 어디쯤에 있는지 잘 모르거나, 혹은 그 역학 자체가 명확하지 않다면 상황은 질척거리기 시작한다.

이유가 무엇일까? 편도체는 고대부터 전해 내려온 뇌의 구조로서 원시적이고 충동적인 방식으로 반응한다. 그와 동시에 최근 뇌에 더 추가된 피질은 인식과 통제를 통해 다른 방식으로 작용한다. 각각 다른 사람에 대한 우리의 지위 평가에 중요한 역할을 하는 셈이다. 알다시피 피질은 인류의 계급 차별과 복잡해지는 사회적 관계에 맞춰 발전해 왔다. 기본적으로 관계에 적용되는 힘의 역학 속 여러 의미를 분별하기 위해 상당한 능력을 지닌 큰 두뇌가 필요했다. 자신의 위치를 파악하는 것은 전후 사정과 집단에 따라 다른 것들을 의미하기도 했고, 높은 지위를 향해 성공적으로 나아가려면 많은 것이 필요했다. 우리는 관점을 바꾸거나 외부, 즉 다른 사람들의 시각에서 자신을 바라볼 수 있어야 한다. 기분을 조절하는 감정의 통제도 필요하다. 그리고 가끔은 협박과 속임수를 사용해야 할 수도 있다. 만약에 그런 행동이 필요하다고 느껴진다면 말이다.

우리가 이야기하기 좋아한다는 점을 통해 우리의 최우선순위에 지위가 있다는 사실을 알 수 있다. 이는 흔히 가십이라고 불린다. 그리고 가십은 그가 권력을 잃었든, 순위가 올랐든, 유산을 받았든, 어느 대회에서 우승했든 간에 주로 지위의 문제다. 이는 자연스러운 현상이며, 부끄러워해야 하는 것이 아니다. 논리적인 사익 추구의 결과다. 이런 위계적 풍경에 적절한 관심을 가지면, 자신의 사회적 환경을 탐색하는 데 유용하다. 우리는 지위가 높은 사람들과 낮은 사람들에게 각기 다른 영향을 받는다.

뇌에 관한 각종 연구에서 우리가 그냥 다른 사람들이 어떻게 생각하는지보다 지배적인 누군가가 어떻게 생각하는지를 알아내는 데 더 관심 있다는 것이 밝혀졌다.[78] 그들의 의견은 우리에게서 더 큰 비중을 차지한다. 우리는 권력자와의 동맹이 자신의 지위에 이로우므로 높은 지위의 사람들을 매력적인 친구로 여긴다. 이는 그들의 생각과 의견이 일반적으로 더 무겁게 받아들여지는 원인이다.

도파민은 행복과 열정, 동기부여, 집중력, 운동 능력, 불면을 조절하는 우리 몸의 여러 중요한 시스템에 영향을 미친다. 도파민은 뇌의 보상 체계에서 핵심 역할을 수행하고, 인류 생존에도 결정적으로 기여한다. 이 전형적인 신호 전달 물질이 없었다면, 인간은 번식에 무신경했을 것이며 음식을 찾도록 하는 자극조차 느끼지 못했을 것이다.

마카크macaque(긴꼬리원숭잇과의 포유류로 아시아에서 가장 많이 발견된다)는 서열이 높아지면, 도파민 체계가 활성화되고 기분이 좋아진다고 한다. 이러한 현상은 우리 인류에게도 동일하게 일어난다. 지위는 우리에게 도파민이라는 보상을 안긴다. 우리는 시험을 통과하면 파티를 열고 멋지게 건배를 한다. 상사는 직장에서 우리의 성과를 치켜세우고, 우리는 새 차를 사거나 홀로 사업을 시작한다. 이 모든 상황은 우리에게 약간의 도파민을 선사한다.

지위에 관련된 불합리한 결정들

지인 중에 사업을 하는 남자가 있다. 가정이 있는 그는 친절하고 유쾌했지만, 안타깝게도 사업은 잘 풀리지 않았다. 그는 열심히 일해서 청구서 대금을 제때 지급하려고 노력했다. 제대로 납부하지 않으면 국가기관으로부터 징계를 받을 것이 분명했다. 그는 항상 자신이 한 발짝 뒤떨어져 있다는 것을 깨달았다. 청구서들과 각종 세금, 고객들은 경쟁하듯 끊임없이 그의 주의를 끌었다. 그는 더 열심히 일했다. 이쯤 되면 아마 이런 의문을 품는 사람도 있을 것이다. '왜 8년간 그렇게 애를 써도 이익을 못 내는 사업을 진작 포기하지 않은 거지?'

매우 합리적인 의문이다. 하지만 이 이야기는 여기서 끝나지 않는다. 4개월 전 그는 매달 상당한 금액을 치르고 작업 공간을 임대하기로 했다. 그는 전보다 훨씬 더 많은 돈을 써야 했다. 감당해야 할 스트레스 지수가 높아졌다. 그러나 그의 지위 역시 높아졌다. "내가 얼마나 크고 번듯한 사무실을 가졌는지 좀 봐!" 더 많은 도파민이 그의 온몸에 분비되었다. 그가 겪는 경제적 혼란 속에서 그의 기분이 좋아진 것은 예기치 못한 일이었다. 그리고 아마 (무의식적으로) 이런 생각들이 뒤따랐을 것이다. '지금 난 이렇게 큰 사무실을 소유하고 있어. 이건 그냥 단순한 사무실이 아니라 궁극적으로는 남자의 아지트지. 친구들이 이걸 보면 멋지다고 생각하겠지? 내 급도 오를 거야. 물론 나중에 큰 대가를 치러야겠지만 지금은 그냥 아무 생각도 하지 말자.'

우리가 내리는 모든 결정이 합리적이지는 않다. 감정과 동기가 우리를 조종하기 때문이다. 우리 몸의 신경화학은 우리를 만족시키는 기능을 하는데, 바로 그것이 인간이 체내에 신경화학을 지니고 있는 이유다. 하지만 이는 현대적인 생활방식에는 잘 적용되지 않는다. 그리고 지나치게 단순해서 우리를 항상 최선의 결정으로 이끌지는 못한다.

다른 사람의 성공이 왜 고통스러울까?

이웃의 일이 잘 풀리거나 지인 중 누군가가 유명해지면 우리는 쉽게 불만을 느끼거나 불평한다. 다른 사람의 성공은 동시에 우리가 그만큼 성공하지 못했다는 것을 암시하는 듯하다. 적어도 그 '다른 사람'과 비교했을 때는 그렇다. 이는 또한 우리가 사다리를 한 계단 내려갔다는 것을 의미하는데, 이때 기분을 나쁘게 하는 신경화학물질들이 분비된다.

내가 보기에는 이 사실을 자각하는 것만으로도 이미 작은 승리를 거둔 것이나 다름없다. 자각을 통해 우리가 왜 그렇게 반응하는지 말로 표현할 가능성이 생기기 때문이다. 아마 우리는 열등감을 느낄 것이다. 또 부러움을 느끼거나 원한을 품을 수도 있다. 반면 꼭 그렇지 않은 경우도 있다. 앞서 말한 부정적 감정을 느끼는 대신 경력에서 큰 발전을 이루는 친구나 이웃을 곁에 둔 점에 자부심을 느끼기도 한다.

우리는 지금 구조와 패턴에 관해 이야기하고 있다. 성공을 향한 우리의 욕구는 근원적인 욕구 중 하나다. 하지만 모든 사람이, 또는 모든 상황에서 그런 식으로만 반응한다는 뜻은 아니다. 스위스의 철학자 알

랭 드 보통은《불안 Status Anxiety》에서 경제 불황과 실업, 은퇴, 승진, 동료들과의 논쟁이 인간에게 걱정과 불안을 일으킨다고 주장했다. 불안이 뒤따르는 이유는 그 순간 우리가 계급의 너무 낮은 위치, 어쩌면 바닥에 있는 자신을 발견하기 때문이다.

보통 우리의 자화자찬은 우울할 정도로 다른 사람들이 우리를 어떻게 생각하는지에 큰 비중을 둔다. 인간은 자신을 둘러싼 세계가 보내는 존경과 감사의 신호에 의존한다. 마치 자신이 지닌 가치와 관련해 선천적으로 불확실성을 가지고 태어난 것 같다. 이는 우리가 자신을 바라보는 방식에 외부의 인정과 관심이 왜 그렇게 결정적 역할을 하는지를 설명한다. 인간의 정체성은 부분적으로 다른 사람의 손에 달려 있다. 그것은 마치 우리의 자아나 자아상이 구멍 난 풍선이어서 계속 다른 사람의 사랑이라는 형태로 공기 주입이 필요한 것처럼 보인다. 우리는 다른 사람의 비평, 또는 무시당하거나 중요하지 않은 존재로 취급받는다는 느낌에 민감하게 반응한다. 반면 누군가가 자신의 이름이나 생일, 또는 딜 dill(허브의 일종 – 옮긴이) 맛이 나는 감자칩을 좋아한다는 취향을 기억해 줄 때 생각지도 못한 기쁨을 느낀다!

이미 세상에 태어났을 때 우리는 그 모습 그대로도 환상적이다. 하지만 나이를 먹을수록 다른 사람들의 관심이나 학교에서 받은 훌륭한 성적, 운동장에서 보여준 뛰어난 활약 등 성취와의 연결 고리를 더 강화해 나간다.

지위는 얻기가 그토록 어렵지만, 평생 그것을 유지하는 것은 그보다 더 어렵다. 계속 노력하고 쟁취해야 높은 지위를 유지할 수 있다(물론 태어날 때 이미 개인의 지위가 결정되는 사회는 제외하고).

서로를 비교하는 것은 또 다른 현상을 낳는다. 이는 어떤 정보를 받아들이고, 어떤 정보를 멀리할 것인지 선별적인 태도를 유지하게 한다. 우리는 자신보다 성과가 좋지 못한 사람들의 정보를 받아들일 때 좀 더 개방적이다.

한 연구에서 실험 참가자들에게 다른 참가자들, 즉 자신보다 더 성적이 우수한 참가자들과 성적이 낮은 참가자들의 시험 결과를 확인할 기회를 주었다. 어떤 상황이 벌어졌을까? 놀랍게도 참가자들은 자신보다 우수한 성적을 거둔 참가자들의 결과보다 자신보다 낮은 성적을 거둔 참가자들의 결과를 알아내는 데 더 많은 시간을 보냈다. 이 실험이 주는 메시지는 뚜렷했다. 참가자들의 생각은 다음과 같았다. '내가 C를 받긴 했지만, 그래도 D를 받은 사람들보다는 낫네.'[79]

이런 감정은 어떻게 다스려야 할까?

다른 사람의 상황이 더 좋아질 때 우리의 기분이 안 좋아진다는 것, 바로 이런 감정이 우리가 기능하는 방식이라는 것부터 인식하기 시작하면 좋다. 이 인식만으로도 조금이나마 긴장을 풀 수 있다(이 감정은 우리의 의사와 상관없이 생기고는 한다). 한편 열등감을 비롯한 이러한 감정을 이용해 성과를 더 잘 이룰 수도 있다. ('나 말고 다른 사람들이 어떻게 일하고 좋은 성과를 내는지 좀 봐. 이제 나도 한번 제대로 보여줄 시간이야.') 당연히 이것은 경력을 쌓을 때 무엇을 성취하려고 노력하느냐에 달려 있다.

상황에 대처하는 또 다른 방법은 다음과 같이 사고를 전환하는 것이다. '이렇게 야심 차고 성공한 이웃이 있다는 건 행운이야. 나를 포함한 이웃들이 그들 덕분에 더 멋지게 보이기도 하잖아? 저들이 바로 내 이웃이라고!' 이때 우리 이웃의 성공과 행복은 그들과 함께 시간을 보내는 모든 사람의 기분을 좋게 한다.

하지만 결국 우리는 자신을 가치 있게 여기는 방법을 고민해야 한다. 자신에게 만족하는 사람은 다른 사람들의 성공으로 인한 불편한 감정에 쉽게 빠지지 않는다. 다른 사람의 성공을 보고 우리가 패배감을 느끼는 것처럼, 다른 사람들 역시 우리의 성공을 보고 자신이 덜 성공했다고 느끼게 된다는 것을 명심하라. 그렇기 때문에 대개 겸손한 사람이 허풍을 늘어놓는 사람보다 더 높이 평가받는다.

최고의 위치에 있는 나,
기분도 정말 최고일까?

군사 관련 연구에 따르면, 지위가 높은 사람일수록 지위가 낮은 사람에 비해 낮은 수준의 불안감을 느낀다. 또 지위가 높으면 더 큰 통제 의식을 경험한다. 하지만 여기에도 닭과 달걀 중 어느 것이 먼저인가와 같은 문제가 있다. 즉 계급이 먼저냐 차분하고 침착한 성격이 먼저냐라는 쟁점이 생긴다.[80] 계급의 산 정상에 앉은 왕이 되면 최고로 기분이 좋아질까? 산기슭으로 미끄러져 내려가면 마냥 기분이 나쁘기만 할까?

사실 인간은 정상과 밑바닥 그 사이에 위치할 때 가장 많은 스트레스를 받는다. 위와 아래가 아닌 중간 관리자들이 누구보다 큰 스트레스에 시달린다는 뜻이다. 중간에 있는 사람들은 감독관에게 지시받은 사

두 번째 동기, 협력하고 비교하기 위한

항을 따를 수밖에 없다. 하지만 동시에 그들은 위에서 내려온 그 지시를 실행하도록 아랫사람을 설득해야 한다. 중간 관리자들은 책임은 크고, 통제에서는 어려움을 겪는다. 스트레스와 관련해 질병의 온갖 원인이 되는 것이 바로 이 조합이다. 만성적인 스트레스는 우리를 병들게 한다.

스트레스를 피하고 싶다면 중간에서 벗어나라. 더 위로 올라가거나 아니면 (동료들 때문에) 많은 추가적인 책임을 지지 않도록 낮은 위치를 계속 유지하라.

건강과 서열의 연관성을 조사한 연구에서 연구팀은 지위가 높은 사람이 낮은 수준의 스트레스와 불안을 느낀다는 점을 발견했다. 여기서 그 지위에는 많은 직원을 관리하는 책임이 있었고, 그에 따른 많은 권한이 수반되었다.[81] 하지만 수많은 아랫사람을 개인적으로 관리하는 사람들에게는 결과가 그리 긍정적이지 않았다.

다시 말해, 권력의 긍정적 효과를 극대화하고 싶다면 다른 사람에 대한 책임을 지지 않아야 한다는 것을 명심하자. 그 대신 전쟁터를 활보하는 전능한 지휘관처럼 부하들을 지휘하려 노력하자. 개인적으로 부담스러운 일에 휘말릴 걱정은 하지 않아도 된다.

하지만 이 시나리오가 얼마나 현실적일까?

지위 상승을 위해 무엇이든 하는 사람들

연구자들이 **사회 지배 지향성** social dominance orientation 이라고 부르는 인간의 속성이 있다. 개인이 권력과 위신에 얼마나 신경을 쓰는지를 나타내는 개념이다. 우리는 모두 이 사회 지배 지향성이 높은 사람들을 알고 있으며, 그들 때문에 자주 짜증스러워한다. 물론 그들과 달리 우리가 권력과 위신을 신경 쓰지 않는다면 말이다. 한편, 자기가 하는 일에 특히 뛰어난 사람이 있다. 이처럼 누군가가 자기 일에 특출나다면, 우리 사회는 그에게 더 높은 지위(와 소득)를 부여하고는 한다. 이는 꽤 타당해 보인다.

짜증 날 정도로 권력에 굶주린 사람의 문제로 돌아가 보자. 권력을 갈망할수록 그가 덜 부유한 사람과 관계를 맺을 가능성이 작아진다. 그리고 이 현상은 우리 뇌에서도 관찰된다. 우리는 감정적 고통을 겪는 사람을 만났을 때 뇌의 두 영역이 활성화되는데, 고통을 겪는 상대에 대한 공감과 그 고통을 유발한 사람 혹은 사물에 대한 혐오를 동시에 느끼게 된다.

한편 사회 지배 지향성이 높을수록 이런 뇌 영역은 덜 활성화된다. 일반적으로 이는 지위와 권력에 신경을 쓸수록 다른 사람들에게 관심을 덜 갖는다는 것을 의미한다.

《열등한 너는 신경 쓸 가치도 없어 You're Inferior and Not Worth Our Concern》[82] 라는 과학 출판물을 읽으며 나는 내 친구의 친구를 떠올렸다. 그

두 번째 동기, 협력하고 비교하기 위한

가 온통 권력에만 신경 쓴다는 점은 명백했다. 그는 지위에 집착하는 다른 사람들과 곧잘 어울렸다. 만약 우리가 그의 눈에 '기준에 합당한 사람'으로 보이지 않는다면, 그는 우리에게 시간을 쓸 가치가 없다고 생각할 것이다. 그런데 이 상황에서 그가 우리에게 얻을 무언가를 발견했다면 어떨까? 분명 그는 돌연 나타나 우리와 더 긴밀한 관계를 맺으려 할 것이다.

생각해 봐야 할 또 다른 흥미로운 현상이 있다. 성격은 우리가 서열을 어떻게 경험하는지를 결정한다. 같은 방식으로 성격은 자신의 좌절감을 (우연히 옆에 있었던 불쌍하고 무고한 희생자들에게) 환기하는지에 영향을 미친다. 주변의 어떤 사람이 컵에 물이 반이나 찼다고 생각하는지, 또 어떤 사람이 컵에 물이 고작 반밖에 차지 않았다고 생각하는지 우리는 모두 알고 있다. 1등이 아닌 2등이라며 지나치게 화내는 사람이 있는가 하면, 또 어떤 사람은 "9등이네! 꽤 괜찮군!"이라고 말하기도 한다. 우리는 모두 다르며, 그런 우리의 성격은 다양한 지위에 우리가 어떻게 반응하는지에 영향을 미친다.

예를 들어보자. 한 사람이 자신이 속한 계층구조에서 X라는 위치를 차지하고 있다. 그 사람은 우리가 다니는 직장의 하위 중간 관리자인 상사 에밀리아다. 에밀리아는 다음과 같은 경우에 건강 상태가 안 좋아질 것으로 예상된다.

- 새로운 사건에 매우 민감하게 반응한다.

- 일상적으로 발생할 수 있는 잠재적 위협(실제로는 위협적이지 않다)의 가능성을 크게 평가한다.
- 사회적 통제를 행사할 기회를 활용하지 못한다.
- 좋은 소식과 나쁜 소식을 구분하지 못한다.
- 자신의 좌절감을 표현하기 위한 사회적 통로가 부족하다.

이들은 모두 위험 요인에 해당한다. 이런 다섯 가지 자질로 말미암아 인간의 기분은 안 좋아진다.

하지만 에밀리아는 우선 친밀한 관계를 많이 맺고, 또 자신의 잘못된 공격성에 샌드백 역할을 할 더 낮은 지위의 사람이 있다면(그 슬픈 샌드백이 우리가 아니길 바란다) 건강 상태가 호전될 수도 있다.

누군가의 샌드백이 되는 일

범죄학자들은 충동적인 폭력과 계획적인 폭력을 구분한다. 또 인류학자들은 전쟁이나 종족 간의 불화, 살인 등의 공격성에서 조직이 차지하는 비중에 관심을 보인다. 공격성을 도발이나 자극, 자발적 공격성에 대한 반응으로 구분하는 사람들도 있다. 뜨겁고 감정적인 공격성, 그리고 차갑고 충동적인 공격성이 존재한다.

그런가 하면 '개인적인 이유나 다른 어떤 이유도 아닌' 공격성도 있

두 번째 동기, 협력하고 비교하기 위한

다. 이 공격성은 단지 대상이 약하거나 자신이 가장 좌절하고 스트레스를 받을 때 우연히 가까이 있었다는 단순한 이유로 그 대상에게 표출된다. 불쌍한 희생자에게 짜증을 한껏 억지로 떠먹이는 것은 그들에게 간단한 일이다.

여러 실험에서 쥐에게 전기 충격을 가하자 그 쥐가 우연히 마주친 다른 쥐(전기 충격을 받은 쥐보다 열등한 쥐)를 물 확률이 높게 나타났다. 또 서열 2위인 개코원숭이가 서열 1위 개코원숭이와 싸움에서 지면, 자신보다 서열이 낮은 개코원숭이를 쫓아가 공격한다. 그리고 공격당한 하위 서열의 개코원숭이가 결국 어린 개코원숭이를 다시 공격하는 악순환이 발생한다.

한편, 안타깝게도 실업률 증가는 가정 폭력 증가와 관련이 있다는 연구 결과도 나왔다. 경기 침체 역시 같은 시나리오로 이어진다. 그 결과 여성과 아이들이 고통을 겪는다. 좋아하는 스포츠 팀이 경기에서 질 때도 같은 현상이 나타나는데, 이러한 경우에 가정 폭력이 약 10퍼센트 정도 증가했다[83](이겼을 때나 질 것으로 예상될 때는 증가세가 나타나지 않는 점과 비교된다).

이런 제3의 공격성 형태는 다름 아닌 스트레스나 좌절로 생긴다. 불행히도 그것은 어디에서나, 다양한 형태로 많은 종 속에서 목격된다. 이와 관련해 가장 암울한 점은 이 특정 형태의 (잘못된) 공격성이 실제로 가해자의 스트레스 호르몬을 감소시킨다는 것이다. 실제로 가해자는 죄 없는 사람들에게 자신의 좌절감을 덜어내고 기분이 약간 나아진다.

쥐를 대상으로 한 연구에서는 한 쥐가 다른 쥐를 물면 문 쥐의 스트레스 수준이 낮아졌다.[84]

스트레스는 우리를 이기적이고 원초적으로 만든다

스트레스를 받으면 우리는 이기적으로 변한다. 개인의 다양한 상황을 다룬 연구에서 사람들은 스트레스를 받는 정도에 따라 더 이기적으로 행동했다. 이는 어떤 상황이 감정적으로 격앙될수록 인간이 이기적으로 행동한다는 것을 의미한다.

스트레스가 개인의 공감 능력을 떨어뜨린다는 사실은 인간과 동물을 대상으로 한 많은 연구에서 일찌감치 증명되었다. 그런가 하면 충돌 사고가 난 차에서 부상자를 구하기 위해 용감하게 힘을 모으는 십 대들이나 위험한 파도에서 자기 아이를 구하는 엄마들, 불타는 집에서 어린 동생을 구해낸 14살 소년처럼 극심한 스트레스를 받는 상황에서 가장 위대하고 인상 깊은 자질을 드러내는 사람들의 예도 많다.

연구원 P. J. 헨리 P. J. Henry는 지위가 낮은 사람들이 폭력적으로 행동하는 경향이 더 짙다는 내용의 연구 결과를 발표했다.[85] 그는 이것을 **낮은 지위 보상 이론** low-status compensation theory이라는 개념으로 설명한다. 이 이론에 따르면, 지위가 낮은 사람은 지위가 높다고 여겨지는 사람

두 번째 동기, 협력하고 비교하기 위한

보다 '정신적 자기 보호psychological self-protection'를 느끼며 행동할 가능성이 크다. 이미 높은 지위를 획득한 사람들은 더 높은 지위를 얻기 위해 투쟁할 필요가 없고, 오히려 만족감에 뒤로 살짝 물러날 수 있다. 반면, 계층구조에서 자신의 낮은 지위를 깨달은 사람들은 더 많은 위협을 느낀다. 그들에게 그들이 지닌 낮은 지위는 훨씬 더 큰 의미가 있다. 그래서 그들은 그 지위를 보호하며 그들의 사회적 위치를 지키고자 한다.

지위가 낮은 사람은 사회적 거부에 더 민감하게 반응하며, 혹시 그런 징후가 나타나는지 더 자주 환경을 살핀다. 그들은 모욕과 개인적 위협에 빠르고 격렬하게 반응한다.

인간의 피질은 자극에 대한 자발적인 반응에 저항하며 행동을 계획하고, 또 행동이 부르는 잠재적 결과를 고려할 때 중요한 역할을 한다. 여기서 우리는 공감 능력과 변화하는 사회 환경에 적응하는 능력, 또 경험과 장기적 목표에 따라 정보를 처리하는 능력을 발견한다. 하지만 피질이 제 기능을 하지 못하면, 원초적인(때로는 악한) 경향을 억제할 능력을 잃는다. 의지력이 고통받는 환경 또한 그렇다. 주변 사람이 굶고 지치고 또 스트레스를 받으며 위기에 처했던 최근의 사건을 떠올려 보자. 그때 그들은 어떻게 행동했는가?

스트레스를 받으면 앞에서 언급한 스트레스 호르몬인 코르티솔이 뇌에서 분비된다. 코르티솔 분비는 실망감이나 고립감, 또는 낮은 혈당 수치로 촉발될 수 있다. 이처럼 기본적으로 배고픔은 우리를 덜 관대하게, 그리고 더 공격적으로 행동하게 만든다.[86]

이 개념은 우리가 어딘가에 집중하는 자신을 깨닫는 상황에도 적용된다. 많은 연구에서 피질이 인지적으로 까다로운 일(보고서 작성, 어려운 숙제 해결 등)에 힘을 쓸 때 우리를 더 공격적이고 덜 공감하게 만든다고 밝혀졌다.[87] 우리는 또 덜 관대해지고 덜 정직해진다. 이처럼 정신적으로 힘든 일은 혈당 수치를 낮추기도 한다(뇌는 신체의 총 에너지 사용량 중에서 약 20퍼센트를 차지한다).

권력을 유지하는 방법

어느 정도 편안한 지위를 차지하면 인간은 일단 그것을 유지하고 싶어 한다. 어떤 방법으로 권력을 유지할 수 있을까? 권력 유지에는 사회적 역량과 물고 늘어지기 중 무엇이 더 중요할까?

흥미롭게도, 강력한 지위를 유지하는 데는 처음 그 지위를 얻을 때 필요했던 기량 말고도 다른 것이 필요하다. 권력을 유지하려면 사회적 지능social intelligence과 충동 통제 능력을 갖춰야 한다. 또 무시할 자극과 해결할 자극을 구별하고, 다른 사람들의 행동과 행동 뒤에 숨은 동기를 이해해야 한다.

흔히 권력은 근육과 날카로운 이빨, 시기적절한 공격, 전투력을 통해 얻어진다. 반면 이 힘을 유지하는 데는 사회적 역량이 중요하다. 진정한 권위자라는 인상을 주고 싶다면 이것을 유념하자. 진짜 권위가 있

두 번째 동기, 협력하고 비교하기 위한

는 사람은 차분하고 침착하다. 또 세상이 아무리 세게 흔들려도 그 자리에 굳건히 서 있는다.

지위가 가족보다
중요할 때

거의 모든 인간은 때때로 공상을 한다. 사랑에 빠지는 일이나 휴가, 복권 당첨, 조만간 열릴 파티를 비롯해 우리의 환상을 자극하는 것들을 꿈꾼다. 그런데 이런 공상이 구체적이고 반복적으로 다루는 주제가 있다. 바로 성공이다. 우리는 무언가를 성취하거나 목표를 달성하는 상황을 떠올리는 것을 좋아한다. 가끔은 미래를 상상하는 것이 너무 즐거워서, 현실에서 유사한 결과를 내려 노력하기보다 차라리 공상에 집착하기도 한다.

이렇게 우리는 성공과 지위에 대한 공상을 한다. 누군가와 저녁 식사를 하다가 가끔 "그래서 당신은 무슨 일을 해요?"라는 질문을 받을 때, 특정한 직업을 넣으면 답하기가 쉽다고 느낀다. 많은 사람이 흥미롭

　두 번째 동기, 협력하고 비교하기 위한

지는 않지만 지위가 내재된 일을 기꺼이 떠맡는다. 대단한 지위를 의미하지는 않지만 권위를 떠올리게 하는 것을 위해 돈을 투자하는 일도 그렇다.

미국의 경제학자로 노벨 경제학상을 받은 존 하사니 John Harsanyi는 경제적 이익은 차치하고 아마 사회적 지위가 인간의 행동을 이끄는 가장 중요한 요소일 것이라고 말했다. 한 문화에서 신분 계급이 계층화될수록 사람들은 지위에 더 집착한다. 인지신경과학자 마이클 가자니가 Michael Gazzaniga는 아침에 일어날 때 우리의 생각은 상당 부분 자신의 위치를 중심으로 지위 및 주변 사람들과 관련해 빙글빙글 돌아간다고 주장했다.[88]

돈이 행복을 가져다줄까?

휴대전화를 꺼내 소셜 미디어를 확인하면 가장 먼저 옛 친구 안드레아가 눈부신 해변에서 찍은 셀카가 눈에 들어온다. 이웃도 사진을 올렸다. 이번엔 녹색 스무디가 찍혀 있다. 그는 체육관에 갈 예정이라는 코멘트도 덧붙였다.

소셜 미디어에서 우리는 끊임없이 다른 사람들의 성공적인 삶과 행복에 노출된다. 소셜 미디어는 늘 편파적이고 꾸며진 이미지라는 특징에도 불구하고 다른 이에게 호감을 표하거나 반대로 자신에 대한 호감을 확인할 때 편리한 수단으로 애용된다.

지위와 권위 있는 이상을 향한 싸움은 우선순위를 왜곡하고 자신들이 삶에서 가장 중요한 것이 될 때까지 물질적 축적의 과정을 부풀리기도 한다.

부, 즉 돈은 흔히 성공의 척도로 여겨진다. 그렇다면 돈은 인간에게 행복을 가져다줄까? 그럴 수도 있고, 아닐 수도 있다. 돈에 관한 연구를 보면, 우리가 엄청난 부를 소유하면 더 행복해질 수 있는 것으로 보인다. 하지만 이는 그 부가 당사자를 빈곤층에서 중산층으로 끌어올릴 때만 그렇다. 그 이상의 부는 행복에 영향을 주지 않는다.[89]

미국에서 진행된 연구에서 1년에 5만 달러를 버는 미국인들이 1만 달러를 버는 미국인들보다 행복하다는 결과가 나왔다. 반면 500만 달러를 버는 사람들은 10만 달러를 버는 사람들보다 특별히 더 행복하지는 않았다. 한편, 가난한 나라에 사는 사람들은 어느 정도 부유한 나라에 사는 사람들보다 훨씬 덜 행복하다. 이와 대조적으로 어느 정도 부유한 나라에 사는 사람들은 아주 부유한 나라에 사는 사람들보다 특별히 덜 행복하지 않았다.[90]

이 현상은 경제학자들에 의해 **한계 효용 체감의 법칙** law of diminishing marginal utility(소비자가 소비하는 재화가 많아질수록 효용의 총합은 증가하지만, 증가분을 획득하여 얻어지는 만족감의 크기는 점차 줄어든다는 원칙 – 옮긴이)으로 설명되는데, 춥고 배고플 때는 이 법칙이 성립하지 않는다. 하지만 빈곤에서 벗어난다면 여분의 돈은 삶의 질을 아슬아슬하게 더 높이는 역할을 하지 않으며 그저 종이 다발에 머무른다.

　이처럼 일정한 수준에 도달하면 돈은 더 이상 행복에 영향을 미치지 않는다. 하지만 우리는 편안한 삶에 필요한 것을 다 얻고 나서도 계속 노력한다. 부유한 나라에 사는 사람들은 더는 애쓰지 않아도 어려움 없이 살 수 있는 특정 지점을 훨씬 넘어서까지 일을 계속 한다. 그들은 멋진 집을 소유하고, 배 위에서 식사를 즐기고, 자녀를 위해 여가 활동을 할 여유가 있다. 그들의 가족 역시 휴가를 내고 함께 호화로운 식당에 간다. 하지만 그런 사람들 중 많은 비율이 더 오래 일하는 것을 선택했다. 그만큼 그들은 가족과 건강을 소홀히 여긴다. 분수에 넘치는 물건을 사기 위해 자기 신용을 과대평가하는 사람도 있다.

　지위를 과시하려고 터무니없이 비싼 값을 치르는 상황이 되면 지위를 추구하는 행위는 곧 자기파괴self-destructive로 이어진다.

지위를 향한 열망, 멈출 수 있을까?

　인간은 돈을 벌든 지식을 추구하든, 아니면 사내 야구 동호회의 득점왕이 되려 할 때든 어떻게든 더 높은 성취를 얻고자 하는 강력한 열망을 느낀다.

　이에 관한 설명이 하나 있다. 우리를 기분 좋게 하는 신경화학물질이 단기간에만 지속된다는 것인데, 결국 그 물질들은 몸 어딘가에 흡수

되고 우리는 잠시 느꼈던 그 특별한 감정을 되찾으려 더 많은 행동을 한다. 만족을 추구하며 끊임없이 자신을 기분 좋게 할 다음 대상을 추구한다. 그런데 안타깝게도 이는 인간의 생존에 좋지 않은 행동들로 이어진다.

실망스럽게도 이 행동들이 항상 우리에게 행복을 안겨주지는 않는다. 아직 스냅챗이나 인스타그램을 이용한 적이 없다면, 계정을 등록해 보자. 곧 그 가상공간에 상주하면서 좋아요 개수와 팔로어 수를 세고, 일상생활에 방해가 될 정도로 새 게시물이 올라오는지 끊임없이 확인하게 될 것이다. 만족스러울 만큼 메일 수신함을 깨끗이 유지하려면, 궁극적으로는 계속 메일함을 확인하는 데 시간을 투자해야 한다. 이것이 과연 얼마나 생산적인 행동일까?

이상적으로 생각하면, 우리는 자신에게 정말 도움이 되는 일만 해야 한다. 그렇지 않은가. 예컨대 (삶에서조차) 일정한 목표를 설정하고 그 목표를 향해 열심히 노력한다. 이런 식으로 제한된 시간을 정말 중요한 것에 집중할 수 있다. 업적이나 성취가 부족한 것 같다면 한 걸음 물러나 더 큰 그림을 보자. 별로 중요하지 않은 것들을 좇는 일종의 덫에 빠지지 않을 수 있다.

영국 시인 에드워드 영 Edward Young 의 시 〈밤 생각 Night Thoughts〉(1742)은 자주 파괴적인 성향을 띠는 우리의 지위를 향한 노력에 다소 예민한 관점을 보여준다. 이 시에서 화자는 이끼 긴 비석 꼭대기에 앉아 과거의 모든 유명한 인물들에게 영향을 미친 운명에 대해 생각한다.

현자, 귀족, 권력가, 왕, 정복자

죽음은 이들을 겸손하게 만들었다.

왜 한 시간의 영광을 위해 그토록 애를 쓰는가?

부의 냇가에서 거닐고 명성이 높이 치솟으면 뭐 하는가?

지상에서 가장 높은 자리도 "여기 그가 누워 있다"에서 끝이 나고

가장 고귀한 노래도 "흙에서 흙으로"가 마무리 짓는데.

지위는 우리를 인색하게 할까?

부유한 사람들이 그렇지 않은 사람들보다 덜 공감하고 더 이기적이라는 말은 그저 당황스럽고 부정확한 편견일까? 아니면 그 이면에 또 다른 진실이 있을까?

U. C. 버클리대학교의 심리학과 교수 대커 켈트너 Dacher Keltner는 지위와 부, 공감과 친절 사이의 연관성을 조사했다. 사회경제적 스펙트럼이 각기 다른 개인들을 연구한 결과, 부유한 사람일수록 빈곤한 사람들에 대한 감정이입이 줄어드는 것이 일반적이었다. 또 부유한 사람들은 그렇지 않은 사람들보다 덜 동정심을 가지고 행동했으며, 다른 사람의 감정을 인정하는 것을 더 어려워했다. 반면 실험적인 환경에서는 더 욕심을 부리는 경우가 많았고, (기회가 있다면) 다른 사람을 속이거나 물건을 훔칠 확률이 높았다.[91]

켈트너의 연구에서 밝혀진 두 가지는 특히 흥미롭다. 하나는 부유한 사람들이 횡단보도에서 보행자들을 위해 멈추는 일이 더 적다는 점이었다. 또 다른 실험에서는 방에 사탕 그릇이 있을 때 어떻게 반응하는지를 살폈다. 실험 참가자들은 그릇에서 사탕을 가져갈 수 있었는데, 그들이 가져가고 남은 사탕은 나중에 아이들에게 나눠주도록 실험 조건이 설정되었다. 다시 말해 참가자들은 사탕을 자유롭게 가져갈 수 있었지만, 그러면 아이들에게 남겨지는 양이 줄어드는 셈이었다. 원한다면 아이들이 사탕을 다 가지도록 자기 몫을 포기할 수도 있었다. 실험 결과, 부유한 사람일수록 실험실을 나갈 때 더 많은 사탕을 가져갈 확률이 높았다.[92]

여기서 흥미로운 질문을 하나 던져보자. 얄밉고 탐욕스러운 사람들이 (너무 인색해서) 부유한 사람이 되기 쉬운 것일까? 아니면 부 자체가 사람을 무감각하게 만들고 인간의 잔인성을 높이는 것일까?

이를 알아내기 위해 켈트너는 흥미로운 실험을 추가로 진행했다. 그는 일부 참가자들에게 자신보다 덜 부유한 사람들과 자신을 비교하게 하는 한편, 다른 참가자들에게는 자신보다 더 성공한 사람과 자신을 비교하도록 하여 참가자들이 사회경제적 성공에 초점을 맞추게 했다. 그런 후에 그들이 사탕을 가져가는 양을 확인했다. 과연 어떤 일이 일어났을까?

결과는 다음과 같았다. 자신이 경제적으로 성공했다고 생각한 실험 참가자들은 아이들 몫으로 돌아갈 사탕을 더 많이 가져갔다. 즉 자신이

두 번째 동기, 협력하고 비교하기 위한

부유한 사람이라고 상상한 후에 더 인색한 모습을 보인 것이다.

부유한 사람은 탐욕을 긍정적으로 보고 사회적 계급의 차이를 완벽히 공평하다고 생각하며 자신들의 성공을 순전한 개인의 성취로 받아들인다. 이런 관점으로 말미암아 그들은 '만약 당신이 가난하다면 그것은 잘못 행동한 당신 탓이다'라는 의견을 쉽게 주장한다. 그리고 이는 다른 사람들의 고민에 깊이 관심을 가질 가치가 없다고 여기는 심각한 문제로 이어진다.

어쩌면 인간은 탐욕과 지위에 대한 욕심이 자신을 부와 지위로 이끄는지, 아니면 부와 지위가 자신을 더 인색하게 만드는지 절대 판단할 수 없을지 모른다. 어느 쪽이든 이 둘이 이어져 있는 것은 사실이다.

영향력 있는 친구가
좋은 친구일까?

우리 앞에 선 사람이 남자인지 여자인지 알아차리는 데는 0.15초도 걸리지 않는다. 자신보다 우월해 보이는 사람과 그렇지 않아 보이는 사람을 구별할 때 걸리는 시간과 거의 같다. 또한 많은 연구에서 누가 리더이고 누가 리더가 아닌지 판단할 때 0.04초라는 훨씬 더 짧은 시간이 걸린다는 사실을 밝혀냈다.

첫인상

첫인상을 통해 우리는 처음 만난 상대에 관한 작은 정보

두 번째 동기, 협력하고 비교하기 위한

만으로도 앞으로 맺을 관계의 본질을 결정한다. 이때 우리에게 주어진 정보는 그 사람의 사진이나 그가 보낸 이메일, 짧은 만남에서 얻은 정보의 일부일 수 있다. 이처럼 결정의 근거가 될 사항이 매우 제한적인 순간에도 우리는 항상 번개 같은 속도로 상대의 성격을 판단한다. 대개 무심결에 이런 상황을 접하더라도 마찬가지다.

인간이 다른 사람을 평가할 때는 주로 두 가지 특성이 중요한 역할을 한다. 사실 상대방에게서 읽어내는 자질 가운데 비중이 가장 크다고 할 수 있는 약 82퍼센트의 수치가 따뜻함과 능력이다.

따뜻함에 관한 평가가 가장 중요하다. '저 사람에게 가까이 다가가자' 또는 '그로부터 어서 멀리 떨어져야 해'와 같은 행동을 지시하는 것도 이런 평가다. 이 현상은 오늘날 인류를 존속하게 해준 것들 가운데 하나이기도 하다. 이런 현상이 없었다면 위험에서 도망치게 하는 분별력은 갖추지 못했을 것이다.

이 현상들이 인간에게 어떤 영향을 미치는지 알 수 있는 몇 가지 예시를 살펴보자. 우리는 신뢰가 간다고 생각하는 사람들보다 그렇지 않은 사람들의 얼굴을 더 잘 기억한다. 심리 실험에 따르면 우리는 능력이나 실력 등 역량과 관련된 단어보다 쾌활함, 친절함, 선함 등 따뜻함으로 구분되는 단어들을 더 빨리 식별한다. 상대방이 어떤 능력을 갖춘 사람인지 아는 것보다 그 사람의 친절함과 다정함을 파악하는 것이 더 중요하기 때문이다. 우리의 생존은 마주하는 상대가 친구인지 적인지에 직접적으로 좌우된다.

다른 모든 것들과 마찬가지로 **사회적 인식**, 즉 우리가 서로에게 만들어내는 인상은 진화적인 관점에서 중요한 것을 반영한다. 그리고 이 관점에서 우리의 관심사는 주로 따뜻함이다. 상대방의 의도가 선한지 악한지가 그 의도에 따라 행동하는 능력보다 우리의 생존에 더 결정적 요인이기 때문이다. 그래서 따뜻함과 능력에 관한 평가가 거의 동시에 이루어져도 조금이라도 더 먼저 이루어지는 것은 따뜻함에 대한 평가다. 그 사람이 지닌 온기가 능력보다 중요하다.

능력의 평가는 상대방이 지닌 역량과 실력이 어느 수준인지, 또 얼마나 우월한지에 관한 것이다. 우리는 흔히 자신감이 넘치고 눈에 띄는 사람들에게 이끌린다. 그들은 자신감에 차 행동하고 말하고 걷는다. 앞에서 설명했듯이, 한 개인의 우월함을 비교하고 판단할 때 재빠른 사람은 생존에 유리한 위치를 차지해 왔다.

사회적 지배 성향의 보디랭귀지는 문화와 관계없이 동일하다. 예를 들면, 직접 눈을 마주치거나 열린 자세(예컨대 두 팔을 머리 뒤에 붙이고 뒤로 등을 젖힌 자세)를 취하는 것이 그렇다. 반면 순종적인 사람들은 상대방과 감히 눈을 마주치지 못하고 다른 곳으로 돌려버린다. 또 지위를 몸으로 표시하기도 한다. 자신감이 없다고 느낄 때, 혹은 자신이 순종적으로 느껴질 때 슬럼프에 빠진 기분이 드는 것은 드문 일이 아니다.

매력 또한 우리가 서로 읽어내는 요소다. 이는 이미 먼 옛날부터 행해졌다.[93] 굳이 이유를 알 필요도 없이 일어나는 현상이기도 하다. 어떤 문화든 관계없이 매력적인 사람은 똑똑하고 친절하고 더 정직하다고

두 번째 동기, 협력하고 비교하기 위한

평가받았다. 온당하지 않을 수도 있지만, 우리 뇌는 그렇게 작용한다.

한편 아름다움을 평가하는 우리의 뇌 영역은 선함을 평가하는 영역과 같다. 이 영역 중 하나의 활성화 수준이 다른 영역에서의 활동 수준을 결정한다. 즉 우리 뇌는 아름다운 마음과 선한 마음씨, 또 매력적인 얼굴 생김새에 반응할 때 같은 임무를 수행한다. 그래서 우리는 별 의심 없이 매력적인 사람이 곧 좋은 사람이라는 결론을 내린다.

몇 년 전, 나는 사람들이 스웨덴 정치인들을 어떻게 인식하는지 살펴보기로 했다. 평가는 오직 그들의 초상화를 통해서만 했다. 나는 스웨덴에 거주하는 스웨덴 사람들(단, 이 정치인들이 지닌 이념에 관해 아는 사람들에 한정했다)과 그냥 스웨덴에 거주하는 사람들(그들은 이 정치인들의 정치적 방향을 모르는 상태였다)로 그룹을 나누어 정치인들의 사진을 보여주었다. 실험 참가자들은 다른 정보 없이 오직 사진만 확인했다. 그 결과, 특정 정치인들의 외모가 더 유능하다고 평가받거나 따뜻한 성품을 지녔을 것으로 평가받았다. 어떤 얼굴들은 그냥 표를 주고 싶은 얼굴로 꼽히기도 했는데, 사람들이 정치인에게 중요하다고 여기는 자질들이 드러났기 때문이다.

한 연구에서는 참가자들의 약 68퍼센트가 더 유능해 보이는 얼굴에 투표했다.[94] 매력은 '중요한' (물리적) 자질에 해당한다. 우리는 대체로 매력적인 사람에게 투표하는 것을 선호한다. 일반적으로 사람들은 매력적으로 보이는 사람들이 인격적으로 더 훌륭하고 도덕적이고, 더 친절하며 정직한 데다가 신뢰할 만하다고 생각한다. 그래서 그들은 다른 사람보다 더 나은 대우를 받으며 쉽게 직업을 구하고, 더 많은 급여를 받는다. 심지어 범죄 사실이 의심될 때도 더 가벼운 형을 받을 가능성이 크다. 이런 고정관념이 적용된 인식으로는 예컨대 다음과 같은 것이 있다. '미인은 착하다.' '아름다운 것이 선한 것이다.'

다시 말해, 우리 내면의 특성은 주로 외적 자질을 통해 해석된다. 비록 일단 정상에 도달해야 상상할 수 있는 어떤 방식으로 나타난다고 해도, 혹은 적어도 자신의 분야에서는 충분히 기반을 다져야 한다고 해도 (역사적으로 세계의 위대한 기업가들과 지도자들 몇몇을 떠올려 보자), 더 많은 권력을 쟁취할 때 도움이 되는 특정한 피상적 속성이 있다. 예를 들면, 격식을 갖추어 옷을 입는 것(유니폼이 그렇다)은 격식을 갖추지 않는 것보다 더 많은 권한을 나타낸다. 또 어두운색은 다른 색보다 더 위엄 있는 이미지를 나타낸다. 하지만 의복이라는 측면에서 이 경우에 권위는 어느 정도는 전문 분야나 환경에 달려 있다.

중요한 것은 일반 대중에게 올바른 방법으로 눈에 띄는 것이다. 우리가 다른 사람들보다 지식이 많고 능력이 뛰어나다면 남다르게 각인되는 것은 어렵지 않다. 누가 양떼를 지휘하고 있는지 사람들이 알게 되면 일은 쉬워진다. 물론 몰려드는 양을 떼어내려면 특별히 세밀한 손길이 필요하다.

높은 지위와 낮은 지위를 구분하는 데는 0.04초가 채 걸리지 않는다. 어린아이들조차 사람들의 지위가 각기 다른 것을 빠르게 알아차린다고 한다. 누군가 연설을 하는데, 그렇게 공개적으로 발언하는 일이 당사자에게 얼마나 고통스러운지 뚜렷이 보인다고 생각해 보자. 그러면 듣는 청중들도 힘겨워진다. 이는 청중들이 그 연설자의 힘겨움에 공감하기 때문일 수도 있고, 그 힘겨움이 청중에게도 지워지기 때문일 수도 있다. 하지만 편안하고 유쾌하게 말하는 이의 이야기를 듣는 건 즐거운 경험이 된다. 우리는 아주 어릴 적부터 이런 식으로 반응해왔다.

우리는 가까운 사람들의 지위가 어느 정도인지 분명히 알아낼 때 논리를 담당하는 대뇌의 피질 영역을 사용한다. 이는 우리와 그들 간의 안정적이고 확립된 지위 관계를 의미한다(기존 권력과 임시적 권력을 분리하는 것이 중요하다). 만일 우리의 지위 관계가 불안정해 보인다면, 뇌에서 원초적이고 감정적인 정보를 처리하는 편도체도 활성화된다. 기본적으로 우리가 어떤 사람과 좋은 관계를 맺어야 하는지 모르는 상태는 답답하게 느껴진다.

상대방에게 좋은 인상을 주고 싶은 이유를 설명하는 중요한 개념이 있다. 이 책이 다루는 유일한 주제, 바로 동기다. 만약 살아남는 것이 중요하다면 다른 사람들, 즉 집단과 함께할 확률을 높이기 위해 좋은 인상을 주어야 한다. 인간은 사회적인 종이기에 다른 사람들의 의견을 완전히 무시할 수 없다. 근본적으로 인상은 삶과 죽음의 문제이기도 하다.

권력은 친구에게 영향을 미친다

누군가 우리를 특별 대우하거나 따로 우리의 의견을 물으면 기분이 좋아진다. 인간은 다른 사람이 자기 말을 귀담아들을 때, 또 자기 목소리가 누군가의 귀에 들어갈 기회를 얻을 때 이를 즐긴다. 같은 이유로 지배당한다고 느낄 때, 행복에 반하는 신경화학물질이 쏟아져 결과적으로 우리는 덜 행복하다고 느낀다.

이미 앞부분에서 우리가 하는 여러 행동 가운데 권력을 지닌 사람들과 동맹을 맺으려고 위와 같은 과정을 거친다는 점을 다루었다. 이밖에도 다른 방법들이 있다. 그중 하나가 소셜 미디어의 활용이다. 우리는 중요한 위치에 있는 사람들이나 연기자, 흥미로운 공인들에게 자신을 선보일 수 있다. 적당한 사람들과 인연을 맺고, 제대로 된 곳에 존재를 드러내 눈에 띄는 것만으로도 새로운 문이 열린다. 성공을 이룬 많은 사람이 바로 이 방법으로 자신들의 명예를 드높였다. 그들은 자신이 속한 종족, 즉 인류에서 높은 지위를 차지한 구성원들과의 관계를 끊임없이 발전시켰다.

만약 지위를 성공이라는 개념과 모호하게 섞어 얼버무린다면, 지위를 지닌 사람들과 관계를 발전시킨다는 것이 그렇게 나쁜 생각은 아니다. 물론 이것은 삶의 목표에 따라 다르지만, 무언가를 향상하고자 한다면 자신보다 그 분야에서 뛰어난 사람들과 일종의 연관성을 지니도록 노력하자. 인간은 주변 사람들의 영향을 강하게 받는다. 좋은 습관을 실천하고 긍정적인 시각을 유지하며, 명예로운 직업윤리를 따르고 의지의 힘을 보이는 사람들과의 교제를 선택할 수 있다. 누구와 친구가 될 것인지는 우리에게 달려 있다. 친절하고 믿음직스럽고 열정적이고 매사에 감사하는 사람들을 찾아낸다면, 그들은 우리의 성장과 발전에 영감을 줄 것이다. 만약 그들의 긍정적인 분위기에 녹아들 수 있다면, 우리는 삶에 더 만족하게 될 것이다!

관계를 위협하는
권력의 불평등

우리는 누군가와 가깝게 지낼 때도 있고, 서로 떨어져 방황할 때도 있다. 이런 과정이 몇 번이고 반복된다. 오래 지속된 관계의 역학은 끊임없이 변화한다. 만일 더불어 사는 법, 상대의 욕구와 신호를 알아차리는 법을 배울 수 있다면, 지나온 시간보다 더 오랜 시간을 함께할 수 있다. 존중과 배려, 상호 욕구 충족이 내가 생각하는 좋은 관계의 필수 요소다. 이 장에서는 부정적인 성향을 자유롭게 조종할 때 발생하는 더 파괴적인 가능성에 대해 살펴본다. 이는 관계와 힘의 역학에 관한 것이기도 하다.

로맨틱한 관계와 자원의 교환

인생의 가장 큰 선택 중 하나는 무언가를 누구와 공유할지 결정하는 것이다. 물론 상대에게 홀딱 반했다면 그것은 다른 여러 요인의 영향을 받은 것이겠지만, 지위의 경우에는 다음 중 하나다. 지위는 누구와 관계를 맺기 시작하느냐에 영향을 미칠 뿐 아니라 일단 관계를 맺게 되면 그 관계 자체에도 큰 영향을 미친다.

지위의 중요성은 개인과 사회 모두에 뿌리 깊게 박혀 있다. 권위가 부족한 사람보다 의사나 변호사를 배우자로 선택하는 것이 낫다는 생각은 지극히 당연하게 느껴진다. 또 신분상 어울리지 않아 보이는 두 사람이 관계를 맺기 시작하면 주변에는 인상을 찌푸리는 반응도 있기 마련이다.

관계에서 우리는 모두 다른 자원을 내세울 수 있다. 인류 역사의 대부분에서 여성의 아름다움은 흔히 남성의 사회적 지위에 맞춰졌는데, 이를 증명할 예시도 있다.[95] 다행히 사회가 평등하게 변할수록 이른바 '자원의 교환'도 더 균형 잡힌 모양새가 되었다. 여성의 아름다움과 남성의 지위는 더는 우리의 주된 관심사가 아니다. 연구자들은 이런 현상을 일컬어 사회 교환 이론social exchange theory이라 불렀다. 이 접근법에서는 자원과 권력이 긍정적으로 연결되어 있다는 점이 특징이다.

한편 연구자들이 최소 관심의 원칙principle of least interest으로 불러온 개념이 있다.[96] 이 이론에 따르면, 사람 A가 사람 B에 대해 갖는 권력은 가치 있는 자원과 관련해 사람 B가 사람 A에 의존하는 함수다.[97] 예를 들어, 만일 안톤이 실업자라면 안정적인 수입을 가진 그의 연인 카이사는 (안톤이 직업이 있을 때보다) 그에게 더 많은 권력을 지닌다. (이 주제는 서로 사랑하는 두 사람을 묘사하기 그다지 좋은 방식이 아니라서, 불편한 마음이 들 수 있지만 계속해서 다룰 것이다. 이 주제에 관한 흥미로운 연구가 많이 이루어졌기 때문이다.) 권력의 상대성을 다루는 이 이론에서는 자원이 권력의 크기를 키우는 동시에 의존성을 줄인다. 이 관찰법이 연인이나 배우자와의 관계에 적용되면, 더 많은 권력을 지니기에 덜 의존적인 파트너(카이사) 또한 관계를 이탈할 가능성이 훨씬 크다는 점을 알 수 있다.

우리를 괴롭히는 불평등한 지위

커플의 경우에 연인이나 배우자는 자신을 상대와 비교하며 그들만의 작은 사회를 만든다. 여러 연구에서 가장이 되는 것은(아니면 적어도 반은 생계를 책임지는 사람이 되는 것은) 우리에게 중요한 의미를 지닌다는 점이 밝혀졌다. 우리는 부양인일까, 아니면 부양가족일까?

연구에서 밝혀진 바로는 우리 각자가 관계에 거의 동등하게 관여해야 한다. 만약 그러지 않는다면, 이는 관계에 큰 위험 요소로 작용할 수 있다.[98]

수입이 균등하다는 것이 곧 관계에 균등하게 관여한다는 것을 뜻하지는 않는다. 소득이 불균등할 때도 그럴 수는 있다. 코네티컷대학교의 사회학 교수 크리스틴 먼치 Christin Munsch는 수입과 부정행위의 연관성을 연구했다.[99] 그는 부부의 지위 차이가 서로를 속이는 행위에 영향을 미치는지 궁금했다. 이런 의문도 생겼다. 우리가 배우자보다 더 많은 돈을 번다면 관계에 불성실해질까? 아니면 배우자보다 더 적게 벌었을 때 불성실해질 가능성이 더 클까?

먼치가 2015년에 진행한 연구에서는 결과적으로 남성과 여성 모두 경제적으로 의존하는 사람이 관계에 더 소홀해질 가능성이 크다는 것이 밝혀졌다. 또 경제적으로 의존하는 예에서는 남성이 여성보다 바람을 피울 가능성이 커졌다. 우리는 여기서 누가 물질적으로 가족을 부양하는지가 지위와 권력, 더 나아가 생각에도 연관되어 우리 사회가 여전히 성별에 관한 깊은 고정관념을 지녔다는 점을 알 수 있다.

연구자들은 바람을 피우는 행위가 경제적으로 의존적인 남성들에게 배우자와 거리를 둘 수단을 제공하며, 심지어 자신의 (틀에 박힌 말이지만) '남성성'을 잃었다는 이유로 성공한 배우자에게 '벌'(나는 이것이 미친 소리라고 생각한다)을 주기도 한다는 가설을 세웠다. 정력과 여러 명의 섹스 파트너는 과장되고 희화화된 남성성의 표현이 된다. 뒤에 숨어 있는 장본인은 고대부터 전해졌고 문화적으로 뿌리 깊은 남성의 롤 모델에 부응하지 못한 느낌이다(이는 불행히도 얼마나 파괴적인 고정관념이 될 수 있는지 추가로 증명한다).

한 연구에서 남성 참가자와 여성 참가자가 각각 자신들의 성 정체성에 관한 설문지를 작성했다. 참가자들은 설문지에 작성한 자신의 대답이 (다른 참가자들과 비교했을 때) 고정관념 속의 남성성 또는 여성성의 정도를 드러낼 것이라는 점을 알았다. 하지만 연구팀은 비겁하게도 실험 참가자들이 실제로 어느 정도 남성적인지, 혹은 여성적인지에 대해서는 정확한 정보를 제공하지 않았다. 그 대신 참가자들의 여성성이나 남성성에 대한 임의의 피드백을 건넸다. 그 결과, 여성적인 성향과 가깝다고 암시하는 정보를 받은 남성들은 돌연 이라크 전쟁에 대한 지지를 표명하거나 스포츠카 구매에 관심을 보였고, 또 지배 계층에 대한 공감대를 드러냈다. 그들은 남성성과 문화적으로 결부된 태도를 보였다. 반면 여성의 태도는 자신이 여성성과 멀다는 결과를 인지해도 별다른 영향을 받지 않았다. 불행히도 남성성과 관련된 속성과 행동은 우리가 흔히 여성성과 연관 짓는 특성들보다 범위가 훨씬 좁다. 그렇기에 여성성을 위협하기가 더 어렵다.[100]

그러니 만약 우리가 경제적으로 파트너에게 의존하고 있다면, 우리가 남자든 여자든 간에 바람을 피울 위험성이 높아진다. 공정성 이론equity theory (앞서 다룬 교환 이론의 파생어)에 따르면, 경제적으로 불평등한 관계가 배우자보다 '너무 적게' 받는 사람과 '너무 많이' 받는 사람 모두를 불안하게 한다.[101] 불균형은 우리를 괴롭힐 뿐 아니라 부정행위의 위험성을 높인다.

다른 연구에 따르면, 여성이 남편보다 수입이 많으면 그 자신도 좌절감을 느낀다고 한다. 불안감과 불면증에 시달릴 가능성도 커졌다.[102]

또 이런 여성들은 편차를 줄이기 위해 노력한다. 이는 곧 그들이 자기 업적과 성과를 과소평가하려는 행위를 뜻한다. 여성들은 남편의 기여와 남자다움을 치켜세우는 방식으로 상대에게 순응하며 집안일에 더 많은 노력을 기울인다. 그리고 그들은 배우자에게 더 충실해진다. 이는 그들이 배우자의 불만을 부추길까 봐 두려워서일까, 아니면 구시대적인 고정관념에 매달리기 때문일까?

이에 대해 내가 말할 수 있는 유일한 의견은, 우리가 이토록 거대한 변화가 일어나는 시대에 사는 것이 행운이라는 점이다……

먼치의 가설에서는 둘 중 더 적게 번 배우자에게 영향을 받는 사람은 주로 특정 유형의 남성이었다. 먼치는 이 가설을 뒷받침할 사실을 찾지 못했지만, 상대적인 수입과 부정행위의 연결 고리는 눈에 띄게 단단해 보였다. 바람을 피우는 성향이 짙은 남성들은 상대가 경제적으로 자신들에게 의존하는 관계에 더 많이 뛰어든 것일 수도 있다. 아마 성에 대해 더 전통적인 태도를 고수하는 남성들이, 바람을 피우면서 동시에 가장이 되려고 노력하는 사람들이 아닐까? 심지어 그들은 자신에게 의존하며 자신보다 적게 벌고, 또 본인의 입장을 대변할 수단이 별로 없을 짝을 찾으려 노력할 것이다.

정리해 보자. **사회 교환 이론**에 따르면, (상대적) 소득이 높을수록 불륜을 저지를 위험성이 높아진다. **공정성 이론**에 따르면, 돈을 적게 버는 사람이 불성실하게 행동할 가능성이 크다는 주장은 두 파트너 모두에게 해당된다. 과소 보상 혹은 과대 보상을 받는다고 느끼는 사람들은 불안해하기 때문이다. 부정행위는 관계에서 힘의 균형(과 평등)을 회복하려는 시도가 된다.

또한 안타깝지만 배우자와의 관계에서 우리는 경제적인 측면들 말고도 다른 많은 요소를 두고 경쟁한다. 평생을 함께하기로 한 두 사람은 같은 방향으로 노를 저어 가는 하나의 팀이 되어야 한다. 하지만 둘 중 누가 더 나은 부모인지, 유치원에서 아이들을 누가 더 자주 데려오는지, 누가 더 좋은 직업을 가졌는지, 아니면 친구들 사이에서 누가 더 좋은 평가를 받는지를 두고 싸움이 벌어지는 일이 많다. 나는 이처럼 말다툼을 하거나 갈등 상황 자체를 만드는 것이 잘못되었다고 주장하고 싶지 않다. 이와 관련해 심리학자 에스터 페렐Esther Perel은 "(다툼이나 갈등은) 헤어지기 위한 것이 아니라 다시 화해하기 위한 것이다"라고도 표현했다. 갈등 자체에 집중하지 말고 어떻게 그것을 해결할지 주의 깊게 살피자. 어떻게 하면 조화로웠던 관계를 다시 회복할 수 있을까?

페렐에 따르면 관계는 화합, 불화, 그리고 다시 화해라는 순환을 통해 변한다. 또는 이 순환이 연결되고 단절되고, 재연결될 수도 있다. 우리는 가끔 서로에게서 멀어진 상태에서 다시 상대에게 돌아가는 길을 찾기도 한다. 중요한 것은 다시 관계를 이어 나가는 우리의 능력이다. 흥미롭게도 갈등은 일종의 에너지 균형이다. 한 사람의 짜증이 커질수록 다른 사람은 마음을 놓거나 안심한다. 이처럼 에너지의 균형은 권력의 균형이기도 하다.

우리의 연인이나 배우자가 우리의 정체성에 영향을 준다는 것을 기억하라. 우리는 각각의 관계에서 전혀 다른 사람이 된다. 어쩌면 새로운 관계에서는 전의 관계에서 전혀 느끼지 못한 것을, 즉 우리가 훨씬 솔직해졌다는 점을 알아차릴지 모른다. 이 파트너는 전의 파트너와 다른 사람이기 때문이다. 우리는 그렇게 새로운 역할에 빠지게 된다. 이는 완전히 새로운 역학을 의미한다. 인간은 한 관계에서 다음 관계로 넘어갈 때 전처럼 일정하게 유지되는 정적인 존재가 아니다.

이 장을 긍정적인 시선으로 마무리해 보자. 지난날의 성 역할은 변화의 시간을 겪고 있다. 감사한 일이다! 한 조사에서는 30대 이하의 연령층에서 여성의 약 80퍼센트, 그리고 남성의 약 70퍼센트가 양육과 가사, 가족 부양에 대한 책임을 함께 지는 동등한 관계를 원한다고 답했다.[103] 역할과 책임, 성별에 대한 기대 심리가 계속 확대됨에 따라 뛰놀 수 있는 운동장 역시 더 커지고 있다. (의식적으로든 무의식적으로든) 자신의 존재를 애써 축소할 필요가 없는, 되고 싶은 대로 될 자유 역시 이에 맞추어 커진다. 두 사람의 관계에서 자신의 역할에 대한 만족도가 높아질 때 서로를 향한 진심 어린 존경의 관계 또한 즐길 수 있다.

✷ **Summary**

권력과 비교, 지위 추구는 우리 삶에서 끊어낼 수 없는 영역이다. 모든 집단 안에서 우리는 이에 영향을 받는 자신을 발견한다. 인류의 역사를 통틀어 지위는 인간이 살아남을 수 있게 도왔다. 먹을 것과 더 나은 잠자리, 그리고 그 밖의 유용한 모든 것을 제공하여 생존에 기여했다. 더 높은 지위는 곧 더 많은 생존의 기회를 의미했다.

우리는 다른 사람들이 지닌 권력을 재빨리 눈치채고 또 가능한 방법을 모두 동원해 자신이 권력을 지녔다는 인상을 다른 사람에게 주고 싶어 한다. 우리 삶이 더 편해지기 때문이다. 낮은 지위에 있을 때는 경고 알람이 울린다. 낮은 지위는 낮은 생존 가능성을 뜻한다.

지위는 의미가 깊다. 자연선택은 지위에 신경 쓰는 방향으로 인간을 진화시켰다. 체내의 신경화학은 우리 일이 잘 풀릴 때, 또 더 많은 영향력을 행사한다고 느낄 때 생기는 긍정적인 감정을 통해 지위에 관심을 갖게 했다. 일이 잘 풀리지 않거나 다른 사람들의 일이 눈에 띄게 더 잘된다는 것을 알 때의 부정적인 감정 역시 원인이 된다.

주시해야 할 것은 더 높은 지위를 향한 우리의 노력이 도움이 안 되는 방향이나 잘못된 길로 이끄는 상황이다. 여기서는 자신과 주변 사람들의 기분이 좋아지게 격려하는 방식으로 근본적인 동기를 활용하도록, 평소 어떻게 생각하고 행동하면 좋을지 구체적인 조언을 다루고자 한다.

✳ **주의 깊게 살펴라!** 각각 다른 상황에서 신경화학물질과 감정이 어떻게 오르내리는지에 주목하라. 나는 이것이 우리가 한 단계 더 높은 곳으로 도약하는 지점이라 믿는다. 더 높은 지위를 경험할 때 기분이 좋아지며, 반대로 더 낮은 지위를 경험할 때 기분이 나빠진다. 받아들이는 방법은 익힐 수 있다. 이런 시도만으로도 우리는 이미 훨씬 더 평온해질 것이다.

✳ **긴 안목으로 세상을 보라.** 프랑스의 철학자 장 자크 루소는 풍부한 물질적 소유가 행복의 전부는 아니라고 말했다. 그 대신 그는 원하는 것을 소유하는 게 가장 중요하다고 주장했다. 행복은 결코 절대적인 개념이 아니다. 각자의 목표와 관련하여 보는 관점이 더 중요하다. 감당할 수 없는 것을 원할 때, 우리는 자신을 더 가난하게 느낀다. 가진 것에 만족할 때는 그것이 많든 적든 자신을 더 부유하게 느낀다. 우리를 부자로 만드는 두 가지 방법이 있다. 많은 돈을 소유하거나 목표의 범위를 제한하면 된다. 1800년대에 활동했던 영국의 미술평론가이자 시인, 작가, 사회비평가였던 존 러스킨 John Ruskin은 부를 일종의 풍요로 정의했다. 이는 어쩌면 책이나 우표, 또는 얼굴에 띠는 미소일 수 있다. 아니면 그 사람이 지닌 겸손함과 지성, 풍부한 감수성과 우정도 가능하다. 그의 말에 따르면, 가장 부유한 사람은 아마도 밤하늘을 보며 가슴 벅차 하는 사람일 것이다. 온전히 쓸 수 있는 시간을 소유한 사람이나 현재에 완벽히 집중하는 사람일 수도 있다.

* **의식 있는 소비자가 돼라.** 당신이 소비한 것 가운데 일부는 부지불식 간에 당신의 지위를 드러낸다는 것을 기억하라. 손에 들어온 물건을 통해, 또 계획했던 휴가를 통해 어떤 신호를 보내고 있었는지도 곰곰이 생각해 보자. 사려던 것을 실제로 사는 것이 정말 현명한지 1, 2분에 걸쳐 깊이 생각해 보라.

* **당신의 위치를 고수하라.** 많은 사람이 더 높은 곳으로 올라가기 위해 택하는 방법 중 하나가 바로 당신을 아래로 밀어버리는 것이다. 그렇게 그들은 비교함으로써 기분이 좋아지게 한다. 관계에서는 이런 패턴에 주의해야 한다.

* **소셜 미디어 때문에 스트레스 받지 말라.** 소셜 미디어에서는 현실과 상관없이 그들의 삶이 완벽해 보일 수 있다. 만일 부정적인 영향을 받는다면 소셜 미디어를 피하자. 아니면 소셜 미디어를 언제, 얼마나 오래 접할지 명확한 자신만의 지침을 세우고 지키자.

* **로맨틱한 관계를 키워라.** 우리는 저절로 자신을 다른 사람과 비교한다. 그래서 자신을 배우자와 비교하기도 한다. 이것이 경쟁과 갈등으로 이어지는 최악의 상황에는 쉽게 파국으로 이어진다. 건강한 관계에서 일어나면 안 되는 일이다. 상대방을 지지하고 격려하자. 그리고 사랑하는 사람의 행복과 성공에 조력자가 되자.

* **올바른 일을 두고 겨루어라.** 우리는 서로 비교하는 경향이 있다. 그러 니 적어도 모두의 삶을 개선하고 변화를 가져오는 방향으로 비교를 유도해 보자. 얼마나 환경친화적으로 사느냐에 따라 기후 상태가 변 화한다고 상상해 보라. 무엇이 되었든 간에 사람들은 이기기 위해 노 력한다. 이러한 특성을 활용하여 기후 상태를 개선할 수는 없을까? 사 실상 모든 것이 게임으로 바뀔 수 있다. 왜 모든 인류의 삶을 개선하기 위해 경쟁할 수 있는 능력에 집중하지 않는가?

* **직장에서의 경쟁에 주의하라.** 지위에 관한 비교와 다툼은 작업 환경의 중요한 요소다. 경쟁적인 분위기가 생산성을 높인다고는 해도, 분명 협력 가능한 부분을 해칠 수 있다. 경쟁과 의견의 불일치, 혹은 공통된 의제를 밀고 나갈 수 없는 상황은 어느 직장에서나 업무 수행에서 최 적의 조건보다는 훨씬 바람직하지 않다.

* **성공한 사람들에게 영감을 받아라.** 우리보다 성공한 사람, 또는 존경 하는 사람과 당신을 연관시켜라. 단기적으로 자신이 덜 성공한 것처 럼 느끼게 될 수도 있지만, 장기적으로는 현명한 투자다. 성공한 사람 들은 우리에게 긍정적인 영감을 준다. 그리고 우리의 개인적인 발전 에 박차를 가하게 된다.

* **매일 작은 목표를 세우고 달성하라.** 우리는 다양한 방법으로 행복과

지위에 대한 욕구를 충족할 수 있다. 큰 임무를 합리적이고 도전적인 작은 목표로 나누어 실행하라. 세운 목표에 더 가까이 다가가게 하는 무언가를 매일같이 수행하라.

* **작은 성취를 기뻐하라.** 큰 목표를 이루었다고 해서 언제까지고 행복이 지속되지는 않는다. 그렇게 잠깐 찾아오는 성공의 순간은 매우 드물기 때문에 정기적인 만족을 얻는 것은 쉽지 않다. 대신 매일 잘 이룬 것을 찾아내고 그 속에서 즐거움을 느껴라. '그래, 내가 해냈어!' 그 순간을 그저 즐기고, 기특한 자신에게 칭찬을 해주어라. 어느 정도 만족감을 느낄 수 있게 하고, 도파민이 몸속을 흐르게 하라!

* **사회적 지위를 즐겨라.** 인간의 사회적 지위는 끝없이 변한다. 어느 순간 열등감을 느끼다가도 그다음 한순간에 우월감을 느낀다. 우리가 집중하는 것들과 자신을 비교했을 때의 이야기다. 매 순간 좌절에 집중하는 대신 모든 순간이 주는 혜택과 이득, 좋은 점을 즐겨라. 지배적인 위치에 있을 때 다른 사람들로부터 존중받는 느낌과 자신만의 자유를 즐기는 것은 좋다. 하지만 남을 희생시키면서 자기 능력을 강조하는 행동은 삼가라. 그저 주변 사람들에게 미치는 영향력이라는 개념을 즐겨라. 주변 사람들이 우리를 거울에 비춘 것처럼 따라 할 때, 따스한 마음으로 그들에게 긍정적인 영향력을 미칠 수 있다.

✳ **나쁜 습관에서 벗어나라.** 전에 했던 행동, 예를 들어 지위에 필연적으로 뒤따르는 파괴적인 투쟁은 우리 뇌에서 패인 공간인 '홈'을 형성해 왔다. 이를 신경학적 경로라고 한다. 이 흔적을 보면 나쁜 습관을 고치는 것이 왜 그토록 어렵고 오래 걸리는지 알 수 있다. 그러나 (우리가 원하지 않았던) 옛 습관을 새로운 습관으로 어떻게든 대체할 수 있다면, 몇 주 또는 몇 달이 지나지 않아 우리는 새로운 신경학적 길을 만들 수 있을 것이다. 그러니 당장 자연스럽게 되지 않아도 새로 기른 습관을 꼭 붙잡고 버텨라.

✳ **시간을 내어 자신에게 중요한 것이 무엇인지 생각하라.** 내게 진정 중요한 것은 무엇인가? 나는 언제 가장 행복할까? 시간을 내어 생각해 보라. 이 질문들의 답을 찾아야 한다. 그러고 나면 삶을 기분 좋게 하는 일에 시간과 에너지를 투자하며 인생을 정비하라. 정말로 좋아하는 일을 하면서 시간을 보내라. 그 과정에서 도출된 결과로 스스로 행복해하고 만족하라. 그리고 넓은 시야를 갖추어, 부적절하거나 잘못된 지위를 얻으려는 무의미한 투쟁에 휩쓸리지 않게 조심하라. 다른 사람이 그렇게 행동했다는 이유로, 또는 그 행동으로 잘못된 지위를 가졌다는 이유로 어리석게 행동하지 말라.

**DINA DOLDA
DRIVKRAFTER**

세 번째 동기,

세상을 제대로 이해하기 위한

지식

✳ **KNOWLEDGE** ✳

✳   이제 이 책에서 다루는 세 번째 동기이자 마지막 동기를 살펴볼 시간이다. 이번에 알아볼 동기는 지식을 추구하고 새로운 정보와 인상을 지속적으로 수집하게 한다. 토머스 홉스는 호기심을 '마음의 욕망'이라 불렀다. 지식에 대한 인간의 목마름은 끝이 없다. 채울수록 더 갈증이 난다.

홉스에 따르면, 사람들은 현상의 이유를 이해하려 하며, 호기심을 충족하는 행위를 보람 있게 생각한다.[104] 그 과정에서 우리의 보상 센터가 활성화되고, 도파민이 분비된다. 알베르트 아인슈타인조차 전기에 다음과 같은 말을 남겼다. "나는 특별한 재능이 없다. 그저 열정적으로 궁금해할 뿐이다."

진화론적 관점에서 지식에 대한 우리의 갈증은 전혀 이상하지 않다. 인류의 호기심은 우리를 살아남게 했다. 돌아가는 세상을 이해하고 모두가 어떻게 조화를 이루는지, 또 변화가 우리에게 어떤 영향을 미치는지, 어떻게 환경을 다루어야 하는지(예를 들어 불이나 지피는 법이나 날씨 변화를 이해하는 법, 야생에서 사냥감을 포획하는 법 등)를 이해하는 것은 결국 인간의 생존에 가장 중요한 요소였다.

인간은 새로운 정보 그 이상을 원한다. 우리 뇌 역시 새로운 환경과 사건의 형태에서 새로움을 추구한다. 체내의 도파민 세포는 미지의 장소나 사물, 얼굴에 반응한다. 이 도파민 세포가 우리 조상들이 지속적으로 새로운 가능성을 모색하도록 동기를 부여했다. 또 식량과 귀중한 자원이 일상적으로 부족했던 환경에서 매우 중요한 욕구를 일으키기도 했다.

다른 사람에 대한 호기심도 사회구조의 발달과 번식에 꼭 필요했다. 카사노바들 사이에는 다음과 같은 말이 전해 내려왔다. "사랑의 4분의 3은 호기심이다."

여러 종류의 호기심

그렇다면 우리가 (일상생활에서) 가장 궁금해하는 것은 무엇일까?

정답은 하나 이상이다. 많은 사람은 다른 사람이 왜 그렇게 행동하는지 궁금해한다. 십 대를 이해하려는 사람이 있는가 하면 스포츠나 인테리어 디자인, 와인, 정치, 골프, 혹은 그 밖에 뭐든지 궁금해하는 사람도 있다. 우리는 새로운 통찰력을 추구하는데, 이는 내면의 불확실성을 줄이고 지식의 부족을 상쇄해 준다. 알 수 없는 감정, 즉 불확실함과 혼란을 줄이는 행위는 이렇게 훌륭하다.

호기심의 종류는 다양하다. 인식론적 호기심epistemic curiosity은 새로운 지식에 대한 목마름을 말한다. 또 놀랍고 새롭거나 당혹스러운 자극이 수반되는 지각적 호기심perceptual curiosity과 관련이 있다. 이 밖에도 구체적인 정보를 추구하는 호기심, 즉 구체적 호기심specific curiosity이 있다. 이는 십자말풀이를 하거나 지난주에 본 영화 제목을 기억하는 행위를 가리킨다. 오래된 미스터리를 풀도록 연구자들을 몰아붙이는 힘은 바로 이 구체적 호기심에서 나온다.

호기심의 또 다른 형태로 일반적 호기심general curiosity이 있다. 현실이 지루하고 따분해 가만히 있지 못하는 호기심으로, 새로운 감동을 찾거나 실험을 하도록 강요하고, 또 자극을 찾아내거나 지루함을 느끼지 않게 한다. 오늘날 끊임없이 이메일을 확인하거나 다른 사람이 소셜 미디어에 올린 글에 호기심을 갖게 하는 것도 바로 이런 형태의 호기심이다. 이렇게 지루함을 못 이겨 발동하는 호기심이 구체적 호기심의 발달로 이어진다는 점을 잊지 말자. 이처럼 일반적인 '새로운 정보를 위한 진공 청소'는 실제로 완전히 새로운 관심사를 깨우고, 뒤이어 또 다른 종류의 호기심을 깨운다.

심리학자 대니얼 벌린Daniel Berlyne은 다양한 종류로 호기심을 특별 분류했다. 그에 따르면 앞서 말했던 호기심의 여러 변종처럼 공감할 수 있는 호기심 말고도 사고 현장을 지나갈 때 이동 속도를 늦추게 하거나 범죄 현장이나 불타는 건물 주변에 사람들이 모여들게 하는 병적 호기심morbid curiosity도 존재한다. [105]

호기심은 골칫덩이일까?

분명 새로운 감동과 지식에 대한 호기심과 욕구가 있다

는 것은 인간에게 환상적인 일이다. 생명을 구하는 지식은 개인 차원뿐 아니라 인류 차원에서도 우리를 발전시킨다. 그렇다면 이 호기심의 어떤 부분이 잘못될 수 있을까?

어슐러 르 귄 Ursula Le Guin(미국에서 가장 유명한 공상과학 소설가 중 한 사람)은 "촛불을 켜면 그림자가 진다"라고 말하고, 이러한 진실은 거의 모든 일에 적용된다고 했다. 무엇이든 그저 좋기만 한 일은 매우 드물고, 반대로 나쁘기만 한 일도 거의 없다. 대부분 이 둘은 공존한다.

나는 지식을 얻으려고 좀처럼 가만히 있지 못하는 인간의 측면에 집중하기로 했다. 100년 전만 해도 이런 종류의 호기심은 별문제가 되지 않았을 것이다. 반면 오늘날은 모든 문명과 기술에 힘입어 호기심과 지식 습득을 위한 충동이 전혀 새로운 도전 과제들을 만들어낸다.

컴퓨터나 휴대전화에서 새로운 페이지를 열 때마다 우리 뇌는 도파민을 분비한다. 그 결과는 어떻게 나타날까? 잔뜩 고무된 우리는 계속해서 마우스를 클릭한다. 페이지를 열고 또 열고, 앱을 켜고 또 켠다. 불행히도 여러 연구에서 우리가 모든 인터넷 사이트 가운데 거의 5분의 1에 해당하는 것에 4초도 안 되는 시간을 소비한다는 사실을 증명했다. 또, 쓸 수 있는 시간 가운데 10분 이상을 그 페이지들의 약 4퍼센트 분량에만 소비한다는 점도 밝혀냈다. 한 사이트에서 다음 사이트로 넘어가려고 클릭할 때(새로운 정보의 수집 과정에서 보면, 여기서 사이트는 하나의 정보 형태에 해당한다), 우리의 보상 센터는 호모 사피엔스가 새로운 환경과 자원을 발견했던 선사시대와 같은 방식으로 활성화된다.[106]

이쯤 되면 확실히 이해했을 것이다. 인류는 현대 환경에 적응하지 못하고 있다. 우리의 일상은 인류의 전 역사에서 보면 어느 때보다 빠르게 움직인다. 하지만 당사자인 우리는 점점 더 제대로 대처하기 어려워한다. 집중력은 저하되고 잠을 제대로 자지 못하는 것은 물론, 현실 세계에서 다른 사람과 함께 보내는 시간이 줄어들거나 점점 더 공감대가 없어지고 있다.

이러한 행동에 '중독'이라는 단어를 적용하지 않아도 된다고 주장하는 사람들이 여전히 존재한다. 그러나 얼마나 많은 사람이 고통을 받든 간에 중독은 중독이다. 일종의 현상으로 중독의 정의는 확립되어 있다. 인플루엔자, 즉 유행성 감기로 무려 7500만 명이 사망했던 1918~1919년에는 그 누구도 인플루엔자 진단이 무의미하다고 주장하지 않았다. 오히려 그 일은 많은 사람에게 영향을 미쳤다는 점에서 더 많은 관심이 필요한 사안이었다.

보상 추구 행동에 영향을 받는 우리 뇌의 영역은 정보 추구 행동에 영향을 받는 영역과 너무 가까워 종종 구별할 수 없는 것처럼 보이기도 한다.[107] 불확실한 결과는 도파민 수치를 치솟게 한다. 보상받을지가 확실하지 않을 때 더 큰 효과가 나타난다. 더 많은 도파민이 분비된다. '내가 보낸 메시지에 아직도 답장이 오지 않았을까? 소셜 미디어에 올린 게시물에 이제는 댓글이 달렸을까? 업로드한 영상이 '좋아요'를 받았겠지?'

이런 특정한 도파민 러시 dopamine rush(찾는 대상을 확실히 찾을 수 있는지 불분명할 때 분비된다)는 조상들이 먹이 사냥과 같은 일을 할 때 도움을 주었다. 요즘 인간의 '혹시' 수용체는 휴대전화에 자극을 받으며, 우리는 보통 실제 텍스트를 읽는 것보다 신호를 듣는 것에서 더 큰 도파민 증가를 겪는다. 중요한 정보가 나타날 수 있다는 단순한 가능성에 내재된 유혹 때문에 우리는 '그냥 확인하려고' 휴대전화를 집어 든다. 현대인에게는 아주 흔한 일이다.

우리는 시간이 지나면서 이 충동을 다루는 데 능숙해졌고, 집중력도 향상되었다고 생각한다. 하지만 사실은 그렇지 않다. 우리는 이 많은 산만함에 저항할 힘을 얻지 못했고 균형을 더 잘 맞추는 법을 배우지 못했다. 오히려 끊임없는 산만함 때문에 작업에 더 집중하지 못하고 혼란에 훨씬 민감해졌다. 요즘 제품 디자이너들은 어느 때보다 똑똑해서 우리가 상품을 사용하게 하려면 어떤 버튼을 누르게 해야 하는지 정확히 알고 있다. 우리는 그 버튼을 계속 누를 것이다. 오늘도, 내일도, 어쩌면 앞으로도 쭉 그럴지도 모른다.

스크린 중독을 중심으로 호기심과 지식에 대한 갈증이 우리를 어떻게 어긋나게 하는지, 그리고 이에 어떻게 대응해야 할지 살펴봐야 할 시간이다.

늘어난 정보,
하지만 그 대가는

신경학자 애덤 개절리Adam Gazzaley는《산만해진 마음The Distracted Mind》에서 모두가 산만함 때문에 고통받는다고 말했다.[108] 기술과 스크린의 사용은 우리에게 여러 방면에서 좋지 않은 영향을 미친다. 인지능력(사고력)과 학습 능력, 업무 성과에까지 영향을 미친다. 관계를 해치거나 일상생활에서 전반적인 위험 수준을 높이기도 한다. 아이들이 휴대전화를 가지고 놀도록 오래 방치하면, 휴대전화에서 나오는 해로운 방사능이 아이들의 심리사회적 발달을 더디게 하고 작은 몸에 악영향을 불러일으킨다.[109]

디지털 스크린 사용 빈도에 따라 아이들은 신체적·심리적 건강, 행동 패턴과 집중력에 영향을 받는다.

이미 2009년에 샘 앤더슨Sam Anderson은 〈뉴요커 New Yorker〉에서 "가상의 말은 이미 디지털 헛간을 떠났다"라고 주장했다. 우리는 디지털화된 세상에서 실제로 자신의 어떤 부분을 노출하고 있는지 자문해야 한다.[110]

산만함, 현대인들이 마주한 가장 큰 과제

8월의 어느 초저녁이었다. 나는 방금 스톡홀름의 남쪽 도시 쇠데르텔리에에 사는 친구들을 방문한 참이었다. 집으로 돌아가려는데 갑자기 비가 내리기 시작했다. 나는 스케줄러와 휴대전화를 재킷 안에 집어넣고 주차된 차를 향해 달리기 선수처럼 허리를 굽혀 앞으로 달려 나갔다. 기억은 거기까지였다. 나중에야 내가 철로 된 차단막에 이마를 정면으로 부딪쳐 의식을 잃고 쓰러졌다는 것을 알았다. 나는 결국 카롤린스카 병원의 중환자실에 입원했다. 얼마 지나지 않아 단데르드 병원의 뇌 손상 재활 클리닉으로 옮긴 다음에는 몇 달 동안이나 그곳에서 지내야 했다. 사고 원인은 순간적으로 주의력을 잃어버린 나의 과실이었다. 그 덕분에 내 몸은 단 1초 만에 두개골 골절과 동맥류 부상이라는 끔찍한 결과를 맞이했다. 내 작은 머리통이 감당하기에는 지나치게 무거운 벌이었다!

유튜브에서 '걸으면서 전화하는 모습'을 찾거나 구글에서 '문자 메시지를 보내다가 쇼핑몰 분수에 빠지는 모습'을 검색하면 난처한 상황에 빠진 사람들의 다양한 동영상을 쉽게 발견할 수 있다. 캐시 크루즈 마레로가 쇼핑몰을 걸어 다니며 문자 메시지를 보내는 영상도 그중 하나다.[111] 주변을 제대로 살피지 않은 그는 분수 속으로 곤두박질쳤다. 이 영상은 수백만 조회 수를 기록했고, 졸지에 캐시는 미국 전역에서 유명 인사가 되었다. 영상에서 그는 비틀거리며 분수 속으로 빠지지만 다행히 크게 다치지 않고 재빨리 몸을 일으킨다(그의 얼굴에서는 충격과 당황스러움이 동시에 드러난다).

이 영상에서 실제로 일어난 것은 캐시가 걸어 다니며 휴대전화를 사용했던 행위, 즉 일종의 멀티태스킹이었다. 이런 종류의 멀티태스킹은 오늘날 우리가 하는 정보 검색에서 하나의 특징으로 작용한다. 이는 바쁘게 일을 처리하면서도 또 새로운 정보를 찾으려고 휴대전화나 태블릿을 동시에 사용하는 것을 말한다.

통화를 하며 목숨을 걸다

통계적 증거에도 멀티태스킹의 위험성이 명확히 드러난다. 〈사이언티픽 아메리칸Scientific American〉에 게재된 연구에서는 미국의 한 병원이 제공한 약 100개의 데이터가 사용되었다. 얼마나 많은 사람이 다른 일을 하면서 동시에 휴대전화로 문자 메시지를 보내다가 정

세 번째 동기, 세상을 제대로 이해하기 위한

지된 사물과 충돌해 다치는지에 관한 연구였다.

2004년에는 559명이 (이런 식으로) 다쳤다. 2010년에는 1500명으로 그 수가 증가했다. 이 연구를 소개한 기사에서 저자들은 이 비율이 2010년과 2015년 사이에는 약 두 배로 증가할 것으로 예측했다.[112] 또 다른 연구에서 코리 바시 Corey Basch와 동료들은 맨해튼에서 가장 위험하다고 알려진 횡단보도를 건너는 사람을 3700명 이상 관찰했다. 그들이 관찰한 보행자 가운데 약 30퍼센트는 모두 초록색으로 신호가 바뀌는 순간 휴대전화에 집중했다. 더 주목할 만한 사실은 4분의 1에 해당하는 사람이 빨간색으로 신호가 바뀔 때 자신의 휴대전화를 들여다보았다는 점이다.[113] 더 진행된 연구들을 보면, 이러한 현상은 확실히 뉴욕에서만 전형적으로 일어나지 않는다. 일반적으로 횡단보도를 건너는 전체 보행자 가운데 약 30퍼센트는 차에 치이지 않으려 조심하기보다는 다른 것에 집중한다.[114]

또 관찰 연구들을 통해 밝혀진 바로는, 누군가 횡단보도에서 휴대전화를 만지느라 바쁘면 무모하게 행동할 확률이 다른 보행자들보다 무려 네 배나 높다. 예를 들어, 그 보행자는 신호가 바뀌기 전 길을 건너기 시작하거나 횡단보도를 벗어나는 행동을 한다.[115] 한 실험 연구에서는 참가자들에게 가상으로 꾸며진 횡단보도를 지나가며 동시에 통화를 하거나 음악을 듣거나 문자 메시지를 보내는 행동을 하게 했다. 문자 메시지를 보내거나 음악을 듣던 참가자들은 차에 치일 위험성이 더 컸다.[116]

또한 연구에서는 휴대전화를 사용하면서 걸음걸이를 바꾸기만 해도 더 큰 위험에 처한다는 사실이 증명되었다.[117] 이는 길을 건널 때 우리에게 발생하는 인지적 요구cognitive demands(교통 상황에 주의를 기울여야 한다)와 전송 중인 문자 메시지 또는 듣고 있는 음악에 쏠리는 관심 사이에 갈등이 생기기 때문이다.[118]

사람들이 휴대전화를 사용할 때 안전 수준이 낮아진다는 연구 결과도 발표되었다. 어린아이들은 이런 해로운 환경에 더 취약했다. 아이들이 무언가를 하면서 동시에 휴대전화를 사용하면, 도시 환경에서 차에 치일 위험이 성인보다 월등히 높았다.[119]

우리는 안전한 운전자일까?

운전 중에 휴대전화를 사용하며 목적지로 이동하는 행위는 정말 좋지 않은 결과로 이어질 수 있다. 특히 우리의 관성이 보행자의 관성보다 훨씬 더 클 때 그렇다. 또한 자동차 운전에서 돌발 상황은 한층 심각해진다.

운전 중에 문자 메시지를 보내거나 이메일 답장을 보내는 등의 행동을 하지 않고 스스로 잘 처신해도 우리와 아이들, 부모님, 배우자는 불행히도 부주의한 다른 운전자를 도로에서 마주칠 수 있다. 나는 이 사실이 두렵다. 아이들을 태우고 운전할 때마다 이런 생각이 머릿속을

맴돈다. '지금 내가 차를 움직일 텐데 저 운전자가 혹시 휴대전화 때문에 정신이 나가 있으면 어쩌지.'

유타대학교의 교수이자 기술·운전 융합 분야의 전문가인 데이비드 스트레이어David Strayer는 음주 운전자와 휴대전화를 사용하는 운전자를 비교 측정했다. 그는 두 집단이 상대적으로 일반 운전자들보다 교통사고를 일으킬 가능성이 크다는 사실을 발견했다.[120] 스트레이어에 따르면, 휴대전화는 잦은 사고 요인이었다. 운전자들은 휴대전화 때문에 운전대를 놓치거나 도로에서 잠깐 시선을 돌렸다(절대 눈을 돌려서는 안 되는 상황에도 마찬가지였다). 운전에 대한 우리의 관심이 우선순위에서 멀어진 것이다.

연구에 따르면, 핸즈프리를 사용해도 휴대전화를 들고 있는 것만큼 사고를 일으키기 쉽다. 그런가 하면 차에 함께 탄 사람과 대화하는 행위만으로는 운전자의 주의력이 약해지지 않는다. 어떤 식으로든 운전자의 관심을 도로에서 멀어지게 하는, 즉 주의력을 흐트러뜨리는 행동은 아니기 때문이다.[121] 실제로 운전자와 함께 탄 이들의 대화 내용을 분석했을 때, 동승객들이 흔히 운전자에게 운전과 관련된 주제를 상기시킨다는 점이 밝혀졌다. 예를 들어 고속도로에서 벗어나야 할 타이밍이 언제인지, 다음 사거리에서 좌회전과 우회전 중 무엇을 해야 할지와 같은 이야기였다. 또 동승자들은 자신이 탄 차가 신중히 반응해야 할 때는 말을 멈추는 경우가 많았고, 그 덕분에 운전자는 도로 상황에 자신의 모든 주의를 집중할 수 있었다. 본질적으로 동승자는 운전을 돕는 또 하나의 눈이 된 셈이다.

분명 휴대전화에서는 그런 수준의 지원을 받지 못한다.

덜 자고
더 알기

만일 당신이 밤새 잠을 설치고 뒤척였다면, 당신은 평소보다 조금 덜 쾌활해 보일 것이다. 이처럼 수면 부족은 관계에도 영향을 미친다. 그렇다면 어떤 면에서 기술이 인간의 수면을 방해하는 것일까?

잠을 빼앗는 행동들

수면 부족은 행동 중독behavioral addiction(도박이나 인터넷 같은 특정한 행동이 반복되어 나타나며 이를 조절할 수 없는 상태 – 옮긴이)과 관련이 있다. 우리는 상황이 적절하든 아니든 간에 일단 휴대전화를 집어

든다. 불행히도 우리 뇌는 소셜 미디어를 확인하거나 쉼 없이 작은 스크린으로 영화를 보는 행위에 맞춰 만들어지지 않았다.

인간에게 수면은 꼭 필요하다. 하룻밤 푹 잤을 때의 개운한 기분과 겨우 세 시간밖에 자지 못했던 상태를 비교해 보자. 밤에 우리 뇌는 스스로를 정화하고, 시냅스synapse(신경세포가 다른 신경세포와 접합하는 부위 - 옮긴이)는 회복된다. 기억의 강화도 마찬가지다. 중요한 연결이 굳게 다져지는 동안 덜 흥미로웠던 신경 연결은 와해된다. 수면 중 우리 뇌는 낮에 일어난 신경 활동의 부산물인 해로운 화학물질과 노폐물을 배출한다. 만약 충분히 자지 않는다면, 우리 몸은 제대로 기능하는 데 필요한 활동을 하지 못할 가능성이 크다. [122]

수백만 년이 흐르는 동안 빛은 오직 낮의 전유물이었다. 우리는 촛불이나 난로 불빛 때문에 문제를 겪지 않는다. 그것들은 주황빛을 뿜어내고 우리 뇌는 이를 취침 시간이라는 신호로 해석하기 때문이다. 하지만 전자 스크린에서 나오는 푸른빛은 전혀 다르다. 동이 튼다는 신호를 받고 우리는 이제 일어나야 한다고 착각해 버린다!

잠에 들기 바로 전에 휴대전화를 사용하면 체내에서 일종의 시차 적응이 시작된다. 휴대전화를 집어 드는 행위로 새로운 날이 밝아온다고 우리 몸에 속삭이는 것과 같다. 논리적으로 예상할 수 있듯이, 취침 전 한 시간 동안 스크린을 바라보면 잠들기 어려워진다. 결과적으로는 수면 시간이 줄어든다[123](수면의 질도 떨어진다). TV 시청은 일반적으로 이와 비슷한 결과를 가져오지는 않는다. 보통 TV 화면은 휴대전화 화면보다 더 먼 곳에 있다.

그런데도 미국 성인 가운데 무려 90퍼센트가 취침 전 한 시간이 채 안 되는 시간 동안 적어도 일주일에 몇 번씩 디지털 기기를 사용한다[124](스웨덴 사람들도 비슷하다).

이렇게 어른들에게 중요한 수면은 어린이와 청소년들에게는 특히 더 중요하다. 그들은 적어도 아홉 시간 이상 잠을 자야 한다. 국립과학재단의 연구에 따르면, 평일 밤에 아홉 시간 잠을 자는 청소년의 비율은 고작 10퍼센트에 불과했다.[125]

가끔 나는 사촌 동생인 아나스타샤의 숙제를 도와준다. 고등학생인 아나스타샤는 학교에서 아이패드를 사용한다. 그리고 같은 학교에 다니는 거의 모든 아이들처럼 그 역시 휴대전화도 가지고 있다. 오늘날의 십 대를 생각할 때면 나는 전보다 발전한 모든 새로운 '조건'들을 떠올린다.

포모증후군이라는 말이 있다. 소외 불안 증후군Fear Of Missing Out on something, FOMO, 즉 남들보다 뒤처지거나 소외되는 것에 대한 공포를 뜻하는 말이다. 또 노모포비아Nomophobia('휴대전화 금지no mobile'와 '공포phobia'의 합성어 – 옮긴이)라는 말처럼 휴대전화를 가지고 있지 않거나 휴대전화가 눈에 보이지 않으면 불안해하는 증상을 가리키는 표현도 있다. 유령 진동 증후군phantom pocket vibration이라는 말까지 있다. 주머니에서 가벼운 진동을 느껴 휴대전화를 꺼내야 할 것 같다고 느끼는 상태를 말하는데, 이 증상은 심지어 휴대전화를 가지고 있지 않을 때도 일어난다고 한다!

어떤 연구에서 실험 대상이었던 교사들 가운데 87퍼센트가 현대의 학생들과 관련해 이렇게 표현했다. "현대 기술의 사용은 집중하는 시간이 짧아 쉽게 산만해지는 세대를 낳았다." 또 64퍼센트는 디지털 미디어가 학생들의 학업 성취를 돕기보다는 오히려 더 산만하게 한다고 대답했다.[126] 또 다른 연구에서는 391명에 달하는 학생들(18~19세의 연령대)의 디지털 습관을 조사했다. 그 결과 19퍼센트의 학생이 휴대전화의 소리를 끄거나 잘 때 기기를 따로 두는 반면, 39퍼센트는 잠자리 근처에 두되 진동으로 모드를 전환했고, 42퍼센트는 소리를 켜둔 채 가까운 곳에 두고 잠드는 것으로 나타났다.[127]

하버드대학교 의과대학에서 진행된 연구에서는 전자책을 읽는 사람이 종이책을 읽는 사람보다 수면 상태에 들어가는 데 10분이 더 걸린다는 실험 결과를 발표했다. 전자책 사용으로 멜라토닌melatonin(주변이 어두워지면 분비량이 증가하여 잠을 잘 수 있게 해주는 물질 – 옮긴이) 분비가 1시간 30분가량 지연된다는 점도 밝혀졌다. 멜라토닌은 우리가 수면 상태에 들어갈 수 있게 도와준다. 따라서 낮은 멜라토닌 수치는 훨씬 늦게 잠드는 원인이 된다. 또 전자책을 읽는 독자들은 일반적으로 체내에 멜라토닌이 적게 분비되었고(55퍼센트나 적었다!), 렘수면(꿈을 꾸는 수면)이 12분이나 줄었으며, 다음 날 아침에는 평소보다 더 개운하지 못한 상태로 일어났다.[128] 반면 오디오북을 듣는 사례에서는 화면을 보지 않아 푸른빛의 영향을 피할 수 있었다.

많은 연구에서 어린이와 청소년, 성인이 된 대학생을 실험 참가자로 선정해 진행했다. 어린이와 청소년의 뇌가 외부 영향과 잠재적으로 피해를 줄 수 있는 영향에 훨씬 더 민감하다. 한 사람이 청소년으로 성장할 때까지 뇌는 완전히 발달하지 못한다. 한편, 뇌의 '완성'은 머리 뒤쪽에서부터 시작된다. 전두부(뇌의 앞쪽 부분)는 마지막으로 발달한다. 이 영역은 의사 결정과 계획, 문제 해결과 충동 조절, 행동의 결과를 고려하는 행위와 관련이 있다.

그렇다면 한창 일하는 어른들에게는 이 상황이 어떻게 전개될까? 상사들과 그들의 직원들을 대상으로 한 연구에서 오후 9시 이후 휴대전화를 사용한 사람이 다음 날 직장에서 인지 능력이 저하되는 현상을 보인 것으로 나타났다. 그들은 업무에 집중하기 더 어려워했고, 업무 관련 정보를 활용하고 유지하는 능력에 손상을 입었다.[129]

늘어나는 불안감, 줄어드는 친밀감

기록으로 전해진 인류 역사를 보면, 우리는 꽤 긴 시기 동안 그곳이 어디든 간에 태어난 곳에서 줄곧 살았다. 또 선대의 일을 물려받거나 주로 자신과 같은 일을 하는 사람들과 시간을 보냈다. 가족이 방앗간을 소유했다면 거의 그 방앗간에서 일했다. 만일 부모가 재단사였다면 우리 역시 재단 일을 했을 것이다. 이런 환경은 우리 개인이 자기 삶에서 스스로 길을 개척할 여지를 남겨 두지 않았다. 이를테면, 삶의 많은 부분이 미리 정해져 있는 셈이었다.

그리고 혁명이 찾아왔다. 정확히 말하면 농업혁명, 산업혁명, 기술혁명이라는 세 가지 혁명이 발생했다. 오늘날 인간은 엄청난 개인적 자유를 누리며 살고 있다. 그로 말미암아 조상들이 평생 전혀 고려하지 않은 많은 대안과 결정을 마주하게 되었다. 만약 그렇다면, 우리는 처음으로 행복을 손에 쥐었다고 주장할 수 있어야 한다. 그렇지 않은가?

한 타래의 인내심

미지의 세계에서 무한한 양의 정보가 우리에게 전달된다. 인간이 지닌 가장 심오한 동기 중 하나가 새로운 정보를 얻고자 하는 욕구이기에 우리는 흘러들어오는 정보를 거절하기 어려워한다. 두 가지 요인이 선택에 영향을 미친다. 바로 지루함과 걱정이다.

이를테면 이런 식이다. 우리는 정보의 안정기에 들어서면 곧 지루함을 느끼기 시작한다. 그리고 다음 안정기로 나아가고픈 충동을 느낀다. 그러면 곧 다음 안정기로 이동한다. 그리고 다시 지루해지고, 또 충동을 느낀다. 이런 과정이 계속된다. 단점도 많다. 즉 우리를 정보 중독자로 만들거나 끊임없는 정신적 도약을 고무하는 일종의 멀티태스킹 행동으로 이어질 수 있다.

그렇다면 다음 정보로 나아가는(게시물을 빠르게 훑어보는 것) 대신 한 정보의 고원에 머무르는 것(뉴스 기사 전체를 읽는 것)을 선택하면 어떤 효과가 있을까? 보통은 지루함과 불안감이 뒤따른다. 하지만 현재의 정보 안정기에 남아 있을 때 예상되는 이점을 어떻게 인지하는가는 분명 영향을 미친다. 이 같은 현상을 통해 어딘가 무의식적 차원에서 좀 더 효과적이고 지속적인 방식으로 중요한 정보의 소비에 대한 절충안이 존재한다.

오늘날의 문제는 지루함을 느끼는 현상이 전보다 훨씬 더 빨리 시작된다는 점이다. 대학생들이 얼마나 자주 다양한 화면(예를 들면 휴대전화와 컴퓨터 화면) 사이를 전환하는지 조사한 연구에서는 평균적으로 그들이 한 화면을 약 65초만 소비한다는 것을 밝혀냈다.[130] 더 주목할 점은 전환의 절반 정도는 단 19초 뒤에 발생했다는 것이다.

어머니는 종종 '한 타래의 인내심'에 관해 이야기했다. 당신은 딸들 앞에서 더 자주 이 주제를 이야기했고, 나는 어머니의 그런 묘사가 마음에 들었다. 어머니는 특히 뜨개질이나 십자수 등에 관심이 많았다. 기특하게도 손녀들은 어머니의 공예에 대한 열정을 이어받았다. 내 큰딸은 소파에 오래 앉아 있는 것이 특기였고, 아이의 손가락은 툭하면 섬세한 십자수용 실을 집어 들었다. 그의 어린 여동생(지금은 열 살이 된 내 작은딸)은 자신의 예술적인 손놀림 덕분에 잠시 어딘가에 엉덩이를 붙이는 인내심까지 길렀다.

이를 우리가 1분당 5회씩이나 스크린을 전환하는 행동과 비교하자니 갑자기 뭐라 형용할 수 없는 기분이 든다.

기대감은 우리의 방아쇠를 당긴다

도파민은 인간이 무언가를 성취하고 보상받을 때 느끼는 행복처럼 갑작스러운 기쁨을 안겨주는 물질이다. 달리기 경주를 하다가 마침내 결승선이 시야에 들어올 때 이 물질이 분비된다. 이처럼 '내가 해냈어!'라는 느낌을 주는 것이 도파민이다. 과일을 발견한 원숭이가 달콤한 과즙을 마시러 과일이 달린 나뭇가지에 거의 손이 닿도록 접근한 모습을 상상해 보라. 아마 원숭이의 몸에서는 이미 도파민이 폭발적으로 분비되고 있을 것이다. 도파민은 목표에 도달할 수 있도록, 또 과일을 손에 넣거나 결승선을 통과할 수 있도록 힘을 준다.

1930년대에 한 연구팀이 쥐가 레버(지렛대)를 밀었을 때 항상 먹이를 주는 것보다, 레버를 밀어도 가끔 먹이를 줄 때 쥐들이 레버를 훨씬 자주 민다는 사실을 발견했다. 쥐는 전체 노동에 비례해 약 30~70퍼센트의 확률로 먹이를 획득할 때 가장 열심히 레버를 밀었다. 우리 인류도 같은 방식으로 움직인다. 만약 주어지는 보상이 예상보다 커진다면 우리 몸은 훨씬 더 많은 도파민을 분비한다.

각기 다른 두 시나리오를 가정해 보자. 우선 우리가 무언가(예컨대 버튼을 누르는 행동)를 할 때마다 보상을 받는다고 치자. 이것이 시나리오 1이다. 그리고 시나리오 2에서는 시나리오 1과 같은 행동을 해도 보상을 받을지 불확실하다. 여기서는 가끔 일관성 없이 보상이 주어진다. 이때 시나리오 2는 일관되지 않은 보상으로 훈련된 우리가 더 흥미롭고 자극적인 감정을 느낀다는 것을 증명한다.

즉 도파민은 새로운 경험에 대한 기대감에서 비롯된다. 무언가 일어날 수도 있을 때, 확실하지 않지만 아마 그럴지도 모를 때, 우리는 이 상황을 거부하지 못한다. 입에 넣는 달콤한 디저트의 첫 맛은 마치 천국의 맛처럼 느껴지지만, 결국 나중에는 지극히 평범한 맛이 된다. 첫 맛의 짜릿함은 희미해질 수밖에 없다. 과학 용어로 이러한 현상을 **습관화**habituation 라고 부른다.

도파민의 가장 중요한 역할은 인간의 동기부여를 유지하는 것이다. 결과가 확실하지 않을 때 꼭 필요한 물질이기도 하다. 우리는 생존에 도움이 되는 것, 예를 들어 섹스를 하고 먹고 운동을 지속하는 행위에 보상을 받는다. 이를 통해 인류는 스스로 생존 확률을 높인다. 도파민이 흐르면 체내의 신경세포 속 수용 분자들이 자극되고, 우리는 즐거워진다. 그리고 이런 좋은 감정을 반복적으로 느끼고 싶어 한다. 어려운 일을 해내면 그만큼의 도파민이 흐른다.

불행하게도 여기에는 또 다른 면이 있다. 보상 시스템은 길게 보면 해롭다고 여겨지는 쾌락의 시초가 된다. 술, 니코틴을 비롯한 중독성 물질이 여기에 해당한다. 스크린도 마찬가지로 도파민이라는 커다란 파도를 우리 몸에 일으킨다. 도박 중독이나 정크 푸드junk food (높은 열량과 낮은 영양소를 지닌 패스트푸드나 인스턴트 식품을 통틀어 지칭하는 말이다 – 옮긴이) 섭취도 다르지 않다. 건강에 좋지는 않지만 확실히 그것들은 미친 듯이 도파민을 뿜어낸다!

사랑의 열병도 도파민과 관련 있다. 다른 종류의 사랑과 이 열병의 차이점이 바로 도파민이다. 강렬한 사랑이 막 시작되었을 때, 그 보상은 더 큰 성취감이다. 그러고 나서 얼마 동안 시간이 흐르면 격양된 느낌이 사라진다. 그로 인해 어느 순간 갑자기 관계의 변화를 느끼기도 한다. 보통 이는 도파민이 말라버렸다는 것을 의미한다. 우리는 사랑을 얻었고, 이미 경주에서 이겼다. 이제 기대감은 사라졌다. 우리는 결승선을 통과한 다음이 아닌, 오직 목표를 향해 가는 길에서만 도파민의 바람을 탈 수 있다.

전화기가 꺼지면 불안감이 커진다

'별로 사용 안 함', '보통 수준으로 사용함', '아주 많이 사용함'으로 기준을 나눈 휴대전화 사용자 집단 간 비교 연구가 진행되었다. 불안이 언제 시작되는지 알아내는 것이 연구의 목표였다. 또 휴대전화를 손에 쥐고 있을 때 더 불안감을 느끼는지 측정하기도 했다.[131] 실험에 참가할 대학생 166명이 강의실에 입장했다. 연구팀은 그중 절반에게 휴대전화 전원을 끄고 의자 아래에 (다른 개인 소지품과 함께) 두라고 지시했다. 그들은 조용히 앉아 아무것도 하지 않아야 했다. 나머지 절반은 같은 지시를 받았지만, 한 가지 차이점이 있었다. 시험 감독관이 나머지 절반에게는 그들의 휴대전화를 넘겨달라고 요구했다. 그들은 휴대전화를 빼앗겼다. 참가자들의 불안을 느끼는 정도는 그 후 자체적인 평가를 통해 측정되었다.

연구팀은 두 집단 간의 불안 수준에 뚜렷한 차이가 있을지 궁금했다. 그들은 휴대전화를 감독관에게 제출한 학생들이 의자 밑에 휴대전화를 둔 학생들보다 불안감이 더 높을 것으로 예측했다. 하지만 실험 결과는 예상과 달랐다. 학생들의 불안 수준은 본질적으로 같았다. 흥미롭게도 휴대전화를 아주 많이 사용하는 집단의 실험 참가자들이 10분 동안 휴대전화 사용을 금지당한 뒤 더 크게 불안해했다. 이들의 불안감은 실험 시간 내내 계속 커졌던 반면, 간헐적으로 사용하는 참가자들의 불안 수준은 근본적으로 변함이 없었다.

또 다른 연구에서는 실험 참가자들에게 심박수와 혈압을 측정하는 기계를 연결했다. 참가자들의 휴대전화는 시야에 없었지만 여전히 귀에 알림음이 들렸다. 실험 도중 한 참가자의 휴대전화 벨이 울렸다. 하지만 그 참가자는 응답할 수 없었다. 전화를 놓친 뒤 해당 참가자의 심장 박동수와 혈압, 그리고 (자체적으로 평가한) 불안감이 높아진 것은 그리 놀랍지 않다.[132]

한 연구에서는 참가자들에게 완전한 침묵 속에서 아무것도 하지 말라고 지시했다. 연구팀은 실험에 흥미로운 반전을 더했다. 참가자들을 전기 충격을 가하는 기구에 연결한 것이다. 실험실을 나가기 직전 실험 감독관들은 참가자들에게 원하면 버튼을 눌러 자신에게 약한 전기 충격을 가할 수 있다고 알렸다. 실험에 참가했던 남성 참가자의 3분의

2와 여성 참가자의 4분의 1이 스스로 전기 충격을 가했다. 단지 결과에 대한 호기심 때문은 아니었다. 실험을 시작하기 전 모두가 시험적으로 전기 쇼크를 경험했기 때문이다. 그 뒤 설문지를 통해 참가자들의 응답을 모은 결과, 그들은 기분 좋게 충격을 경험하지는 않았지만 혼자 생각에 잠기는 것보다 전기 충격이 주는 불쾌함이 차라리 더 나았다고 느꼈다. 이처럼 우리를 비롯한 많은 사람은 그 '어떤 것'이 부정적인 것일지라도 아예 없는 것보다 그것을 택한다.[133]

나이를 불문하고 휴대전화를 빈번하게 사용하는 사람일수록 휴대폰을 빼앗길 때의 반응도 격렬하다. 정보를 수집하는 인간의 욕망은 강력하다. 누군가 우리를 이다음 '정보의 고원'에 도달하지 못하게 방해하면 우리는 거의 강박증상군obsessive-compulsive syndrome 수준의 불안감을 느낀다. 우리는 그저 존재하는 일 그 자체가 어렵다는 사실을 발견하고, 보통 휴대전화를 감정적인 삶에서 주의를 분산하는 수단으로 사용한다.

왜 홀로 사색하는 상태를 그토록 불편해하는지, 왜 그보다 차라리 전기 충격을 받는 편이 낫다고 생각하는지 자문해 볼 자연스러운 타이밍이다! 이는 아마 많은 사람이 서로 부딪치고 억제되지 않는 많은 감정을 지녔기 때문일 것이다. 애써 외면해도 감정은 시간이 지날수록 더 격렬해진다. 그러니 그냥 휴대전화를 꺼내 들고 그것들을 완전히 무시하는 편이 더 쉽게 느껴진다.

이는 분명히 건강한 상황은 아니다. 우리는 자기가 어떤 생각을 하고 어떤 감정을 느끼는지 충분히 시간을 두고 생각해야 한다. 불공정한 싸움에서 불시의 타격을 얻어맞은 기분이 들 때도 그렇다. 우리는 무거운 감정을 허락하면서 그것들을 헤쳐 나간다. 느끼는 감정을 인식하고, 제대로 잘 기억해야 한다. '스테판이 이제 더는 문자 메시지를 보내지 않아서 슬퍼.' 우리가 이처럼 자기 감정을 인정할 때 감정의 격렬함은 줄어들고, 무시하거나 억압할 때보다 더 빨리 머릿속에서 사라진다. 슬프다는 것을 인정하고 슬픔을 느낄 여유를 허용하기만 해도 부정적 감정은 옅어진다. 반면 감정을 억누르면 그 강도는 커진다.

인생은 고달프고, 어떤 것들에는 시간이 필요하다. 그것이 바로 우리가 받아들여야 하는 사실이다. 이혼, 사랑하는 사람의 죽음 등의 재난은 회복하는 데 보통 몇 년이 걸린다. 세월이 흐르면서 상처와 더불어 살아가는 법을 배우게 되지만, 절대 극복하지 못하는 것들도 있기 마련이다. 처음에는 그 감정들과 마주하는 것이 어렵겠지만, 그렇다고 해도 감정을 발산할 여유와 기회를 자신에게 줄 필요가 있다.

우리 인류는 요즘 산만하기 이를 데 없는 종이 되었다. 특히 휴대전화 때문에 더 그렇다. 제 나름의 목표와 흥미로움은 적절한 시기든 아니든 간에 외부의 사이렌 호출에 맞춰 우리의 관심과 주의를 요구한다. 우리는 흔히 진짜 중요한 것들과 영혼이 없는 주의력 도둑들을 구분하기 어려워한다.

하지만 휴대전화를 무시하는 것은 정신적인 노력이 필요한 활동적인 일이다. 보통 우리는 누군가와 어울릴 때 휴대전화를 테이블 위에 놓는다. 가끔은 주의가 산만해지지 않으려고 뒤집어 놓는다. 그다음에 한 번, 얼마 안 있어 또 한 번 다시 집어 들고 싶은 충동에 저항하려면 뇌의 활동이 필요하다. 우리는 적극적으로 생각해야 한다. '나는 휴대 전화를 집어 들지 않을 거야.' 우리는 무엇이든 도파민을 주는 것을 찾아내도록 설계되어 있다. 따라서 이런 유혹을 무시하는 행위에도 정신적 에너지를 소모한다.

우리의 공감 능력이
떨어지는 이유

한 연구에서 아이들이 엄마와 어떻게 관계를 유지하는지 관찰했다(미안하지만 아빠들은 실험 대상에서 제외되었다). 연구에 참여한 아이들의 나이는 생후 7개월에서 두 살까지인데, 연구팀은 휴대전화의 존재가 아이와 엄마의 관계에 어떤 식으로 영향을 미치는지 궁금했다.

연구 결과는 다음과 같았다. 엄마들이 휴대전화를 들고 있을 때 아이들은 엄마가 자리에 없을 때보다 더 불안해했다. 아이들의 자기평가self-assessment에 따르면, 휴대전화를 너무 많이 사용한 엄마들에게 자신이 무시당한 느낌이 들어 더 불안했다는 아이들도 있었다. 이 아이들은 그 뒤에도 그런 마음을 진정시키는 것을 힘겨워했다.[134]

세 번째 동기, 세상을 제대로 이해하기 위한

스크린 타임이 늘어날수록
공감 능력이 떨어진다

휴대전화 사용은 다른 결과도 초래한다. 미국의 사회학자 셰리 터클Sherry Turkle에 따르면, 인간의 공감 능력은 지난 20년에 걸쳐 약 40퍼센트나 떨어졌다.[135] 그는 원인을 기술의 극심한 사용에서 찾았다. 오늘날 우리는 상대방의 관점에서 사물을 바라보는 일이 줄었고, 일반적으로 다른 사람을 덜 배려한다. 터클이 쓴 논문을 보면, 인간은 실생활에서 상호작용으로 공감 능력을 기른다. 또 자기 행동이 다른 사람에게 어떤 영향을 미치는지 관찰하여 공감하고 이해하는 능력을 배운다. 공감은 현실에서 다른 사람과 함께할 때 얻어지는 직접적인 피드백 없이는 풍부해지지 않는다.

사람들은 서로에게 믿기 힘들 정도로 잔인하게 굴기도 한다. 그리고 인터넷을 통해 이런 행동이 더 쉽게 나타나는 듯하다. 그럴 때면 자기 행동이 다른 사람에게 어떤 영향을 미치는지에 대한 일반적인 이해가 부족함을 느낀다. 요즘은 상대방과 통화하거나 얼굴을 직접 맞대고 깊이 대화하는 일이 거의 없는 십 대들이 아주 많다. 우리는 때때로 갈등 상황을 문자 메시지로 해결하는데, 이러면 우리가 하는 말에 대한 상대방의 반응을 읽기 어렵다.

만약 신체적 상호작용을 충분히 하지 않고 산다면 공감 능력이 발달하기는 더욱 어려워질 것이다. "아이들이 누군가에게 전화를 거는 것이 '너무 강렬하고 세다'라고 표현하는 것은 어쩌면 당연하다. 통화는 더 직접적인 의사소통이다. 익숙하지 않다면 무섭거나 두렵다고 느낄 것이 분명하다." 임상심리학자 캐서린 스타이너어데어 Catherine Steiner-Adair는 "메시지를 기반으로 한 의사소통은 '성숙하고 다정하며 헌신적이고 로맨틱한 관계'를 발전시킬 때 떠올리는 방법 중 가장 좋지 않은 방법이다"[136]라고 말하기도 했다.

스크린 타임이 늘어날수록
다른 것을 잘 읽어낼 수 없다

스크린이 관계에 어떤 영향을 주는지 보여주는 또 다른 예가 있다. 여기서는 휴대전화를 들고 많은 시간을 보내는 부모의 아기들이 표정을 잘 흉내 내지 못한다는 사실이 관찰되었다. 표정 흉내와 상대방 미러링은 사람들과 관계를 맺을 때 중요한 요소다. 기술 발달이 이 아이들에게 좋지 않은 영향을 미친 셈이다.

터클은 한 연구에서 아이들 300명과 인터뷰를 진행했다. 이들 가운데 상당수는 부모가 휴대전화를 손에 쥐었을 때 질투심과 서운함을 느낀 것으로 나타났다. 그중 절반은 심지어 부모가 들고 있는 휴대전화를 빼앗고 싶었다고 털어놓기도 했다.[137] 또 다른 연구에서는 7학년(한국의 중학교 1학년 – 옮긴이) 학생들을 대상으로 다른 사람의 감정을 이해하고 묘사하는 데 필요한 능력을 조사했다. 한 집단은 5일 동안 스크린을 보는 행동이 완전히 금지되었고, 또 다른 집단은 평소처럼 휴대전화를 볼 수 있었다. 그 결과 스크린에서 멀어졌던 집단은 평소처럼 휴대전화를 사용한 집단보다 다른 사람의 표정과 몸짓, 감정을 인식하고 해석하는 능력이 향상되었다.[138]

어른과 아이 모두 자기 감정을 이해하는 능력을 키우려면 다른 사람과 교류해야 한다. 다른 사람과의 교류가 공감의 기본 틀이 되기 때문이다.

나는 자주 '당신이라면 기꺼이 구매하겠습니까?'라는 주제로 강의를 진행하는데, 그때 항상 다른 사람에 대한 공감과 그들에게 관심을 보이는 행위의 중요성을 언급한다. 우리는 서로 협력하거나 상대를 고용할 때, 아니면 데이트를 하거나 상대에게서 무언가를 구매할 때 상대가 신뢰와 친절함, 공감 능력을 가지고 있는지 잘 감지해야 한다. 앞서 언급했듯이 친절함, 공감 능력 같은 자질에 대한 우리의 평가는 숙련도나 능력, 재능보다 앞서며 중요성 면에서도 그것들을 능가한다. 그러나 공감 능력은 디지털로 표현하기 어렵다. 다행히도 이를 해결하기 위해 할 수 있는 일이 몇 가지 있다. 유사점을 알아차리는 것이 그중 하나다.

누군가를 만났을 때 새로운 접촉이든 오래된 접촉이든 간에 공유하는 많은 것을 인식하는 것이 중요하다. 서로가 동의하는 문제, 함께 즐기는 활동, 살아오면서 공통으로 겪은 경험, 그리고 서로의 관심사를 찾아낸다면 절반은 성공이다. 우리는 반사적으로 만나는 사람들을 따라

하고, 그들의 표정이나 자세, 제스처 같은 표현을 흉내 낸다. 말 그대로 다른 사람의 상황에 자신을 대입해 보고는 한다.

하지만 전제 조건은 우선 서로를 바라보는 것이다. 이메일이나 문자 메시지를 통해서도 분명 둘 다 좋아하는 것이나 공통점에 관해 의사소통을 할 수 있다. 아니면 대답할 때 똑같거나 비슷한 이모티콘을 사용해 상대방을 따라 하기도 한다. 이모티콘은 관계에 따뜻한 활력을 준다. '잘 지내!', '좋은 하루 보내!' 같은 표현도 일이나 과제와 관련한 진부한 대화를 더 개인적인 상호작용으로 바꾼다. 하지만 이는 서로를 마주 볼 수 있는 장치는 아니다. 단순히 목소리나 텍스트를 주고받는 것보다 화상 통화가 더 좋은 이유다. 하지만 그렇게 만나는 이들 모두가 실생활에서 진짜 만날 때에 비하면 단연 흐릿하다!

휴대전화를 테이블에 올려놓는다면

미국 버지니아주의 연구자 셋은 '아이폰 효과: 모바일 기기의 현재에서 살펴보는 직접적인 사회 상호작용의 질'이라는 제목의 연구를 진행했다.[139] 그들은 휴대전화가 존재만으로도 관계에 영향을 미치는지 조사하기로 했다.

그들은 휴대전화를 테이블 위에 그냥 두기만 해도 두 사람이 나누는 대화에 영향을 미치는지, 만약 그렇다면 어떤 영향을 미치는지 궁금했다. 이를 알아내기 위해 연구진은 100명을 무작위로 선발해 둘씩 대화하게 하는 현장 실험을 구성했다. 참가자들의 대화 시간은 10분 동안 지속되도록 설정했으며, 대화 주제는 깊고 의미 있는 주제나 일반적인 한담으로 정했다.

연구팀은 참가자들의 대화를 관찰했다. 그들은 휴대전화가 현장에 있는지, 테이블 위에 있는지, 아니면 참가자들의 손에 들려 있는지에 주목했다. 실험이 끝난 뒤 드러난 분석에 따르면, 휴대전화 없이 진행된 대화가 대화 장소 근처에 휴대전화가 있던 대화보다 질이 우수하다고 평가되었다. 이는 참가자들의 나이나 성별, 인종, 심지어 기분과 상관없이 모두에게 해당했다. 연구팀은 휴대전화가 없을 때 사람들이 더 높은 수준의 공감을 경험한다고 밝혔다. 참가자들은 실험 중에 휴대전화를 실제로 사용하지는 않았다. 하지만 존재를 드러내는 것만으로도 속임수를 쓰기에 충분했다.

또 다른 연구에서는 대학생 500명을 대상으로 집중력과 기억력을 주제로 한 실험을 진행했다. 여기에서는 시험장 밖에 휴대전화를 두고 시험을 치른 참가자가 무음 상태로 설정한 휴대전화를 소지한 참가자들보다 더 좋은 성적을 거두었다.

참가자들은 겉으로는 휴대전화에 영향을 받지 않는 것 같았다. 하지만 그들이 치른 시험 결과는 크게 차이 났다. 학생들은 휴대전화를 가지고 있을 때 산만했다.[140]

다른 많은 연구에서도 동일한 현상이 관찰되었다. '두뇌 유출: 스마트폰의 존재만으로 활용 가능한 인지 능력이 감소한다'라는 주제의 연구도 진행되었다. 여기서는 휴대전화를 무음 상태로 설정하지 않고 아예 다른 방에 두었을 때 사람들이 더 뛰어난 수행 능력을 보였다.[141]

한 연구에서는 컴퓨터 옆에 (자기 것이 아닌) 휴대전화가 놓인 상황과 공책이 놓인 상황의 효과를 대조했다. 실험 참가자들은 집중력이 필요한 문제를 해결해야 했다. 누가 더 잘 해냈을까? 주변에 휴대전화가 아닌 공책이 놓여 있던 사람들이 더 잘 해냈다.[142]

휴대전화는 소유 여부나 이를 사용하고 있는지에 상관없이 우리의 주의를 흐트러뜨린다. 어떤 연구에서 참가자들은 집중력이 필요한 테스트를 수행했다. 그들 중 몇몇은 연구팀에게서 (응답할 수 없게 설정된) 전화나 문자 메시지를 받았다. 이로 말미암아 그들은 테스트에서 대조군보다 세 배나 많은 실수를 저질렀다.[143]

모든 참가자에게 텍스트를 발송하는 연구도 있었다. 참가자 가운데 몇몇은 일부 단어에 클릭할 수 있는 링크가 첨부된 텍스트를 전송받았고, 다른 참가자들은 앞의 참가자들에게 보내진 것과 내용은 동일하지만 링크가 없는 텍스트를 전송받았다. 그 뒤 그들은 방금 읽은 텍스트에 관하여 몇 가지 질문에 답했다. 결과적으로 링크가 포함된 텍스트를 받은 집단은 링크를 클릭하지 않았는데도 학습 능력이 떨어졌다. 링크가 '클릭할 것인지, 말 것인지'를 결정하도록 강요함으로써 그들을 방해한 것으로 보였다.

이 모든 무수한 작은 결정(나는 산만해지는 나를 그냥 두고 볼 것인가?)

은 우리의 정신적 능력과 조직적 기억력을 괴롭히며 결과적으로 집중력에 혼란을 가중했다. 심리적 장애의 수준은 결국 우리가 어떤 결정을 내리든 어느 정도는 동일하다. 테이블에서 휴대전화를 집어 들지 않거나 텍스트에 포함된 링크를 클릭하지 않아도 우리의 에너지와 집중력은 소모된다.

필기하기 더 좋은 도구

어느 날, 스톡홀름에서 공개 강의를 하게 된 나는 평소처럼 짐을 쌌다. 컴퓨터와 충전기, 리모컨, 책 꾸러미와 필요한 몇몇 잡동사니를 챙겼다. 그리고 차에서 내리자마자 집에 휴대전화를 두고 왔다는 사실을 깨달았다. '또 그랬네, 어떻게 하지.' 그러고는 곧 일할 때는 휴대전화가 전혀 필요 없다는 것을 깨달았다. 하지만 휴대전화를 두고 온 것을 알았을 때의 기분은…… 음, 정말이지 스타일이 구겨지는 것 같았다!

연구 결과에 따르면 휴대전화를 사용하지 않을 때, '그냥 빨리 확인만 해야지' 하는 행동이 좌절될 때 불안감이 커진다. 30세 미만 인구 10명 중 아홉 명은 휴대전화를 빼앗겼을 때 두려운 기분을 경험했다. 여성의 55퍼센트는 휴대전화가 없는 것보다 차라리 화장을 하지 않고 집을 나서는 것을 택했다[144](두 상황을 비교한 것 자체가 흥미롭다).

강의를 듣기 위해 앉아 있다고 상상해 보자. 그래, 그 강의가 내가 하는 강의라고 가정하자. 나는 사람의 행동에 관한 흥미진진한 예를 우리와 연관시키고, 관계를 실제로 개선하는 방법을 설명하고 있다. 그런데 우리는 노트북을 앞에 놓아둔 채 강의를 듣고 있다. 이는 학습량과 성취도에 과연 영향을 미칠까?

실제로 우리는 영향을 받는다. 연구원들은 두 집단의 참가자들에게 강의를 듣게 하는 연구를 진행했다. 한 집단은 강의실에서 노트북을 소지했고, 다른 집단은 그럴 수 없었다. 연구팀은 (강연 중에) 노트북을 소지한 집단이 실제로 노트북으로 무엇을 하는지 관찰했는데, 참가자들은 강의 관련 정보가 담긴 인터넷 홈페이지를 꽤 많이 검색하고 있었다. 하지만 그들은 이메일과 소셜 미디어를 확인할 기회도 놓치지 않았다. 강의가 끝난 직후 노트북을 소지한 참가자들은 실제로 강의 중에 전자기기를 사용하지 않은 다른 참가자들보다 강의 내용을 더 많이 기억해 내지 못했다.[145]

그렇다면 만약 노트북을 소지한 집단이 이메일이나 소셜 미디어를 확인하지 못하고 노트북에 그냥 메모만 할 수 있다고 생각해 보자. 그러면 두 집단의 차이가 줄어들까? 아니, 그렇지 않았다. 이 현상 또한 연구로 증명되었다. 이번에는 연구팀이 두 집단에게 TED 강연을 듣게 했다. 그리고 한 집단에게는 컴퓨터를 이용해 메모하는 것을 허용했다.

그리고 다른 집단은 종이에 손으로 직접 필기를 했다. 실험이 끝나고 연구팀이 분석한 결과, 종이에 필기한 집단이 강의 내용을 더 잘 파악했다. 그들은 세부 사항을 더 쉽게 기억하지는 못했지만, 전체 내용이 전달하는 메시지를 이해할 때 더 뛰어났다. 이 연구에는 '키보드보다 강한 펜: 노트북 필기를 앞선 수기의 장점'이라는 주목할 만한 제목이 붙었다.

여기서 이 효과의 원인이 궁금해진다. 추측에 따르면, 컴퓨터 키보드로 메모하는 행위는 기계적 반복에 의한 암기다. 말 그대로 타이핑, 입력인 셈이다. 반면 손으로 종이에 글씨를 쓸 때 우리는 느린 속도로 직접 글씨를 쓰기 때문에 정보를 처리하고 우선순위를 매긴 뒤, 무엇을 기록할지 선택하는 과정을 필수적으로 거친다. 이는 우리가 내용을 더 철저히 이해하도록 유도한다. 우리의 신체와 운동 기능을 이렇듯 다른 방식으로 사용하면 해당 행위를 더 적극적으로 처리하는 데 도움이 된다.

우리는 중요한 것을 놓치고 있다

어떻게 현대 기술을 잘 활용할 수 있을지 생각해 보자. 우선은 왜 우리가 그토록 기술을 일상에 도입하려 하는지, 그 현상에 대한 이해의 폭부터 넓혀야 한다(그 끝은 보통 멀티태스킹으로 귀결된다).

한쪽 눈은 TV에 가 있고, 다른 눈은 휴대전화 화면을 응시하고 있다. 내일모레까지 마쳐야 할 업무 때문에 무릎에는 노트북을 올려둔 상태다. 기차표를 예매하려고 휴대전화를 집어 들었지만 이내 누군가가

페이스북에 올린 동영상에 정신이 팔린다. 그러다가 또 흥미로운 기사에 시선을 빼앗긴다. 이제는 친구의 포스팅을 알리는 알림 앱으로 관심이 옮겨간다. 아, 그러고 보니 다음 주 목요일 퇴근 후에 갈 식당에 대해 확인할 사항이 있다. 그런데 아직 앞에 나열한 것들을 다 확인해보지도 못했다. 우리는 약 8초간의 영상을 보려고 하지만 보기 전에 15초짜리 광고를 시청해야 한다. 그래야 재미있을 것 같은 그 영상을 볼 수 있다 (정작 영상은 재미있지 않았다!). 우리는 기사를 다 읽지 못했다. 충분히 재미있어 보였지만, 너무 길게 느껴졌기 때문이다. 그리고 기차표(애초에 휴대전화를 집어 들었던 이유) 이야기로 돌아오면, 아직 예매는 끝나지도 않았다.

우리는 휴대전화에 25분이라는 시간을 소비했다. 그리고 25분 동안 실제로 하려고 한 어떤 일도 전혀 진전되지 않았다. 게다가 여기에 처리해야 했던 업무 보고 역시 아직 끝나지 않았다는 점에서 상황은 더 절망스러워진다. 수류탄에 수천 조각으로 찢긴 듯 날아간 25분만 아니었어도 진작 끝낼 수 있었다. 어쩌면 보고서에서 중요하게 다룰 아이디어를 잊는 일도 없었을지 모른다.

우리는 눈앞에 놓인 일에 집중해야 하지만 종종 산만해져서 딴짓을 하고, 그 바람에 하려던 일을 처음부터 다시 시작해야 하는 상황에 처한다. 집중력이 흔들릴 때마다 계획을 다시 구성할 수밖에 없다.

그렇다면 이렇듯 스크린을 넘나들 때 우리 몸속에서는 도대체 무슨 일이 일어나고 있을까? 전기 피부 반응Galvanic Skin Response, GSR을 측정하는 연구를 보면, 우리는 업무 관련 화면(문서를 작성하거나 정보를 검색할 때)에서 오락 관련 화면(비디오, 게임 혹은 페이스북, 틴더 등 기타 앱)으로 이동할 때 자극을 받는다.[146]

GSR은 스트레스와 불안, 걱정이 체내의 교감신경계가 일으키는 작은 변화에 어떤 영향을 미치는지를 보여준다(교감신경계는 우리가 스트레스를 받으면 외부에 대한 반응·대응을 활성화하고, 우리 몸은 그에 맞는 신체 활동을 준비한다). 결국 우리 피부에서의 전기 저항 변화에 영향을 미치는데, 이는 신체가 경험하는 감정과 여러 다른 조건에 따라 달라진다. 작은 전극이 피부(예를 들면 손가락)에 부착되면 전기 저항이 측정된다. 직업 관련 화면을 볼 때는 자극이 상당히 낮게 나타난다. 그러나 예를 들어 한 학생이 열정적으로 오락과 관련된 무언가로 지루한 학교 공부를 포기하려고 하면, 이미 전환되기 30초 전에 자극은 측정 가능할 정도로 현저하게 증가한다.

이러한 현상들이 그다지 이상하지는 않다. 우리는 많은 순간 이렇듯 재미있는 것들에 끌린다. 그보다 덜 흥미롭지만 어쩌면 더 중요한 것들을 희생하면서, 또 자신이 지금 무슨 일을 저지르는지도 의식하지 못한 채로 말이다. 우리는 여전히 디지털 시대의 기술을 둘러싼 논쟁에는 아무 문제가 없다고 확신하는 것 같다.

건초 더미의 바늘이 우리의 옷을 손상시킨다

지루함은 '특정 주제에 대한 현재의 활동이나 상황이 매력적이지 않고 호소력이 없어, 대신 다른 흥미로운 행위를 해야 할 것 같다고 느끼는 불안감'으로 정의된다.[147] 달리 정의하자면, '생산적인 힘이나 상황에 대해, 그것이 별 의미 없이 느껴지는 마음에 대응하는 불안감'이라고도 할 수 있다.[148]

지난 수십 년 동안 인류의 학습과 행동에 관해 진행한 연구를 되돌아보면, 보상과 다음 보상 사이의 기간이 짧을수록 보상을 얻으려고 같은 행동을 다시 시도하는 추진력이 뚜렷이 강해졌다. 휴대전화 게임이 이 원칙에 따라 구성된다. 보낸 문자 메시지에 답장을 받을 때조차 그것이 일종의 보상이 된다. 이런 사이클이 점점 짧아지면 한 타래의 인내심은 늘어나는 지루함과 함께 차츰 바닥을 드러낸다. 그리고 우리는 보상을 얻을 새로운 기회를 찾아 나선다.

소셜 미디어와 이메일을 예로 들어보자. 우리가 받는 이메일 가운데 상당수가 딱히 보지 않아도 상관없는 불필요한 광고나 영혼이 없는 내용을 담고 있다. 하지만 가끔은 좋은 소식이나 재미있는 정보, 흥미로운 직업 관련 제안이 담긴 멋진 메일이 튀어나와 우리의 하루를 즐겁게 한다. 소셜 미디어도 같은 식이다. 업로드되는 게시물은 대부분 지루하고 하찮지만 간간이 정말 재미있고 흥미로운 게시물도 발견된다. 그것은 긍정적인 감정을 불러일으키고 '좋아요'를 눌러 높은 수준의 질을 보증하도록 유도한다. 우리는 이런 찰나의 승리를 위해 살아가며, 그에 대한 대가를 치를 준비 또한 되어 있다. 여기서 대가는 건초 더미에서 바늘을 찾으며 낭비하는 우리의 소중한 시간이다.

그렇다면 이 끊임없는 작은 보상이 미치는 영향은 무엇일까? 옛날식 수업이 너무 지루하고, 들인 노력에 비해 제대로 보상을 못 받아서 아이들이 인내심을 바닥내고 견디기 어려워하는 것일까? 아니면 지속적인 보상을 확정하지 않는 업무나 과제에 집중할 힘을 잃는 것일까?

우리 뇌는 오늘날 우리가 낯선 세계에 있다는 것을 알아차렸다. 주의력 결핍이나 과잉 행동 같은 ADHD와 관련한 증상(특히 어린이와 젊은 층 사이에서 빈번한)이 개별적인 일에 집중하는 능력과 관련한 자기평가에서 속속들이 밝혀지고 있다. 이런 증상은 비디오 게임과도 연관이 있다. 평가 결과는 "많은 비디오 게임에서 발생하는 높은 흥분도와 급격한 집중도의 변화는 덜 흥분되는 과제, 예를 들면 학교 공부에 집중하는 어린이들의 능력을 약화하고 집중력의 범위를 좁힌다"라는 말로 해석되어 왔다.[149] 하지만 그렇다고 해서 게임이 문제의 원인인지, 아니면 상황에 영향을 미치는 변수가 그것 말고도 더 있는지는 확실히 주장할 수 없다.

직장이나 학교에서 더 잘 집중하고자 하는 욕구 말고도 진정 좋은 기분을 느끼기 위해 중요한 것이 또 하나 있다. 바로 자신에게 너무나 값진, 개인적이고 조용한 시간을 부여하는 것이다. 깊은 사고를 위한 정신적 공간을 허락하는 시간, 자세를 자유롭게 취하고 뭉쳐 있는 불필요한 잔 생각들을 폭포수처럼 흘려보낼 시간을 주어야 한다. 생각이 자연스럽게 흘러 나가도록 자체적인 속도를 허락해야 한다. 자유롭게 원하는 모든 머릿속 생각을 내보낼 수 있어야 한다. 인간의 감정 중 가장 중요하고 의미 있는 감정은 보통 우리가 본연의 모습일 때 흘러나온다. 마음의 프레임은 성취를 위해 많은 일(직장에 다니는 것, 먹을거리를 사는 것, 심부름을 하는 것, 아이들의 옷을 입히는 것, 발표 준비를 하는 것 등)을 요구하는 목표 지향적인 생각과 전혀 다르다.

한편, 공상을 위한 자유로운 정신적 공간은 일의 수행과 창의력의 발휘에도 중요하다. 완전히 긴장을 풀었을 때 얼마나 많은 기발한 아이디어가 우연히 떠올랐는지 생각해 보자. 어떤 일을 하고 싶은지, 자신에게 가장 중요한 사람이 누구인지, 진정으로 필요한 것이 무엇인지, 그리고 열정을 느끼는 대상이 무엇인지. 이와 같은 통찰은 우리에게 꼭 맞는 삶의 길을 안내해 준다.

마음챙김, 통제력을 되찾는 방법

'현재'에 사는 것은 완전한 예술의 한 형태다. 오늘 저녁에 사우나를 할 계획이라고 가정해 보자. 일단 사우나에 가면 마음은 이미 이따가 어떤 영화를 볼지 고민하고, 또 영화를 보면서 마실 루이보스 차를 어떻게 끓일지 생각하기 시작한다. 막상 영화를 볼 때는 영화도, 차도 즐기지 못한다. 그때는 이미 어떤 식으로 작업 보고서를 완성할지 한 걸음 앞서 생각한다.

그렇게 사우나를 끝냈고, 영화도 보았으며, 차도 마셨다. 하지만 꽤 즐긴 듯했고 기대도 많이 했던 저 활동 가운데 어떤 것에서도 실제로는 별 즐거움을 얻지 못했다. 이는 우리의 방황하는 마음이 어떻게 소중한 삶의 순간을 쉽게 놓치는지를 보여주는 단적인 예다. 우리는 인생에서 정말 중요한 것을 놓쳤다는 사실을 나중에야 인정하는 위험을 무릅쓴다.

스크린 중독이나 안절부절못하는 행동을 통제하기 위해 할 수 있는 구체적인 방법이 있다. 일반적으로는 **마음챙김** mindfulness이 이에 해당한다. 다양한 마음챙김 운동을 활용하면 의식이 깨어나는 방식으로 매일같이 활동할 수 있다. 우리는 대부분 자기 생각과 감정을 거의 알아차리지 못한다. 우연히 진정한 자신을 발견해 완벽히 의식하는 경우는 극히 드물다. 우리는 그 순간에 미래를 계획하거나 과거를 되돌아보거나 둘 중 하나를 선택한다. 그리고 활동이 일어나지 않을 때는 휴대전화를 꺼내 든다.

《시크릿 The Secret》이라는 책에 간단한 마음챙김 운동이 묘사되어 있다. 절대 의식 absolute consciousness과 함께 차를 마시는 행위다.[150] 이 행동의 목적은 그 순간에 완벽히 머무르는 것이 얼마나 평소와 다르게 느껴지는지를 스스로 인식하는 것이다. 완전히 현재에 머무르는 것은 얼핏 어려워 보인다. 내면에 남아 있는 감정이 언제라도 되살아날 수 있기 때문이다. 우리가 끊임없이 바쁘게 지내는 것도 자꾸만 표면으로 떠오르려 하는 불편한 감정을 회피하기 위한 자기보호일 수 있다. 우선 이 껍질을 깨고 나가야 한다.

이 운동을 시도할 때 우리가 다른 행성에서 온 생명체이며 여태껏 차를 본 적도 없다고 상상하자. 여기서 목표는 모든 측면에서 차 마시는 것을 절대적인 정신력과 함께 경험하는 것이다. 찻잔에 찻잎이 있는지 살펴보고, 찻잔의 색깔이 어떤지 살펴보고, 찻잎이 제대로 떠 있는지 살펴보자. 차의 향기를 맡아보자. 얼마나 뜨거울 것 같은가? 우리는 그 향기로 행복을 느끼는가? 차분해지거나 흥분되는가? 드디어 차를 맛보는 순간이다. 이제 입 안의 차 때문에 느껴지는 감정에 주의를 기울이자. 차의 맛이 목구멍으로 퍼지는 순간이다. 어떤 기분이 드는가?

이런 마음가짐으로 차를 마시는 데 익숙해졌다면, 다음으로는 이 방법과 다른 방법에 어떤 차이가 있는지 탐색해 보자.

현재를 좀 더 보람 있게 경험하는 또 다른 방법은 **명상**이다. 근본적으로 명상은 마음의 존재를 의식하는 간단한 운동이다. 많은 시간이나 특별한 환경이 필요하지 않다.

우선 혼자 있을 수 있는 장소를 찾아내자. 5분에서 10분 정도면 충분하다. 매일 이렇게 짧은 시간을 투자해 시작하면 된다. 상황이 편안해질수록 점차 앉아 있는 시간을 늘릴 수 있다. 원한다면 타이머를 사용해 시간이 종료되었다는 것을 알리자. 방석이나 의자 등을 사용해 편안한 자세로 앉아도 된다. (단, 잠들기 쉬운 자세는 피한다.) 내 친구는 '소파 위에 앉아 명상하기'라는 완전히 개인적이면서 독특한 방식을 애용한다. 만약 의자에 앉는 것을 선택했다면 등이 의자 등받이에 닿지 않도록 똑바로 앉자. 그리고 다음과 같이 명상을 진행하자.

1. 등을 곧게 펴자. 위엄 있는 자세를 취하자.

2. 눈을 감고 어깨를 축 늘어뜨리자. 그리고 몸이 편안해지는 것을 느껴보자. 손을 가볍게 무릎에 두는 등 편안한 자세를 유지하자. 될 수 있는 한 움직이지 말고 시선은 한곳을 응시하라. 어떤 소리가 들려온다면 잠시 그 소리를 감상하자. 그러고 나서 우리 몸이 어떻게 느끼는지 집중하자. 발은 어떤가? 다리는 어떤가? 지금 앉아 있는 곳은 어떤 느낌이 드는가? 딱딱한가 아니면 푹신한가? 손과 팔, 등, 목과 얼굴은 지금 어떤 느낌인가?

3. 이제 숨을 내쉬어 보자. 이때 느낌은 어떠한가? 공기가 코로 들어올 때 어떤 느낌이 드는가? 그 공기가 목을 지나 폐까지 통과할 때, 그리고 똑같은 경로를 거쳐 다시 빠져나갈 때는 어떠한가? 지금 머리에 떠오르는 생각은 현재 일어나는 모든 것을 바꾸는 것이 아니라 그저 현재를 관찰하는 것이다. 난생처음 들이마시는 호흡인 것처럼 지금의 호흡 하나하나를 주의 깊게 관찰하자. 그리고 명상을 하는 내내 이를 유지하자.

4. 호흡에 집중하면 우리의 생각은 자신의 존재를 일깨우기 시작한다. 이때 명상을 방해하는 생각에 몰두하지 않도록 주의해야 한다. 갑작스레 떠오르는 생각들은 우리의 초점을 바꿀 것이다. 하지만 이는 명상의 극히 일부분에 해당한다. 호흡에 집중하는 순간이 지나고 생각이나 감정이 떠오른 상태를 갑자기 인식했다고 가정하자. 그저 차분하게 문제의 생각이나 느낌을 메모하고 그것을 떨쳐버리면 된다. 그렇게 하면서 다시 온 정신을 호흡으로 옮겨보자. 새로운 생각이 떠오를 때마다 이 방법을 적용해서 초점을 호흡으로 되돌리자. 만약 명상을 3분 동안 한다고 가정하면, 우리는 그 시간 동안 5초마다 집중력을 회복해야 하는지도 모른다. 그렇다고 애초에 당신이 명상을 잘하지 못한다는 뜻으로 해석하면 안 된다! 누구나 자신만의 출발점이 있으며, 시간이 흐르면 지금의 서툰 명상도 아주 좋아질 것이다.

일단 이런 식으로 간신히 온전한 현재를 얻어낸다면, 그리고 아무것도 하지 않는 상태를 즐기게 된다면, 그때 우리는 비로소 휴대전화에 저항하는 행동이 더 수월해졌음을 깨달을 것이다.

✳ Summary

인간은 배움을 갈망한다. 자신과 다른 사람, 또 모든 현상을 이해하고 싶어 한다. 지식에 대한 목마름을 해소하는 행위는 보람 있다. 체내의 보상 센터가 활성화되며 도파민이 분비되기도 한다. 진화론 관점에서 보면, 인류가 살아남도록 우리의 생존을 도왔다.

우리는 계절의 변화와 사냥하기 좋은 위치, 또 어떻게 해야 사랑하는 사람들을 포식자로부터 보호할 수 있는지에 관해 배웠다. 호기심과 새로운 지식의 습득은 끊임없이 향상되는 작업 도구를 제조하는 데 도움이 되었다. 지식 덕분에 인류는 끝이 보이지 않던 동굴 생활에서 벗어나 집을 지을 수 있었다. 새로 습득한 지식은 더 나은 배를 타게 해주었고, 그 배는 우리를 더 비옥하고 생산성이 뛰어난 토지로 이끌었다. 적들에게서 도망칠 수 있었음은 물론이다. 지위를 제공하기도 했다. 풍부한 지식을 가진 사람들은 집단이 소유하는 가장 귀중한 자원이었다.

정신을 바짝 차려야 했지만 종종 쉽게 주의가 산만해졌다. 하루 종일 코르크참나무(지중해가 원산지인 상록수의 일종 - 옮긴이) 밑에서 졸았다면 먹을거리를 모으지 못했을 테고, 굶주린 포식자들이 으르렁거릴 때 자신을 보호할 수 없었을 것이다. 이 자질들은 오늘날에도 여전히 좋게 평가된다. 그냥 좋은 것만은 아니다. 그 덕분에 인간의 생활환경이 이처럼 획기적으로 변했기 때문이다.

끊임없이 새로운 정보를 찾으려는 이 강력하고 추진력 있는 동기는 모두에게 이익이 되는 신약, 새로운 도구, 향상된 지식처럼 인류의 일상을 개선하는 발견과 발명으로 우리를 이끌며 삶에 더 많은 자극을 안겨준다. 호기심은 또한 삶의 질에 영향을 미친다. 호기심 많은 사람이 더 쉽게 행복을 느낄 수 있다. 호기심은 우리가 무언가를 더 잘하도록 도우며, 서로를 이해하고 싶어 하게 하고, 공감 능력을 키워준다. 이러한 작용은 더 유쾌하고 친근한 관계를 만들어낸다.

현대에 우리가 직면한 도전은 (적어도 선진국에서) 과잉에 빠져들고 있다는 것이다. 이틀 동안 숲을 뒤지다 마른 열매를 한 움큼 발견하고 기뻐하던 옛날과는 다르다. 요즘은 그냥 동네 가게에 가서 원할 때마다 나초칩 100봉지를 집어 오면 된다. 우리에게는 구글, 인스타그램, 유튜브, 틱톡, 트위터가 있고 구식 보상 메커니즘은 우리를 디지털 과소비 상태로 몰아넣는다. 그래서 기술이 우리를 통제하게 하는 대신 그 기술의 통제권을 쥘 수 있는, 일상에서 활용 가능한 똑똑한 전략을 찾아내야 한다.

지난 1000년 동안 동기부여를 받으며 활기차게 사냥을 하던 우리 조상들, 즉 가만히 있지 못하던 조상들은 살아남았다. 우리 종족의 번식과 생존 능력에 도움이 되는 행동은 반드시 짧고 멋진 만족의 순간, 작은 기쁨을 느끼는 한순간에 달려 있다. 하지만 어제 일이 잘 풀렸다고 오늘도 그러리라는 보장은 결코 없었다. 그 대신 우리는 다음 단계에 끊임없이 집중해야 했다. 만일 내일도 그렇게 좋은 하루를 보내고 싶다면, 지금부터 무엇을 해야 할까? 다음은 그에 관한 몇 가지 유용한 팁이다.

세 번째 동기, 세상을 제대로 이해하기 위한

* **근접성의 원칙을 적용하라.** 물리적으로 가까운 모든 물건이 행동에 더 큰 영향을 미친다. 유혹적인 것들로 주변을 가득 채우면 속절없이 유혹에 빠져든다. 무언가를 하고 싶다면, 그 행동과 관련 있는 물건들을 좀 더 가까이 옮겨라. 반대로 어떤 행동을 덜 하고 싶다면, 그 행동과 관련 있는 물건들을 멀리 치워버려라. '유혹에서 자유로운' 환경을 만들어라!

* **휴대전화 사용을 모니터링하라.** 하루에 전화를 몇 번 받는가? 소셜 미디어에 얼마나 많은 시간을 투자하는가? 이메일은 얼마나 자주 확인하는가? 어떤 휴대전화는 우리가 하루 동안 얼마나 많은 시간을 휴대전화에 사용하는지를 통계로 알려준다. 휴대전화 사용을 인식하는 것 자체로도 가치가 있다. 우리의 휴대전화 사용은 이대로도 괜찮은가? 괜찮다면 하던 대로 두어도 된다. 하지만 디지털 사용량에 변화가 필요하다면, 휴대전화의 기본 설정을 바꿔 스크린 사용 시간을 제한해보자.

* **원치 않는 행동을 억제하라.** 일반적으로 화면을 보는 시간을 제한하기 위해 가장 중요도가 떨어지는(그리고 아마 가장 중독성이 강할) 앱의 알림을 끄는 방법도 있다. 알림이 우리를 지배하게 두지 말라. 가장 중독된 앱을 폴더에 집어넣는 등 전보다 접근성을 낮춰라. 휴대전화를 사용하지 않는 시간을 길게 늘려보자. 새로운 신경계의 경로를 만들

자. 처음에는 어렵지만 점점 쉬워진다. 나는 나를 위해 가능한 한 자주 휴대전화를 무음 상태로 설정해 둔다. 아니면, 상자 속에 담아 옷장 꼭대기의 캐비닛에 넣기도 한다!

* **잘한 행동에 보상을 지급하라.** 인스타그램이나 페이스북, 틴더에 올라온 게시물을 확인하기 전에 먼저 과제를 끝내자고 마음속으로 정하는 것도 좋다. 자신이 정한 규칙을 끝까지 지키는 것이 중요하다. 그 과제가 지루했다면 끝난 뒤에는 무엇보다 가장 큰 성과를 얻게 된다. 무언가를 포기할 때 일종의 포인트를 적립하도록 나만의 소소한 게임을 설정해도 좋다. 예를 들어, 휴대전화를 만지는 시간이 적을수록 더 많은 점수를 주는 것이다.

* **멀티태스킹을 피하라.** 최대한 잠재력을 발휘하려면 한 번에 한 가지씩 집중해야 한다. 안타깝게도 우리는 신문 읽기, 소셜 미디어 확인하기, 받은 이메일에 답장하기 등의 행동을 넘나들 때 신체적 자극을 받는다. 새로운 것을 찾고 주변 환경을 살피는 것은 인간의 강력한 동기부여 요인이며, 동시에 보상 체계와도 화학적으로 연결되어 있다. 일을 끝내기 전에 해당 업무에서 벗어나고 싶은 유혹에 저항해 보자. 한 번에 한 가지씩 최선을 다하자. 주의를 다른 곳으로 돌릴 때마다 원래대로 되돌리기 위해 25분이라는 시간을 소요해야 할 수도 있다.

* **손으로 메모하라.** 회의나 강의 중에 필기를 하게 되면 손과 펜, 종이를 사용하자. 디지털 필기는 필기 범위가 광범위하고 단어 자체가 정확히 옮겨지지만 수기에 비해 효과적이지 않다. 손으로 필기를 할 때는 우선 획득한 정보를 처리하는 과정이 있다. 또 손으로 쓴 메모는 디지털 필기보다 구체적이고 간결하며, 질적으로 우수하다. 우리는 손으로 적을 때 더 많은 것을 생각하기 때문에 더 많은 것을 배우게 된다. 이에 비해 디지털 필기는 단순히 정보를 복사하는 행위에 더 가깝다.

* **비행기 모드를 설정하라.** 운전할 때 휴대전화의 비행기 모드 설정은 우리가 취하는 가장 중요한 안전 조치일 것이다. 비행기 모드는 이동 중에 메시지나 알림 수신을 막아준다. 이 메시지나 알림 때문에 우리는 운전할 때 휴대전화를 자주 쳐다보게 된다. 비행기 모드를 사용하면 안전하게 운전할 수 있다. 그리고 아마 많은 생명을 구할 것이다.

* **오래된 알람 시계를 사용하라.** 상태가 좋은 옛날 시계나 전통적인 방식의 알람 시계를 사용하면 휴대전화를 침실 밖으로 내놓을 수 있다. 만약 자기 전에 꼭 휴대전화를 사용해야 한다면 화면 밝기를 최대한 낮추고 블루라이트를 차단하도록 설정하라(낮에 사용하는 것과 반대되게 설정하는 것이 중요하다).

* **실제로 책을 읽어라.** 여러 디지털 문물을 접하는 대신 손에 잡히는 책

과 신문을 읽어라. 어린이와 청소년도 마찬가지다. 이렇게 하면 휴대
전화 앱에 집중하지 않게 된다. 또 앞서 말했던 블루라이트의 수면 방
해도 예방할 수 있다.

* **약점을 자각하라.** 우리는 보통 어색하고, 불편하고, 불확실한 것을 피
하고 그 순간에 가장 보람을 주는 것을 선택하는 경향이 있다. 그래
서 빠른 보상을 선택하고, 더 많은 노력이 필요한 장기적인 투자를
피한다. 앱과 소셜 미디어는 우리에게 적절한 빈도수(전체 시간의 약
30~70퍼센트)로 보상을 제공하기 위해 특별히 고안되었다. 또 앱에 재
접속하려는 욕구를 끊임없이 건드리는 특정한 심리적 원리도 적용되
었다. 보상이 주어지는 기회는 의지력만으로 유혹에 맞서기 힘들게
한다.

* **자연에서 시간을 보내라.** 한 연구에서 대학생 참가자들이 한 시간 동
안 자연 속을 거닐거나 반대로 인구밀도가 높은 큰길을 걸었다.[151] 그
뒤 그들은 기억력 테스트를 받았다. 검사 결과, 숲속을 걸었던 참가자
들의 작업기억 working memory이 크게 개선되었다. ADHD나 우울증을
앓는 어린이나 젊은 사람들에게도 동일한 결과가 관찰되었다. 자연
사진을 보기만 해도 충분히 긍정적인 효과가 나타났다.

* **마음챙김과 명상을 실천하라.** 지금 이 시간과 장소에 온전히 존재하며

행동을 통제할 방법을 찾아라. 완전히 몸의 긴장을 풀 때 수없이 떠오르는 멋진 아이디어를 생각해 보라. 어떤 생각으로 일해야 하는지, 가장 소중한 사람이 누구인지, 정말 필요하고 필요하지 않은 것이 무엇인지, 그리고 자신이 열정을 느끼는 대상이 무엇인지 생각하라.

＊ **FOMO보다 JOMO를 선택하라.** 마지막으로, 눈앞에 있는 것에 집중하라. 바로 여기, 그리고 지금 우리 삶에 존재하는 것들을 바라보라. FOMO Fear Of Missing Out (밀접한 관계에서 멀어진다는 두려움 - 옮긴이)보다 JOMO Joy Of Missing Out (고립됨에서 느끼는 즐거움 - 옮긴이)를 선택하라. 인터넷 세상에서 무슨 일이 일어나든 무시하라. 팝콘을 튀기고 차를 홀짝인 다음, 잡지나 책을 집어 들고 소파에 앉아 잠시 살아 있음을 느끼게 하는 단순한 행위를 즐기자. (이는 실제로 약간의 연습이 필요하다. FOMO는 대개 인간의 불안 시스템을 가동한다.)

무엇을 내 삶에
허락할 것인가?

"과거가 반복되고 있는 걸 아니?" 어머니가 내게 물었
다. 요 며칠 연속으로 비가 내렸지만, 그날 오후는 달랐다. 하늘에는 구
름 한 점 보이지 않았다. 맑고 화창한 하늘에 공기마저 청량했다. 10월
을 지나 어느덧 11월로 접어든 무렵이었다. 낮은 점점 짧아졌다. 올란
드 Åland (핀란드에 속해 있는 스웨덴어 사용 지역 – 옮긴이) 특유의 붉은 아스
팔트에 그늘이 드리워 있었지만, 오른편의 들판은 햇빛으로 넘실댔다.
마치 여름인 것처럼 푸르렀다.

어머니의 말을 듣고 제일 먼저 이런 생각이 떠올랐다. '자연과 계절
을 말하는 건가? 아니면 농가로 가는 저 자갈길의 트랙터 얘기인가?'

"무슨 말씀이세요?" 나는 이렇게 말을 하다가 곧 멈췄다. "아, 무슨

뜻인지 이제 알겠어요!"

정말로 방금 막 이해했기 때문이었다. 어머니와 똑같은 생각이 불과 하루 이틀 전에 내 머릿속에도 스친 것이 뒤늦게 떠올랐다. 여동생 마리아나와 내가 아직 어렸을 때 어떻게 어머니, 아이노 할머니와 함께 이곳에 왔는지 말이다. 마티 할아버지는 우리를 오두막에 데려다주고 주말 동안 함께 있다가 스톡홀름으로 일을 하러 돌아갔다. 우리는 그 계절이 다시 돌아왔음을 알아차렸다. 할머니 한 명, 어머니 한 명, 그리고 딸 둘. 차이점이라면 전에는 내가 두 딸 중 한 명이었다는 점이다. 지금은 나는 두 딸의 엄마다.

풍경은 그때와 같았다. 오두막도 변함없었다. 사람들도 마찬가지였다. 우리 인류와 인간의 동기 역시 변함이 없다. 우리는 지난 200만 년 동안 같은 모습으로 존재해 왔다. 그와 동시에 우리가 사는 곳은 계속해서 변화했다. 인간을 둘러싼 환경은 가변적이며 오늘날은 100년 전과 달라 보인다. 시간의 테이프를 500년 전으로 돌리면, 당시는 그 이전인 5000년 전과 또 다를 것이다.

인간의 동기는 빈번하게 우리를 단단히 붙들었다. 그 세력의 존재를 알아차리지 못하는 한 그들의 설득에 당하는 희생자에서 벗어날 수 없다. 실수를 반복하며 일생을 보낼 수도 있다. 하지만 만일 동기를 인식한다면, 그렇다면 다루고 관리하는 법 또한 손에 넣을 수 있다. 우리는 모두 자신의 발전에 영향을 미칠 힘이 있다.

어떤 삶의 길을 따를지 결정하려면 자기통찰 self-insight이 필요하다.

또 자기통찰을 이루려면 내면을 면밀히 살필 만큼 열린 마음을 지녀야 한다. 어떻게 사고하고 행동하는지 패턴을 알아야 비로소 내면을 변화시킬 수 있다. 전과 다른 사고와 행동 방식으로 이 변화를 구현하게 될 것이다.

인간이 되기 위하여

인류는 큰 전두엽을 가지고 있다. 이 부위는 머리 앞부분, 눈 바로 위에 있는 뇌의 영역이며, 우리는 이를 통해 사고한다. 호모 사피엔스의 조상들은 지금 우리에 비하면 각지고 튀어나온 이마를 가졌다. 반면 지금 우리 이마는 곧고 평평하다. 전두엽이 기능하지 않으면 현재에 갇히고, 영원한 지금의 즉각적인 자극에 얽매인다. 내일을 개념화하는 능력이 부족해 결과적으로 어떤 상황이 생기든 무관심할지 모른다. 동물의 세계에서 사실 이런 마음 상태는 일반적이며, 일종의 규칙이기도 하다. 우리 호모 사피엔스는 예외다.

지구가 생겨나고 처음 수억 년 동안 생물체의 첫 징후가 나타난 뒤 모든 종의 뇌는 이 특정한 상태를 유지했다. 하지만 200만~300만 년 전 우리는 지금과 같은 영구적인 조건으로 발전하기 시작했다. 전두엽은 이를 가능케 했다. 이 고도로 전문화된 주름진 회색 조직 덩어리가 인류 두뇌의 발달에서 최근 단계의 산물이다. 그것은 (아이의 뇌에서) 가장 늦게 발달하며, 나이를 먹기 시작하면 제일 먼저 줄어든다.

전두엽은 인간이 환경을 경험하고 동료들과 함께 다양한 상황을 처리하도록 마음속 생각을 떠올리고, 오래 되새기는 능력을 확장한다. 그 덕분에 우리는 언제가 안전한지, 언제 마음을 놓아도 되는지, 또 언제 바짝 긴장해야 하는지 알 수 있다. 다시 말해, 본성은 인간이 신경화학적 행복을 위해 물질을 활성화하는 상황들을 찾아내는 동시에 기분 나쁘게 하는 상황을 피하게 해준다. 이런 식으로 우리는 생존 가능성을 높여왔다.

나는 강사로 일할 때 종종 첫인상에 대해 다룬다. 두 사람이 처음으로 마주할 때 어떤 일이 벌어질까? 업무상 미팅 자리나 의사와 환자의 만남, 또는 선생님과 학생, 상담사와 고객 관계로 만날 수도 있다. 그 자리에서 우리는 상대에 관해 미리 정해진(그러나 무의식적인) 특정한 질문을 자신에게 던진다. 만약 첫 만남에서 상대에게 좋은 인상을 안겨줄 수 있다면, 그 관계는 앞으로 발전할 가능성이 있다. 하지만 그렇지 않다면, 나중에 불필요한 힘을 쏟아야 할 수도 있다. 첫인상은 그만큼 자주 결정적인 역할을 한다.

이런 만남에서 일어나는 일들은 보통 무작위적이지 않다. 실제로 주어진 패턴을 따른다. 우선 첫인상은 빠르게 형성된다. 나중에 바꾸기도 쉽지 않다. 다른 사람들에 대한 회의론적 생각은 좋은 의도를 앞지르는 경우가 많다. 이를 **화재경보기 원리** smoke detector principle (화재 경보 시스템이 화재가 아니라 누군가의 불장난 때문에 자주 울려, 나중에는 정말 불이 나도 제대로 울린 경보를 믿지 않게 되는 원리를 뜻한다 - 옮긴이)라고 한다. 우리 인간은 무언가 앞뒤가 맞지 않는다는 사소한 의심에도 경보를 울리게 되어 있다. 또 긍정적인 것보다는 부정적인 것을 훨씬 더 빨리 발견한다. 그래야 생존 가능성이 커지기 때문이다. 우리는 상대에게 느낀 인상을 바꾸길 꺼린다. 이를 **확증 편향**confirmation bias(자신이 믿고 있는 신념과 일치하는 정보는 수용하고, 그렇지 않은 정보는 무시하는 경향 - 옮긴이)이라 한다. 이는 행동이 무의식적으로, 또 선택적으로 판단을 확인하는 정보에 주의를 기울이는 것을 말한다.

누군가를 처음 만났을 때, 우리는 자신에게 상대에 관한 특정한 질문을 던진다. 첫째, '저 사람을 믿어도 될까? 그는 도덕적으로 괜찮은 사람인가?' 둘째, '그의 능력과 지위는 어느 정도인가?'

이런 의문들은 우리가 지닌 근본적인 인간으로서의 동기, 안전한 관계와 지위 및 새로운 지식에 대한 욕구에 깊이 자리한다. 그리고 이것들은 이 책에서 주로 다룬 세 가지 동기다.

성격과 3가지 동기

앞서 우리는 성격이 무엇인지를 다루었다. 가장 널리 알려진 성격 이론인 **빅 파이브**에 관해서도 살펴보았다. 그리고 이 이론을 통해 더 넓은 범위의 성격 속성이나 유형을 포함하는 다섯 개의 카테고

리로 유사한 특성들을 결합하고 인간의 성격 유형을 체계화하는 시도
도 해보았다. 정도만 다를 뿐, 우리는 이 다섯 가지 특징을 모두 지니고
있다. 사람마다 외향적 성향과 개방적 성향, 호기심 성향의 정도도 각기
다르다.

　이런 빅 파이브의 특성은 기복이 그리 심하지 않고 오히려 비교적
안정되어 있다. 특정한 상황에서는 서로 겹치기도 한다. 이렇게 성격 유
형은 비교적 안정적이지만 우리 인류는 (아주 다행스럽게도) 생활 전반에
걸쳐 계속된 변화를 겪는다. 가장 도드라진 변화는 20세에서 40세 사
이에 일어나지만, 성격적인 변화는 그전에도, 심지어 인생의 후반기에
들어서도 일어난다.

　어떤 사람들은 일생 동안 많은 변화를 경험하지만, 또 어떤 사람들
은 거의 변화를 겪지 않는다. 한 가지 일반적으로 일어나는 변화라면,
사람은 나이 들수록 정서적으로 안정된다는 것이다. 일반적으로 더 친
절해지고 따뜻해지고 차분해진다. 이 모든 것을 '성숙'이라 불러도 좋
지 않을까? 적어도 희망의 씨앗인 것은 분명하다.

　빅 파이브의 성격적 특징을 살펴보면, 누군가는 다양한 성격에 서
로 다른 장단점이 있음을 재빨리 알아차릴 것이다. 성격이 지닌 타고난
본성에 따라 어떤 일에는 더 뛰어나지만 또 어떤 일에는 평균에 못 미
치기도 한다. 그런가 하면 특정한 상황을 다른 상황보다 더 수월하게
다루기도 한다. 나는 개인적으로 우리가 부정적인(혹은 파괴적인) 행동
패턴에 빠질지 그 가능성은 우리의 세 가지 주요 동기에 따라 크게 달

라진다고 생각한다.

신경질적인 사람은 양심적이고 다정한 사람보다 관계에서 더 어려움을 겪는다. 신경질적인 사람은 외로움이나 불안이 더 크기 때문에 더 격렬하게 반응하기도 한다. 쾌활하거나 친화적인 사람은 아마 다른 성격 유형의 사람들보다 지위나 권력에 대한 지향성이 약할 것이다.

개방적이거나 외향적인 사람은 세심하거나 신경질적인 사람보다 새로운 사회적 관계 형성을 더 쉽게 생각한다. 예를 들어, 외향적인 사람은 전에 맺은 관계가 끝나면 새로운 관계를 찾아 쉽게 안정감을 느낀다. 그 대신 이런 사람들은 고독에 더 강하게 반응하고, 그로 말미암아 건강하지 않은 관계에 집착하기도 한다.

한때 위대했던 특성

호모 사피엔스는 수백만 년에 걸쳐 진화했다. 그렇게 인류는 성공적으로 발전했다. 우리 조상들은 생존과 번식에서 우월했다. 이는 우리의 현대적 사고와 행동이 (일반적으로) 인류의 초기 환경에 가장 잘 맞았다는 것을 의미하기도 한다.

우리의 모든 특성이 당시에 항상 성공적이었다는 말은 아니다. 하지만 그 특성들은 오늘날 훨씬 덜 효과적이다. 인류 역사 초기에 생존을 유리하게 한 많은 자질은 현대에는 주로 파괴적인 성향으로 비친다.

여기서 자연스럽게 드는 의문이 있다. 그렇다면, 그런 속성들이 이제 진화적인 단점이 되었다면 앞으로도 자연선택에 의해 점차 변질될까? 아니면 진화적으로 중립 상태가 될까? 그것도 아니면 시간이 흘러 다시 진화적 이점이 되지 않을까?

이 물음 가운데 무엇도 확실히 알 수 없다. 그저 느슨한 추측을 할 뿐이다. 진화는 점진적 변화의 극도로 긴 과정(점진주의)이라는 견해가 전통적으로 우세했지만, 변화하는 지질학적·기후적 조건에 힘입어 나타날 수 있는 짧고 급격한 변화(단속평형설)가 오랜 기간의 미묘한 변화를 뒤집을 수 있다는 주장을 뒷받침하는 증거가 늘고 있다. 그러나 도구를 사용하고 집단을 이뤄 지능적으로 움직이고, 다른 일에 시간을 자유롭게 쓰려고 식량 생산에 완벽히 숙달함으로써 제대로 된 진화가 일어나 인류는 죽음을 속여 왔다(보통 자연선택을 통해 일어났듯이). 오늘날 우리의 환경은 변화무쌍하고, 비록 인류가 지금 어느 때보다 빠르게 진화하고 있지만 우리는 예측 가능한 미래에서 여전히 선사시대의 뇌에 갇혀 있을 것이다. 우리는 과학자들이 호모 사피엔스가 환경 변화의 커다란 요인이 되었다는 것을 인정하는 용어인 '인류세anthropocene'의 세상에 살고 있으며, 인류는 사실상 모든 다른 종이 비슷한 속도로 적응하기에는 너무 빠르게 이 광범위한 환경 변화를 강요하고 있다. 한 종의 서식지가 너무 급격하게 변할 때 진화는 '자신의 역할을 할' 기회를 박탈당하며, 그런 까닭에 이제 우리는 디지털 시대의 현대적 생활 환경에 적응하지 못하는 우리 자신을 목도하고 있다.

성가신 유산일까, 3가지 초능력일까?

세 가지 동기는 우리를 쉽게 비틀거리게 하거나 잘못된 길로 이끈다. 하지만 우리는 그 동기들이 어떻게 우리를 이끄는지 인식할 능력도 키울 수 있다. 또 좋은 방향으로 동기를 활용할 수도 있다. 초능력으로도 바꿀 수 있다는 뜻이다!

이 책을 읽었으니 성공적이라는 느낌이 인류에게 얼마나 큰 의미인지 이해해야 한다. 주위 사람들에게 그가 우리에게 얼마나 중요한 존재인지 전하라. 그러면 우리의 칭찬이 그들에게 소중하게 다가갈 것이다. 다른 사람들이 자신이 중요한 존재이고 성공했다고 느끼도록 우리가 할 수 있는 행동을 하자. 그러면 그들은 우리를 사랑할 것이다! 근본적으로 이것은 보고 듣고 인정받고 받아들여지길 바라는 보편적 욕망에 관한 것이다.(동기 1, 관계) 그리고 우리는 자신이 중요한 사람이며, 성공할 수 있다고 느끼기를 원한다(동기 2, 지위). 또 우리는 사물과 상황을 이해하고, 개발하고, 만족되지 않는 호기심을 충족하길 갈망한다(동기 3, 호기심).

매일 성공(좋은 것들)을 느끼려면, 자신의 좋은 행동에 보상을 주어야 한다. 매일 잘한 일을 찾아보고 거기서 느껴지는 기분을 즐겨라. '그래, 난 해냈어!' 작은 목표들을 많이 성취하면 큰 목표에 도달할 수 있다는 점도 기억하라.

다른 사람들이 어떤 영향을 미치느냐는 문제에서 그들의 성과는 우리의 성과와도 많은 관련이 있다. 자신이 조금 뒤처진다고 느낄 때 더 큰 성과를 위해 쉽게 박차를 가한다. 하지만 약간 뒤처질 때만 그렇다. 경쟁력 있는 추진력과 지위에 대한 욕구를 활용해 성과를 개선하고 결과를 낼 방법을 고민해 보자. 자신을 배우자와 비교하지 말자. 배우자와 당신은 한 팀이다.

사회적 종으로서 우리는 '무리'의 일원이 되길 원한다. 만약 그러지 못해도 두려워할 필요는 없다. 이는 단지 생존에 대한 우리의 개인적인 관심일 뿐이고, 실제로는 상황이 보이는 것처럼 그렇게 위험하지는 않다. 이를 명심하라.

인간의 사회적 측면은 (보통은) 우리를 더 생산적으로 만든다. 우리가 누군가와 교제한 뒤 더 생산적이 된다는 점을 안다면 성과를 낼 때, 또 기분을 나아지게 할 때 이를 일종의 방정식처럼 사용할 수 있을 것이다.

같은 사람과의 반복된 만남에는 장단점이 있다. 만약 누군가를 자주 만난다면 아마도 의도와는 상관없이 그를 좋아하게 될 것이다. (어떤 식으로든) 상대 역시 우리를 좋아하기 시작할 가능성이 크다.

정말 중요한 시기에 무언가 정말 잘 해내야 한다면 타인이 우리를 지켜보게 해 더 나은 결과를 얻을 수 있다. 우리가 내리는 결정은 다른 사람들의 생각에도 영향을 받는다. 가치를 공유할 사람들로 주변을 에워싸라.

집단의 의견은 무게감을 지닌다. 우리는 다른 사람들과 같은 책을 읽고, 같은 음악을 듣는다. 우리는 무리의 합의가 틀렸다는 것이 분명한 상황에서도 동료들의 압력에 취약하게 반응한다. 집단의 의견이 당신의 더 나은 판단을 밀어내지 않도록 조심해야 한다. 집단에서 맨 처음 의견을 표현한다면, 나중에 의견을 내는 경우보다 더 확실히 자신의 제안을 다른 사람에게 인식시키기 쉽다.

에너지나 존재에 관한 열정을 소모하지 않는, 긍정적이고 영감을 주며 용기를 북돋아 주는 사람들로 주변을 채워라. 과부하나 스트레스를 피하기 위해 할 수 있는 일을 하라. 분명히 이 문제에서 항상 선택권이 주어지지는 않겠지만, 적어도 최선을 다할 수는 있다.

책에서 세 번째로 다룬 동기인, 자극과 더 많은 지식을 향한 추진력은 우리 자신을 끊임없이 바쁘게 한다. 그러나 스크린 중독을 조절하지 않으면 내밀한 성찰에 필요한 고요한 시간을 가질 수가 없다. 생각과 감정이 어떤 방해도 없이 자유롭게 넘나드는 그 시간을 소중히 지켜야 한다.

물론 업무 수행과 소통을 위해서는 디지털 장치가 필요하다. 하지만 불행히도 이는 관계와 성과, 수면과 관련해 삶의 질을 낮춘다. 디지털 장치로 시간을 보내는 대신 책을 읽거나 오디오북을 듣고, 연극을 보러 가거나 새로운 곳을 찾아가는 것은 어떨까? 지식을 얻으면 기분이 좋아진다. 새로운 정보를 얻는 방법을 선택하자.

JOMO를 선택하고, 상대를 따뜻하게 포옹해 보자. 우리와 상대 모두 서로에게 더 공감하며 관대해질 것이다.

무엇보다도 작은 기쁨의 순간과 장기적인 목표, 즉 진정한 행복으로 이끄는 것들 사이의 균형이 중요하다. 이른바 즐거움 대 의미다. 삶에 목적의식을 불어넣는 가치 있는 활동에 진지한 노력을 게을리하지 않는 한, 현재를 즐기는 것 또한 중요하다(이상적으로는 두 가지를 동시에 할 수 있다!). 바로 이것이 핵심이다.

그렇다면 지금 해야 할 일은

아일랜드의 소설가이자 시인인 오스카 와일드가 쓴 작품의 등장인물은 다음과 같이 말했다. "나는 모든 것에 저항할 수 있다. 단 유혹만 빼고." 바로 그 유혹이 이 책이 다룬 세 가지 동기와 관련 있다.

이 동기들 중 하나, 혹은 여러 개와 관련해 자신의 무언가를 바꾸고 싶다고 가정해 보자. 얼마나 쉽게 변할 것 같은가? 보통 사람들은 자신의 무언가를 어떻게 변화시킬까? 변화 잠재력은 정확히 어느 정도 수준으로 예측될까?

우선, 성격 변화는 행동 변화와 연결된다. 스웨덴의 의사이자 종양학자인 스테판 아인혼 Stefan Einhorn 은《새로운 치명적 죄악들 De nya dödssynderna》에서 행동 변화가 저절로 성격을 변화시키지는 않는다고 말했다.[152] 아마 우리 역시 항상 그것을 원하지는 않을 것이다. 하지만 보통 전체적인 성격적 특성보다 행동을 바꾸기가 더 쉽다. 그러나 모든 의미 있는 변화가 그렇듯이 객관적으로 이는 그리 쉽지 않고, 규칙이 필요하다. 우리는 영감을 주는 글을 읽거나 흥미로운 훈련 팁을 얻을 수 있다. 또 건강한 식습관을 위한 다양한 지식을 습득할지 모른다. 그러나 결국 그 일을 해야 하는 것은 우리 자신이다. 어떤 행동은 바꾸기가 꽤 쉬운 반면, 또 어떤 행동은 그렇지 않다. 그리고 어떤 상황에서든 다른 방법은 존재한다. 어떤 방법은 효과가 있고, 어떤 방법은 그렇지 않다.

인간으로서 우리가 얼마나 변화할 수 있는지는 바로 자신을 얼마나 유연하다고 생각하는지에 영향을 받는다. '이게 나고, 무엇도 나를 바꿀 수 없어'라고 생각한다면, 변화에 필요한 역량은 줄어들고 곤란한 상황이 늘어난다. 그러나 변화의 가능성을 믿는다면, 더 자연스럽게 변화에 가까워질 수 있다.

우리 뇌의 가소성(특정 유전자의 발현이 특정한 환경 요인을 따라 특정 방향으로 변화하는 성질 – 옮긴이)과 발달 가능성에 관한 인지 행위처럼 간단한 것조차도 변화 과정을 훨씬 수월하게 한다.

다른 사람들에게 칭찬을 받는다고 상상해 보자. 그 칭찬 덕분에 변화가 쉬워질까? 꼭 그렇지만은 않다. 그들이 칭찬하는 것이 지능인가 노력인가에 따라 달라진다. 노력과 도전적 과제에 대처한 방법을 칭찬받는다면 동기부여가 되고 즐거워지며, 좋은 결과를 얻을 가능성도 커진다.[153] 노력은 항상 우리가 영향을 미칠 수 있는 사항이다. 자신이 내리는 선택이기 때문이다. 반면 지능에 대해 칭찬받는다면 '나는 내가 하는 일에 영향을 미칠 수 없나 봐, 원래 타고난 지능이 통제하는 거니까'라는 느낌을 받는다.

일종의 대리인이 있다는 느낌도 중요한 요소다. 여기서 대리인이란, 다른 사람의 일시적인 기분에 전적으로 따르기보다는 우리가 자기 삶을 통제한다는 느낌을 말한다. 안전하다고 느낄 때, 자신이 온전히 받아들여진다고 느낄 때, 주변 사람들의 애정을 체감할 수 있을 때, 우리는 자신에게 더 몰입하게 된다.

동료 집단으로부터 받는 사회적 압력도 생각해 봐야 한다. 규범과 가치관이라는 내면의 도덕적 나침반이 있어도 다른 사람들의 의견이 중요하다는 점이 이미 여러 연구에서 증명되었다. 옳고 그름에 관한 다른 사람들의 생각은 확실히 우리에게 영향을 미친다. 만약 가까운 누군가가 우리의 롤 모델이라면, 그의 영향은 훨씬 더 강력하게 느껴진다. 만약 그가 법을 준수하는 경향이 있다면, 우리도 그럴 것이다. 주변 사람들은 우리에게 강력한 영향을 미친다. 한편, 우리는 부모의 특정한 행동을 모방하기도 한다.

자신을 바꾸고 싶다면, 다음 세 가지 조건을 충족한다는 전제하에 변화를 향한 먼 길을 떠날 수 있다.

1. 자기 행동을 확실히 인지하고 있는가?
2. 그 행동을 바꿀 것인가?
3. 2에 필요한 노력을 할 의향이 있는가?

그다음으로는 주요 목표를 곧바로 이루려 하지 말고 스스로 점진적인 목표를 세워야 한다.

모든 것이 정확히 계획대로 진행되지 않는다는 점을 받아들이자. 그리고 이 일로 낙담하지 말자. 겨우 한 걸음 내딛었는데, 두 걸음 뒤로 물러서는 느낌이 들 때가 많다. 그 순간에는 자기 자신을 의심하게 될지도 모른다. 그리고 우리가 들인 노력이 정말 그럴 만한 가치가 있었는지 의문을 품을 수도 있다. 하지만 이는 '일이 진행되는 과정'의 일부일 뿐이다. 그러니 멈추지 말고, 포기하지 말라. 속도를 스스로 조절할 수 있어야 하며, 어떤 일들은 시간이 걸린다는 점을 받아들여야 한다. 우리는 이미 필요한 도구를 모두 지녔으며, 그 누구도 우리의 인내와 결단력을 빼앗을 수 없다.

잠재력을 최대한 발휘하라!

이제껏 우리는 삶을 함께할 세 가지 동기에 관해 새로운 것들을 아주 많이 배웠다. 하지만 자신에게 진짜 중요한 문제들을 통해 실제로 이 동기들을 생각해 보는 것이 가장 중요하다. 우리를 진짜 기분 좋게 만드는 것은 무엇인가? 삶에서 무엇이 가장 중요한가? 이루고 싶은 목표는 무엇인가?

이 중 하나만 통제할 수 있어도 이미 앞으로 펼쳐질 전투의 반을 이

긴 것이나 다름없다. 우리는 이제 목표까지 다가가기 위해 무엇을 해야 하는지 계획을 세울 수 있다. 새로운 습관을 들이고 그로 말미암아 뇌에서 새로운 신경학적 경로를 형성하기까지는 시간이 걸린다. 하지만 멈추지 말고 꾸준히 시도하라. 이는 매우 가치 있는 일이다!

인류의 세 가지 동기에 관한 새로운 지식이 우리의 인생 여정에 함께하기를 겸허한 마음으로 소망한다. 지금 서 있는 자리에서, 또 앞으로의 인생 여행에서 그 동기들은 각자에게 맞는 방향으로 나아갈 힘을 준다. 우리는 우리를 즐겁게 하는 것을 더 많이 경험할 수 있다.

짧은 문장 몇 개와 함께 글을 마무리하려 한다. 오랜 수명의 특권이 허락되고 마침내 제대로 나이 든 날이 온다면, 지난 삶을 돌아보게 될 것이다. 아마 삶의 수많은 상황과 그것이 어떻게 진행되었는지 돌아보며 반성하지 않을까. '나는 내 삶에서 올바른 것을 우선순위에 올려놓았는가? 나 자신과 사랑하는 사람들을 위해 적절한 행동을 했는가?'

그때 찾아낸 해답이 온전하고 평온한 형태로 우리 존재를 가득 채울 수 있길 바란다.

왜 관계, 지위,
지식이어야 하는가?

본문에서 다룬 관계, 지위, 지식의 기본 토대가 된 세 모델 중 하나이자 미국의 심리학자 스티븐 라이스Steven Reiss가 제시한 모델에 대해 좀 더 자세히 살펴보자. 또 성격이 무엇을 의미하는지, 이 동기들과 어떻게 들어맞는지에 관해서도 알아보자.

라이스의 16가지 근본적인 동기

수 세기에 걸쳐 우리의 생각과 행동의 원천이 되는 동기는 인류를 혼란스럽게 하는 동시에 매료해 왔다. 이를 연구자들이 역사적 관점에서 어떻게 바라보았는지 살펴보기 위해서는 잠시 우리의 과거를 돌아볼 필요가 있다.

고대 그리스에서 사람들은 육체와 정신, 영혼이 원하는 대로 욕구를 분류했다. 그런가 하면 오스트리아의 심리학자 지그문트 프로이트는 인간의 욕구를 성적 본능, 혹은 공격적 본능으로 압축했다. 한편 프로이트, 스위스의 심리학자 카를 구스타프 융 Carl Gustav Jung과 동시대를 살았던 오스트리아의 심리학자 알프레드 아들러 Alfred Adler는 권력과 자기주장 self-assertion을 위한 투쟁을 인간이 지닌 제1차적 욕구로 여겼다. 또 미국의 심리학자 에드워드 손다이크 Edward Thorndike가 주장한 효과의 법칙 Law of Effect은 인간의 욕구를 보상과 처벌이라는 두 가지 범주로 나누었다.[154] 이에 따르면, 무엇이든 보상으로 이어지는 것은 더 강해지며 반대로 처벌로 이어지는 것은 훨씬 약해진다. 그의 순환논법 circular argument(증명해야 하는 결론을 전제로 사용하는 논법 – 옮긴이)은 '보상'을 '행동을 강화하는 것'으로 정의하면서도, 또한 '행동을 강화하는 모든 것은 보상'이라는 주장을 낳았다. 1943년, 미국의 심리학자 클라크 헐 Clark Hull은 배고픔, 목마름, 섹스, 고통의 회피 등 네 가지 동기의 존재를 주장했다. 이 초기 이론 중 많은 이론이 동물 연구를 토대로 정립되었다. 음식이 종종 보상으로 활용되었는데, 이는 동물과 사람 모두에게 강력한 동기를 부여했다. 1959년, 미국의 심리학자 로버트 화이트 Robert White는 역량까지 포함한 이른바 '마스터리 mastery' 이론을 제시했다. 우리는 이미 유년기에 자신을 둘러싼 환경에 능숙해지고 싶고 또 이를 정복하고 싶다는 욕구를 경험했다.

이것은 유년기의 발달 과정에서뿐 아니라 전반적으로 사람들에게 중요한 욕구이기도 하다. 미국의 심리학자 에이브러햄 매슬로Abraham Maslow는 사람들이 '욕구의 위계'에 따라 발전할 수 있다는 의견을 제시했다. 그에 따르면, 영양과 안전에 관한 가장 근본적인 욕구가 충족될 때 사람은 사랑과 사회적 지위, 다른 사람의 인정에 이어 자아실현self-actualization을 추구하는 단계까지 이르게 된다.

그렇다면 아마 가장 근래에 이루어졌을, 광범위한 인간의 동기를 다룬 고찰에 시선을 돌려보자. 스티븐 라이스는 수년에 걸쳐 **16가지 기본적인 열망 이론**을 정립했다.[155] 그의 이론은 12~76세인 개인 2554명을 대상으로 한 연구에서 도출되었는데, 이 연구에는 매우 다양한 삶의 궤적과 배경, 일에 관한 사항이 포함되어 있다.

라이스에 따르면, 우리 모두가 이 16가지 근본적인 동기를 지닌다. 그러나 개개인에게 미치는 힘은 제각기 다르다. 지식에 대한 갈망이 큰 사람이 있는가 하면, 누군가는 지위를 좇는다. 어떤 이는 사교에 대한 욕구가 유달리 크다. 선천적으로 신체 접촉을 덜 좋아하는 사람이 있는 반면, 성행위를 중요하게 생각하는 사람도 있다. 어떤 사소한 '부당함'도 갚아주고 싶은 욕구가 평생 특정한 누군가를 괴롭히는가 하면, 남들보다 너그러운 성품을 지닌 이도 있다. 이처럼 자신에게 중요한 동기가 어떤 것인지를 다룬 자기만의 프로필은 우리를 남들과 다른 독특하고 개별적인 존재로 성립시킨다.

이제 라이스가 주장한 16가지 동기를 살펴보자. 라이스의 책에 실린 순서대로 분류했다.

관계

관계는 우리의 생존에 매우 중요하며 제대로 기능하는 관계 유지를 위해 우리는 상당한 노력을 들여야 한다. 라이스의 16가지 동기 중 여섯 개의 동기는 인간 본성의 사회적 측면과 연관된다.

- **사회적 접촉** – 우정과 조직, 타인과의 친밀감에 대한 욕구.
- **낭만적인 사랑** – 여기서 라이스가 의미하는 것은 성적 욕구다.
- **가족** – 자식을 낳아 키우고 싶은 욕구.
- **수용** – 받아들여졌다는 느낌과 소속감에 대한 욕구.
- **명예** – 전통적 도덕규범을 따르고자 하는 욕구, 선한 성품을 계발하고 싶은 욕구, 충성심과 훌륭한 관습 및 확고한 원칙에 대한 욕구.
- **이상주의** – 사회적 평등, 더 나은 사회에 대한 욕구, 이타심·동정심·정의감·체계적 공정성에 대한 관심.

지위

구체적으로는 다음과 같은 여러 동기가 지위와 연결된다.

- **지위** – 높은 사회적 지위에 대한 욕구.
- **권력** – 영향력, 다른 사람에게 미치는 영향, 자신감, 결과를 내고 싶

은 충동과 리더십에 대한 욕구.

- **독립** – 자율성, 자유, 독립성에 대한 욕구.
- **복수** – 분노, 증오, 보복, 설욕에 대한 욕구.

지식

다음 동기가 지식의 영역에 해당한다.

- **호기심** – 새로운 지식을 얻고자 하는 욕구, 문제의 해결책을 찾거나 '진리'를 좇고자 하는 욕구(예를 들어, 먹을거리를 찾는 방법이나 살아남기 위해 포식자를 피할 가장 좋은 방법을 찾아내는 것).

위의 11가지 동기 말고도 다섯 개가 더 있다.

- **신체적 활동** – 활력을 느끼고 싶은 욕구.
- **음식** – 음식을 소비하고 싶은 욕구.
- **수집** – 음식을 비롯해 필요한 것들을 수집하고 싶은 욕구. 무언가를 소유하는 느낌을 위해 우리는 수집한다.
- **질서** – 건강해지기 위한 질서, 구조, 원칙 및 청결을 위한 규칙적인 의식에 대한 욕구. 이것들은 우리의 안전과 안정성을 만들어낸다.
- **평온** – 고요와 보안, 안전과 정서적 평화에 대한 욕구. 두려움과 걱정, 불안의 회피.

마지막 다섯 가지 동기는 우리의 행동을 정신적으로 잘 인도할 때 앞서 소개한 11가지 동기와 공통점을 지니지만, 본질적으로는 조금 다른 성질을 지닌다. 음식과 관련된 욕구가 수집에 대한 욕구와, 또 질서에 대한 욕구가 건강과 연결된다고 본다면 이 다섯 가지 욕구는 모두(관계, 지위, 지식과 관계가 있는 다른 동기들과는 대조적으로) 우리 몸과 관련이 있다.

(라이스에 따르면) 이 16가지 동기 가운데 14개는 유전적 요소를 포함하며, 우리는 이 동기들 중 많은 부분을 동물의 세계와 공유한다. 이상주의와 수용만을 '선천적으로 타고난' 것은 아닌 듯하다.

5가지
성격 특성

우리는 모두 각자 독특한 개성을 지닌다. 이 고유한 특성은 한평생 거의 안정적으로 유지된다. 하지만 행동은 어떤 상황에 처해 있는지, 또 어떤 사람을 가까이하고 있는지에 따라 부분적으로(또한 불가피하게) 달라진다. 우리는 이에 적응하고 맞출 수 있어야 한다. 생존에 도움이 되기 때문이다.

한편 성격은 '생물학적·환경적으로 관련된 요소에서 비롯되는 행동과 인식 및 감정' 또는 '사람의 행동 중 시간의 경과에 따라 비교적 일정하며 상황과 무관한 것'으로 정의되기도 한다.[156]

빅 파이브

앞서 본문에서 이미 언급한 빅 파이브는 성격을 다음과 같은 다섯 가지의 포괄적 특성으로 서술한다.

1. 외향성 Extroversion   사교적이며 자신감이 넘친다. 긍정적이고 수다스러우며, 기력이 넘치고 열정적인 데다가 리더십이 강한 경우가 많다. 많은 인간관계를 맺고 있으며, 자극과 흥분을 추구하는 경향이 있다. 다른 사람과 함께하는 것을 즐기며, 흔히 무리에서 중심인물이 된다.

외향적인 사람은 내성적이거나 차분하지 않다.

2. 개방성 Openness   호기심이 많고 지략적이며, 모험을 추구하는 편이다. 창의성과 창조성이 풍부하고 도전적인 것을 추구하며, 미학과 독특한 아이디어를 즐긴다. 상상력이 뛰어나다. 감정과 가치관, 새로운 아이디어를 암시하는 것들을 받아들인다. 예술을 즐기며, 삶에서 겪는 다양한 경험 또한 즐긴다.

개방적인 사람은 조심스럽지 않으며, 융통성을 잘 발휘한다.

3. 친화성 Agreeableness   따뜻하고, 사려 깊고, 공감 능력이 뛰어나다. 다

른 사람을 잘 돕고, 동정심이 많다. 다정하고 이타적이며, 믿음직스럽고 관대하다. 다른 사람을 잘 용서하고, 협력 의지도 높다. 다른 사람을 잘 믿고, 자신 또한 다른 사람이 신뢰할 만한 사람이다. 자주 다른 사람에게 위로의 원천이 된다.

친화성 있는 사람은 못미덥지 않고, 으스대지 않는다.

4. 성실성 Conscientiousness 꼼꼼하고, 세심하고, 능률적이다. 신뢰할 수 있고, 조직적이며 목표 지향적이다. 충성스럽고, 전통적이다. 충동을 잘 조절하는 편이고, 잘하고 싶은 욕구가 크다. 자기훈련에 능하고, 조직적이다.

성실한 사람은 무책임하거나 위선적이지 않다.

5. 신경증 Neuroticisom 부정적인 감정적 압박감 속에서 살아간다. 자주 불안해하며, 선천적으로 걱정이 많다. 초조해하고, 불안정하고, 변덕이 잦다. 쉽게 동요되는 편이며, 예민하다. 쉽게 죄책감, 분노, 우울증 같은 감정을 경험한다. 감정적으로 취약하고, 스트레스에 민감하다.

신경질적인 사람은 스트레스를 받으면 침착하지 않고, 매사에 자신이 없으며, 감정적으로 안정되어 있지 않다.

빅 파이브와 연결된 뇌의 영역

연구진은 기능적 자기공명영상법 fMRI을 통해 뇌의 다양한 영역을 관찰한 결과, 빅 파이브의 특징 가운데 네 가지가 우리 뇌의 특정 영역과 관련 있다는 사실을 밝혀냈다.[157]

- **외향성**은 보상을 처리하는 영역과 관련이 있다.
- **신경증**은 위협과 처벌, 부정적인 감정과 충격을 관장하는 영역과 관련이 있다.
- **친화성**은 다른 사람의 의도와 정신 상태를 관장하는 영역과 관련이 있다.
- **성실성**은 행동의 의도적 통제 및 계획성을 관장하는 영역과 관련이 있다.

체내의 신경화학도 마찬가지다. **외향성**과 **개방성**은 모두 도파민의 더 활발한 활동과 관련 있는 것으로 알려졌다.[158] 또 세로토닌은 창조성과 연관된다.[159]

서로 맞물리는 범주들

원래 개념의 기초였다고는 해도, 빅 파이브의 성격 범주가 서로 완전히 독립적이지는 않다는 연구들이 있다.

예를 들면, 외향적인 사람도 개방적인 성향을 지닌다. 이로 인해 **유연성**의 개념이 생겨났다. 여기에서 그는 유연하고 탐구를 지향하며, 새로운 환경에 쉽게 적응한다. 또 사회규범에 의문을 제기하고, 자극적인 경험을 추구하고, 긍정적인 감정에 끌린다. 다른 말로 하면 행복하고 낙천적이며, 호기심이 많다.

정서적 안정, 친화성, 성실성도 변화의 속성을 공유한다. 여기서 우리가 말하고자 하는 것은 스트레스와 부정적인 감정을 다루는 데 남들보다 더 능숙한 사람이다. 그는 인간관계에서 따뜻하고 다정하지만, 한편으로는 신중하고 충동을 잘 통제한다. 이 무리는 **안정성**으로 대표되기도 한다.

이 두 가지의 더 넓은 범주를 충분히 살핀 연구자들은 빅 파이브를 **빅 투**로 언급하기 시작했다. 연구원 그레고리 파이스트Gregory Feist는 유연성이 높은 사람이 안정성이 높은 사람보다 더 창의적인 예가 많다고 주장했다.[160] 개방적인 사람 또한 그렇지 않은 사람보다 더 창의적이다.[161] 열린 정신을 지닌 사람들이 호기심이 많고, 상상력이 풍부하고, 지적이고, 새로운 경험을 즐긴다는 점을 감안한다면 그리 놀라운 주장은 아니다. 그 밖에도 외향적인 사람들이 지닌 자신감과 흥분은 창의성과 긍정적인 연관성이 있다. 또 쌍둥이를 대상으로 한 연구 결과에 따르면, 외향적인 행동과 개방성의 특성은 기업가 정신과 관련이 있다.

외향적인 행동은 리더 역할을 강력하게 원하는지 여부와 가장 강하게 관련된 특성이다. 한편 성실성은 열심히 일하고 정리된 행동을 보이는 것, 또 지도력·통솔력과도 연결된다. 경험에 관한 개방성도 지도력과 연결된 특성이다. 한 가지 흥미로운 것은 친화성이 정상에 오르기 위해 가장 많이 노력하는 특성인 반면, 그런 친화력 있는 사람이 지도자 역할을 맡는다면 그 특성은 그를 훨씬 더 좋은 리더로 만들어준다는 점이다.

＊　　　주

1　Fujii, T., Schug, J., Nishina, K. Takahashi, T., Okada, H. & Takagishi, H. (2016). Relationship between Salivary Oxytocin Levels and Generosity in Preschoolers. *Scientific Reports*, Vol. 6.

Barrazaa, J. A., McCulloughb, M. E., Ahmadic, S. & Zak, P. J. (2011). Oxytocin infusion increases charitable donations regardless of monetary resources. *Hormones and Behavior*, 60(2), 148–151.

2　Cheever, N. A., Rosen, L. D., Carrier, L. M. & Chavez, A. (2014). Out of sight is not out of mind: The impact of restricting wireless mobile device use on anxiety levels among low, moderate and high users. *Computers in Human Behavior*, 37, 290–297.

3　de Waal, F. (1998). *Chimpanzee politics: Power and sex among apes* (Rev. ed.). Baltimore, MD, US: Johns Hopkins University Press.

4　Sapolsky, R. (2017). *Behave: The biology of humans at our best and worst*. Penguin Press.

5　Emily, P., Berger, J. & Moluki, S. (2007). Alone in a crowd of sheep: Asymmetric perceptions of conformity and their roots in an introspection illusion. *Journal of personality and social psychology*, 92, 585–595.

6　Baumeister, R. F. & Leary, M. R. (1995). The need to belong: desire for interpersonal attachments as a fundamental human motivation. *Psychological Bulletin*, 117(3), 497–529.

7　Bennett, J. (2014). Bubbles carry a lot of weight: Texting anxiety caused by little bubbles. *New York Times*.

8   Berger, J. (2016). *Invisible Influence: The hidden forces that shape behavior.* New York: Simon & Schuster.

9   Moreland, R. L. & Zajonc, R. (1982). Exposure effects in person perception: familiarity, similarity, and attraction. *Journal of Experimental Social Psychology*, 18, 395–415.

10   Moscovici, S. & Zavalloni, M. (1969). The group as a polarizer of attitudes. *Journal of Personality and Social Psychology*, 12(2), 125–135.

Asch, S. E. (1955). Opinions and social pressure. *Scientific American*, 193(5), 31–35.

11   Little, A. C., Burt, M. & Perrett, D. (2006). Assortative mating for perceived facial traits. *Personality and Individual Differences*, 40, 973–984.

12   Sinner, M. (1971). Newborns response to the cry of another infant. *Developmental Psychology*, 5, 136–150.

Mirror Neuron Forum (2011). *Perspectives on Social Science*, 6, 369–407.

13   Maddux, W. W., Mulle, E. & Galinsky, A. (2008). Chameleons bake bigger pieces: Strategic behavioral mimicry facilitates negotiation outcomes. *Journal of Experimental Social Psychology*, 44, 461–468.

14   Berger, J. (2016). *Invisible influence: The hidden forces that shape behavior.* New York: Simon & Schuster.

15   Finkel, E. J., Eastwick, P. W. & Matthews, J. (2007). Speed-dating as an invaluable tool for studying romantic attraction: A methodological primer. *Personal Relationships*, 14, 149–166.

Ireland, M. E., Slatcher, R. B., Eastwick, P. W. Scissors, L. E., Finkel, E. J. & Pennebaker, J. W. (2010). Language Style Matching Predicts Relationship Initiation and Stability. *Psychological Science*, 1–6.

Gonzales, A. L., Hancock, J. T. & Pennebaker, J. W. (2010). Language style matching as a predictor of social dynamics in small groups. *Communica-*

주

tions Research, 31, 3–19.

Lakin, J. L., Chartrand, T. L. & Arkin, R. M. (2008). I am too just like you: Non-conscious mimicry as an automatic

behavioral response to social exclusion. *Psychological Science*, 19, 816–822.

16   Asch, S. E. (1951). Effects of group pressure on the modification and distortion of judgments. In H. Guetzkow (Ed.), *Groups, leadership and men* (s. 177-190). Pittsburgh, PA: Carnegie Press.

Asch, S. E. (1952). *Social psychology*. Englewood Cliffs, NJ:Prentice Hall.

Asch, S. E. (1955). Opinions and social pressure. *Scientific American*, 193(5), 31–35.

Asch, S. E. (1956). Studies of independence and conformity. A minority of one against a unanimous majority.

Psychological Monographs, 70(9), 1–70.

17   Cialdini, R. B. & Goldstein, N. J. (2004). Social influence: Compliance and conformity. *Annual Review of Psychology*, 55, 591–621.

McLeod, S. (2016). What is Conformity? *Simply Psychology*.

Heejung, K. & Markus, H. (1999). Deviance or uniqueness, Harmony or conformity? A cultural analysis. *Journal of Personality and Social Psychology*, 77, 785–800.

18   Salganik, M. J., Dodds, P. S. & Watts, D. J. (2006). Experimental study of inequality and unpredictability in an artificial cultural market. *Science*, 311(5762), 854–856.

19   Stephens, N. & Marcus, H. & Townsend S. (2007). Choice as an act of meaning: The case of social class. *Journal of Personality and Social Psychology*, 93, 814–830.

20   Berger J. Bradlow, E., Braunstein, A. & Zhang Yao. (2012). From Karen to Katie: Using baby names to study cultural evolution. *Psychological Science*,

23, 1067–1073.

21 Verosly, S. & Todorov, A. (2010). Generalization of affective learning about faces to perceptually similar faces.

Psychological Science, 21, 779–785. Bertrand, M. & Mullainathian, S. (2004). Are Emily and Greg more employable than Lakisha and Jamal? A field experiment on labor market discrimination. *American Economic Review*, 94, 991–1013.

22 Hirschmann, E. (1980). Innovativeness, novelty seeking and consumer creativity. *Journal of Consumer Research*, 7, 283–295.

Aron, A., Norman, C., Aron, E., McKenna, C. & Heyman, R. (2000). Couples' shared participation in novel and arousing activities and experienced relationship quality. *Journal of Personality and Social Psychology*, 78, 273–284. Buchanan,

K. E. & Bardi, A. (2010). Acts of kindness and acts of novelty affect life satisfaction. *Journal of Social Psychology*, 150, 235–237.

23 O'Leary, K. D., Acevedo, B. P., Aron, A., Huddy, L. & Mashek, D. (2011). Is long-term love more than a rare phenomenon? If so, what are its correlates? *Social Psychological and Personality Science.*

24 Hazel, M. (1978). The effect of mere presence on social facilitation: An unobtrusive test. *Journal of Experimental Social Psychology*, 14, 389–397.

25 Corbett, J., Barwood, M. J., Ouzounoglou, A., Thelwell, R. & Dicks, M. (2012). Influence of Competition on Performance and Pacing during Cycling Exercise. *Medicine & Science in Sports & Exercise*, 44(3):509-515.

26 Bruce, R. (1941). An experimental analysis of social factors affecting the performance of white rats.

Performance in learning a simple field situation. *Journal of Comparative Psychology*, 31, 363–377.

Simmel, E. (1962). Social facilitation of exploring behavior in rats. *Journal of Comparative and Physiological Psychology*, 5, 831–833.

Stamm, J. (1961). Social facilitation in monkeys. *Psychological Reports*, 8, 479–484.

27 Berger, J. & Pope, D. (2011). Can losing lead to winning? *Management Science*, 57, 817–827.

28 Fershtman, C. & Gneezy, U. (2011). The trade off between performance and quitting in high-power tournaments. *Journal of the European Economic Association*, 9, 318–336.

29 Rogers, T. & Moore, D. (2014). The motivating power of under-confidence: The race is close but we're losing. *HKS Working Paper*, No. RWP14-047.

30 Diener, E. & Biswas-Diener, R. (2016). *Happiness*. Blackwell Publishing.

31 Berscheid, E. & Regan, P. C. (2005). *The psychology of interpersonal relationships*. New York: Prentice-Hall.

Thaler, R. H. & Sunstein, C. R. (2009). *Nudge: Improving decisions about health, wealth, and happiness*. New York: Penguin Books.

32 https://www.scientificamerican.com/article/how-happiness-boosts-theim-mune-system/

https://www.psychologytoday.com/us/blog/the-happiness-doctor/201706/happiness-and-your-immune-system

33 Danner, D. D., Snowdon, D. A. & Friesen W. V. (2001). Positive emotions in early life and longevity: findings from the nun study. *Journal of Personality and Social Psychology*, 80(5), 804–813.

34 Wheeler, L. & Nezlek, J. (1977). Sex differences in social participation. *Journal of Personality and Social Psychology*, 35(10), 742–754.

35 Krossa, E., Bermana, M. G., Mischel, W., Smith, E. E. & Wagerd, T. D. (2010).

Social rejection shares somatosensory representations with physical pain. *PNAS*, 108, 15.

36 Myers, D. G. (1992). *The pursuit of happiness: Who is happy – and why?* New York: W. Morrow.

37 Coyne, J. C. & DeLongis, A. (1986). Going beyond social support: The role of social relationships in adaptation.
Journal of Consulting and Clinical Psychology, 54(4), 454–446.

38 Vinokur, A. D. & van Ryn, M. (1993). Social support and undermining in close relationships: Their independent effects on the mental health of unemployed persons. *Journal of Personality and Social Psychology*, 65(2), 350–359.

39 Blackburn, E. & Epel, E. (2018). *The Telomere Effect: A Revolutionary Approach to Living Younger, Healthier, Longer.* Orion Spring.

40 Gottman, J. M. & Schwartz-Gottman, J. (2017). The natural principles of love. *Journal of Family Theory and Review*.
Gottman, J. M. and Driver, J. L., (2005). Dysfunctional marital conflict and everyday marital interaction, *Journal of Divorce & Remarriage*, 43(3-4), 63–78.

41 Lieberman, M. D. (2013). *Social – Why our brains are wired to connect.* New York: Crown Publishers.

42 Lieberman, M. D. (2013). *Social – Why our brains are wired to connect.* New York: Crown Publishers.

43 Zak, P. (2012). *The Moral Molecule: The Source of Love and Prosperity.* Dutton.

44 Gilbert, D. T., Fiske, S. T. & Lindzey, G. (1998). *The handbook of social psychology.* New York: Oxford University Press.

45 Zak, P. J. (2012). *The Moral Molecule – How trust works.* New York: Penguin Group.

46 Daughters, K., Manstead, A. S. R., Hubble, K., Rees, A., Thapar, A. & van Goozen, S. H. M. (2015). Salivary oxytocin concentrations in males following

intranasal administration of oxytocin: A double-blind, cross-over study. *PLOS ONE*.

47 Huffmeijer, R., Alink, L. R., Tops, M., Grewen, K. M., Light K. C., Baker-mans-Kranenburg, M. J. & Ijzendoorn, M.H. (2012). Salivary levels of oxytocin remain elevated for more than two hours after intranasal oxytocin administration. *Neuro Endocrinology Letters*, 33(1), 21–25.

48 Zak, P. J. (2012). *The Moral Molecule – How trust works*. New York: Penguin Group.

49 Emily, P., Berger, J. & Moluki, S. (2007). Alone in a crowd of sheep: Asymmetric perceptions of conformity and their roots in an introspection illusion. *Journal of Personality and Social Psychology*, 92, 585–595.

50 Reis, H. T., Wheeler, L., Kernis, M. H., Spiegel, N. & Nezlek, J. (1985). On specificity in the impact of social participation on physical and psychological health. *Journal of Personality and Social Psychology*, 48(2), 456–471.

51 Francey, D. & Bergmuller, R. (2012). Images of eyes enhance investments in real-life public good, *Public Library of Science ONE*, 7, e37397.
Bateson, M., Nettle, D. & Roberts, G. (2006). Cues of being watched enhance cooperation in a real-world setting. *Biology Letters*, 2(3), 412.

52 Graziano-Breuning, L. (2011). *I, Mammal: How to make peace with the animal urge for social power*. Inner Mammal Institute.

53 Taylor, P. A. & Norval, D. G. (1976). The utility of education and attractiveness for females' status attainment through marriage. *American Sociological Review*, 41(3), 484–498.

54 Ekeh, P. P. (1974). *Social exchange theory : the two traditions*. London: Heinemann Educational.
Murstein, B. I., Cerreto, M. & Mac Donald, M. G. (1977). A theory and investigation of the effect of exchangeorientation on marriage and friendship.

Journal of Marriage and the Family, 39(3), 543–548.

55   Sapolsky, R. M. (1997). *The trouble with testosterone: and other essays on the biology of the human predicament.* New York: Simon & Schuster.

56   Feist, G. J. (2019). Creativity and the Big Two model of personality: plasticity and stability. *Current Opinion in Behavioral Sciences*, 27, 31–35.

57   Cobb-Clark, D. A, & Schurer, S. (2012). The stability of big-five personality traits. *Economics Letters*, 115(1), 11–15.

58   O'Brien, T. B. & DeLongis, A. (1996). The interactional context of problem-, emotion-, and relationship-focused coping: The role of the Big Five personality factors. *Journal of Personality*, 64, 4.

59   Polderman, T. J. C., Benyamin, B., de Leeuw, C. A., Sullivan, P. F., van Bochoven, A., Visscher, P. M. & Posthuma, D. (2015). Meta-analysis of the heritability of human traits based on fifty years of twin studies. *Nature Genetics*, 47, 702–709.

60   Shane, S., Nicolaou, N., Cherkas, L. & Spector, T. D. (2010). Genetics, the Big Five, and the tendency to be selfemployed. *Journal of Applied Psychology*, 95(6), 1154–1162.

61   Roberts, B. W., Kuncel, N. R., Shiner, R., Caspi, A. & Goldberg, L. R. (2007). The power of personality: The comparative validity of personality traits, socioeconomic status, and cognitive ability for predicting important life outcomes. *Perspectives on Psychological Science*, 2(4), 313–345.

62   Gottman, J. M. (1994). *What predicts divorce? The relationship between marital processes and marital outcomes.* Hillsdale, NJ: Erlbaum.

63   Bolger, N. & Zuckerman, A. (1995). A framework for studying personality in the stress process. *Journal of Personality and Social Psychology*, 69, 890–902.
Suls, J. & Martin, R. (2005). The daily life of the garden-variety neurotic: Reactivity, stressor exposure, mood spillover, and maladaptive coping. *Journal*

of Personality, 73, 1485–1509.

64 Gottman, J. M., Coan, J., Carrere, S. & Swanson, C. (1998). Predicting marital happiness and stability from newlywed interactions. *Journal of Marriage and Family*, 60, 5–22.

65 Jensen-Campbell, L. A. & Graziano, W. G. (2001). Agreeableness as a moderator of interpersonal conflict. *Journal of Personality*, 69, 323–361.

66 Kinnunen, U. & Pulkkinen, L. (2003). Childhood socio-emotional characteristics as antecedents of marital stability and quality. *European Psychologist*, 8, 223–237.

Roberts, B. W. & Bogg, T. (2004). A 30-year longitudinal study of the relationships between conscientiousness-related traits, and the family structure and health-behavior factors that affect health. *Journal of Personality*, 72, 325–354.

67 Karney, B. R. & Bradbury, T. N. (1995). The longitudinal course of marital quality and stability: A review of theory, methods, and research. *Psychological Bulletin*, 118, 3–34.

Kelly, E. L. & Conley, J. J. (1987). Personality and compatibility: A prospective analysis of marital stability and marital satisfaction. *Journal of Personality and Social Psychology*, 52, 27–40.

Tucker, J. S., Kressin, N. R., Spiro, A. & Ruscio, J. (1998). Intrapersonal characteristics and the timing of divorce: A prospective investigation. *Journal of Social and Personal Relationships*, 15, 211–225.

68 Roberts, B. W., Caspi, A. & Moffitt, T. (2003). Work experiences and personality development in young adulthood. *Journal of Personality and Social Psychology*, 84, 582–593.

Berkman, L. F., Glass, T., Brissette, I. & Seeman, T. E. (2000). From social integration to health. *Social Science Medicine*, 51, 843–857 Bolger, N. &

Zuckerman, A. (1995). A framework for studying personality in the stress process. *Journal of Personality and Social Psychology*, 69, 890–902.

Suls, J. & Martin, R. (2005). The daily life of the garden-variety neurotic: Reactivity, stressor exposure, mood spillover, and maladaptive coping. *Journal of Personality*, 73, 1485–1509.

69 Kokko, K., Bergman, L. R. & Pulkkinen, L. (2003). Child personality characteristics and selection into long-term unemployment in Finnish and Swedish longitudinal samples. *International Journal of Behavioral Development*, 27, 134–144.

Kokko, K. & Pulkkinen, L. (2000). Aggression in childhood and long-term unemployment in adulthood: A cycle of maladaptation and some protective factors. *Developmental Psychology*, 36, 463–472.

Bogg, T. & Roberts, B. W. (2004). Conscientiousness and health behaviors: A meta-analysis of the leading behavioral contributors to mortality. *Psychological Bulletin*, 130, 887–919.

70 Ashby, F. G., Isen, A. M. & Turken, A. U. (1999). A neuropsychological theory of positive affect and its influence on cognition. *Psychological Review*, 106, 529–550.

71 Hogan, J. & Holland, B. (2003). Using theory to evaluate personality and job-performance relations: A socioanalytic perspective. *Journal of Applied Psychology*, 88, 100–112.

72 Berkman, L. F., Glass, T., Brissette, I. & Seeman, T. E. (2000). From social integration to health. *Social Science Medicine*, 51, 843– 857.

Bogg, T. & Roberts, B. W. (2004). Conscientiousness and health behaviors: A meta-analysis of the leading behavioral contributors to mortality. *Psychological Bulletin*, 130, 887–919.

Roberts, B. W. & Robins, R. W. (2000). Broad dispositions, broad aspirations:

The intersection of the Big Five dimensions and major life goals. *Personality and Social Psychology Bulletin*, 26, 1284–1296.

Roberts, B. W., Walton, K. & Viechtbauer, W. (2006). Patterns of mean-level change in personality traits across the life course: A meta-analysis of longitudinal studies. *Psychological Bulletin*, 132, 1–25.

73 Roberts, B. W. & Robins, R. W. (2000). Broad dispositions, broad aspirations: The intersection of the Big Five dimensions and major life goals. *Personality and Social Psychology Bulletin*, 26, 1284–1296.

Gottman, J. M., Coan, J., Carrere, S. & Swanson, C. (1998). Predicting marital happiness and stability from newlywed interactions. *Journal of Marriage and Family*, 60, 5–22.

Jensen-Campbell, L. A. & Graziano, W. G. (2001). Agreeableness as a moderator of interpersonal conflict. *Journal of Personality*, 69, 323–361.

Kinnunen, U. & Pulkkinen, L. (2003). Childhood socio-emotional characteristics as antecedents of marital stability and quality. *European Psychologist*, 8, 223–237.

Roberts, B. W. & Bogg, T. (2004). A 30-year longitudinal study of the relationships between conscientiousness-related traits, and the family structure and health-behavior factors that affect health. *Journal of Personality*, 72, 325–354.

Roberts, B. W., Kuncel, N. R., Shiner, R., Caspi, A. & Goldberg, L. R. (2007). The power of personality: the comparative validity of personality traits, socioeconomic status, and cognitive ability for predicting important life outcomes.

Perspectives on Psychological Science, 2(4), 313–345.

74 Roberts, B. W., Walton, K. & Viechtbauer, W. (2006). Patterns of mean-level change in personality traits across the life course: A meta-analysis of lon-

gitudinal studies. *Psychological Bulletin*, 132, 1–25.

75   King, J. E. & Figueredo, A. J. (1997). The five-factor model plus dominance in chimpanzee personality. *Journal of Research in Personality*, 31, 257–271.

76   Hare, B., Wobber, V. & Wrangham, R. (2012). The self-domestication hypothesis: evolution of bonobo psychology is due to selection against aggression. *Animal Behaviour*, 83(3), 573–585.

77   De Botton, A. (2004). *Statusstress*. Stockholm: Wahlstrom & Widstrand.

78   M. Karafin m.fl. (2004). Dominance attributions following damage to the ventromedial prefrontal cortex. *Journal of Cognitive Neuroscience*, 16, 1796.
A. A. Marsh m.fl. (2009). Dominance and submission: The ventrolateral prefrontal cortex and responses to status cues. *Journal of Cognitive Neuroscience*, 21, 713.

79   Gilbert, D. T. *Stumbling On Happiness*. New York: A.A.

80   G. Sherman m.fl. (2012). Leadership is associated with lower levels of stress. *Proceedings of the National Academy of Sciences of the United States of America*, 109, 17903.
Sapolsky, P. (2012). Importance of a sense of control and physiological benefits of leadership. *Proceedings of the National Academy of Sciences of the United States of America*, 109, 17730.

81   M. Karafin m.fl. (2004). Dominance attributions following damage to the ventromedial prefrontal cortex. *Journal of Cognitive Neuroscience,* 16, 1247.
Farrow, T. (2011). Higher or lower? The functional anatomy of perceived allo centric hierarchies. *Neuroimage*, 57, 1552.
C. F. Zink m.fl. (2008). Know your place: Neural processing of social hierarchy in humans. *Neuron*, 58, 273.

82   J. Chiao m.fl. (2009). Neural basis of preference for human social hierarchy versus egalitarianism. *Annual N Y Academic Sciences*, 1167, 174.

J. Sidanius m.fl. (2012). You're inferior and not worth our concern: The interface between empathy and social dominance orientation. *Journal of Personality*, 81, 313.

83 Card, D. & Dahl, G. (2011). Family violence and football: The effect of the unexpected emotional cues on violent behavior. *Quarterly Journal of Economics*, 126, 103.

84 Montoya, E. R., Terburg, D. Bos, P. A. & van Honk, J. (2012). Testosterone, cortisol, and serotonin as key regulators of social aggression: A review and theoretical perspective. *Motivation and Emotion*, 36(1), 65–73.

85 Henry, P. J. (2009). Low-status compensation: A theory for understanding the role of status in cultures of honor. *Journal of Personality and Social Psychology*, 97(3), 451–466.

86 Rohles Jr., F. H. & Wilson, L. M. (1974). Hunger as a Catalyst in Aggression. *Behaviour*, 48(1/2), 123–130.

87 Reay, J. L., Kennedy, D. O. & Scholey, A. B. (2006). Effects of Panax ginseng, consumed with and without glucose, on blood glucose levels and cognitive performance during sustained 'mentally demanding' tasks. *Journal of Psychopharmacology*, 20(6), 771–781.

Scholey, A. B., Harper, S. & Kennedy, D. O. (2001). Cognitive demand and blood glucose. *Physiology & Behavior*, 73(4), 585–592.

88 Gazzaniga, M. S. (2019). *The consciousness instinct: unraveling the mystery of how the brain makes the mind.* Farrar, Straus and Giroux.

89 Kahneman, D. & Deaton, A. (2010). High income improves evaluation of life but not emotional well-being. *Proceedings of the National Academy of Sciences of the United States of America.*

90 Ahuvia, A. (2008). If money doesn't make us happy, why do we act as if it does? *Journal of Economic Psychology*, 29(4), 491–507.

91 Keltner, D. (2009). *Born to be good: The science of a meaningful life*. W W Norton & Co.

92 Oveis, C., Horberg, E. J. & Keltner, D. (2010). Compassion, pride, and social intuitions of self-other similarity. *Journal of Personality and Social Psychology*, 98(4), 618–630.

93 Hamermesh, D. S. & Biddle, J. E. (1994). Beauty and the labor market. *The American Economic Review*, 84(5), 1174–1194.

Rhodes, G. (2006). The evolutionary psychology of facial beauty. *Annual Review of Psychology*, 57, 199–226.

Dipboye, R. L., Fromkin, H. L. & Wilback, K. (1975). Relative importance of applicant sex attractiveness and scholastic standing in job applicant resumes. *Journal of Applied Psychology*, 60(3), 30–43.

Curran, J. P. & Lippold, S. (1975). The effects of physical attraction and attitude similarity on attraction in dating dyads. *Journal of Personality*, 43(3), 528–539.

Cash, T. F. & Smith, E. (1982). Physical attractiveness and personality among American college students. *The Journal of Psychology: Interdisciplinary and Applied*, 111(2).

Pfann, G. A., Biddle, J. E., Hamermesh, D. S. & Bosman, C. M. (2000). Business success and businesses' beauty capital. *Economics Letters*, 67(2), 201–207.

Garcia, S., Stinson, L., Ickes, W., Bisonette, V. & Briggs, S. R. (1991). Shyness and physical attractiveness in mixed-sex dyads. *Journal of Personality and Social Psychology*, 61(1), 33–49.

Feingold, A. (1992). Good-looking people are not what we think. *Psychological Bulletin*, 111(2), 304–341.

Raza, S. M. & Carpenter, B. N. (1987). A model of hiring decisions in real employment interviews. *Journal of Applied Psychology*, 72(4), 596–603.

Langlois, J. H. & Roggman, L. A. (1990). Attractive faces are only average. Family, consumers and human development. *Faculty Publications*, 1(2), 115–121.

Dion, K., Berscheid, E. & Walster, E. (1972). What is beautiful is good. *Journal of Personality and Social Psychology*, 24(3), 285–290.

Cherulnik, P. D. (1989). Physical attractiveness and judged suitability for leadership. *Annual Meeting of the Midwestern Psychological Association* (61st, Chicago, IL, May 4–6, 1989).

Rhodes, G. (2006). The evolutionary psychology of facial beauty. *Annual Review of Psychology*, 57, 199–226.

Mathes, E. W. & Kahn, A. (1975). Physical attractiveness, happiness, neuroticism, and self-esteem. *The Journal of Psychology: Interdisciplinary and Applied*, 90(1).

Rhodes, G. (2006). The evolutionary psychology of facial beauty. *Annual Review of Psychology*, 57, 199–226.

Steffensmeier, D. J. & Terry, R. M. (1973). Deviance and respectability: An observational study of reactions to shoplifting. *Social Forces*, 51(4), 417–426.

94 A. Todorov m.fl. (2005). Inferences of competence from faces predict election outcomes. *Science*, 308(5728), 1623–1626.

95 Wright, N. D., Bahrami, B., Johnson, E., Di Malta, G., Rees, G., Frith, C. D. & Dolan, R. J. (2012). Testosterone disrupts human collaboration by increasing egocentric choices. *Proceedings of the Royal Society* B, 2275.

Mehta, P. & Beer, J. (2010). Neural mechanisms of the testosterone-aggression relation: The role of orbifrontal cortex. *Journal of Cognitive Neuroscience*, 22, 2357.

96 Waller, W. (1937). The rating and rating complex. *American Sociological Re-*

view, 2(5), 727–734.

Waller, W. & Hill, R. (1951). *The family: A dynamic interpretation*. New York: Dryden.

97 Emerson, R. M. (1962). Power-dependence relations. *American Sociological Review*, 27(1), 31–41.

McDonald, G. W. (1981). Structural exchange and marital interaction. *Journal of marriage and the family*, 43(4), 825–839.

98 Munsch, C. L. (2015). Her support, his Support: money, masculinity, and marital infidelity. *American Sociological Review*, 80(3), 469–495.

99 Munsch, C. L. (2015). Her support, his support: money, masculinity, and marital infidelity. *American Sociological Review*, 80(3), 469–495.

100 Scrock, D. & Schwalbe, M. (2009). Men, masculinity, and manhood acts. *Annual Review of Sociology*, 35(1), 277–295.

101 Adams, J. S. (1965). Inequity in social exchange. I: L. Berkowitz (red.), *Advances in experimental social psychology* (Vol. 2, s. 267–299). New York: Academic Press.

102 Pierce, L., Dahl, M. S. & Nielsen, J. (2013). In sickness and in wealth: Psychological and sexual costs of income comparison in marriage. *Personality & Social Psychology Bulletin*, 39(3), 359–374.

Tichenor, V. (2005). Maintaining mens dominance: Negotiating identity and power when she earns more. *Sex Roles*, 53(3–4), 191–205.

Bittman, M., England, P., Sayer, L., Folbre, N. & Matheson, G. (2003). When does gender trump money? Bargaining and time in household work. *American Journal of Sociology*, 109(1), 186–214.

103 Gerson, K. (2010). *The unfinished revolution: How a new generation is reshaping family, work, and gender in America*. New York: Oxford University Press.

104 Livio, M. (2017). *Why?* New York: Simon & Schuster.

105 Berlyne, D. E. (1960). *McGrawHill series in psychology. Conflict, arousal, and curiosity*. McGraw-Hill Book Company.

106 Gazzaley, A. & Rosen, L. D. (2016). *The distracted mind: ancient brains in a high-tech world*. The MIT Press.
Alter, A. L. (2017). *Irresistible: The rise of addictive technology and the business of keeping us hooked*. New York: Penguin Press.

107 Hansen, A. (2019). *Skarmhjarnan*. Bonnier Fakta.

108 Gazzaley, A. & Rosen, L. D. (2016). *The distracted mind: ancient brains in a high-tech world*. The MIT Press.

109 Davis, D. (2015). *Disconnect: The truth about cell phone radiation, what the industry has done to hide it, and how to protect your family*. New York: Dutton Adult.

110 Anderson. S. (2009). In defense of distraction: Twitter, adderall, lifehacking, mindful jogging, powerbrowsing, Obama's Blackberry, and the benefits of overstimulation. *New York Magazine*, May 17.

111 CBS News, *Texting while walking, woman falls into fountain*, January 20, 2011, https://www.cbsnews.com/news/texting-while-walking-woman-falls-into-fountain/

112 Mirsky, S. (2013). Smartphone use while walking is painfully dumb. *Scientific American*, 309(6), November 19.

113 Basch, C. H., Ethan, D., Rajan, S. & Basch, E. (2014). Technology-related distracted walking behaviors in Manhattan's most dangerous intersections. *Injury Prevention*, March 25.

114 Thompson, L. L., Rivara, F. P., Ayyagari, R. C. & Ebel, B. E. (2013). Impact of social and technological distraction on pedestrian crossing behavior: An observational study. *Injury Prevention*, 19(4), 232–237.

115 Thompson, L. L., Rivara, F. P., Ayyagari, R. C. & Ebel, B. E. (2013). Impact of

social and technological distraction on pedestrian crossing behavior: An observational study. *Injury Prevention*, 19(4), 232–237.

116 Schwebel, D. C., Stavrinos, D., Byington, K. W., Davis, T., O'Neal, E. E. & de Jong, D. (2012). Distraction and pedestrian safety: How talking on the phone, texting, and listening to music impact crossing the street. *Accident Analysis & Prevention*, 45, 266–271.

117 Parr, N. D., Hass, C. J. & Tillman M. D. (2014). Cellular phone texting impairs gait in able-bodied young adults. *Journal of Applied Biomechanics*, 30(6), 685–688.

118 Schwebel, D. C., Stavrinos, K. W., Byington, K. W., Davis, T, O'Neal, E. E. & de Jong, D. (2012). Distraction and pedestrian safety: How talking on the phone, texting, and listening to music impact crossing the street. *Accident Analysis and Prevention*, 45, 266–271.

119 Stavrinos, D., Byington, K. W. & Schwebel, D. C. (2009). Effect of cell phone distraction on pediatric pedestrian injury risk. *Pediatrics*, 123(2), e179–e185.
Chaddock, L., Neider, M. B., Lutz, A., Hillman, C. H. & Kramer, A. F. (2012). Role of childhood aerobic fitness in successful street crossing. *Medicine and Science in Sports and Exercise*, 44, 749–753.
Colcombe, S. J., Kramer, A. F., Erikson, K. I., Scalf, P., McAuley, E., Cohen, N. J. m.fl. (2004). Cardiovascular fitness, cortical plasticity, and aging. *Proceedings of the National Academy of Sciences of the United States of America*, 101(9), 3316–3321.
Gazzaley, A. & Rosen, L. D. (2016). *The distracted mind: Ancient brains in a high-tech world*. MIT Press.

120 Strayer, D. L., Drews, F. A. & Crouch D. J. (2006). A comparison of the cell phone driver and the drunk driver. *HFES*, 48(2), 381–391.

121 Drews, F. A., Pasupathi, M. & Strayer, D. L. (2008). Passenger and cellphone

conversations in simulated driving. *Journal of Experimental Psychology: Applied*, 14(4), 392.

122 Gazzaley, A. & Rosen, L. D. (2016). *The distracted mind: Ancient brains in a high-tech world*. The MIT Press.

123 Lemola, S., Perkinson-Gloor, S., Brand, S., Dewald-Kaufmann, J. F. & Grob, A. (2014). Adolescents electronic media use at night, sleep disturbance, and depressive symptoms in the smartphone age. *Journal of Youth and Adolescence*, 44(2), 405–418.

Hale, L. & Guan, S. (2015). Screen time and sleep among school-aged children and adolescents: A systematic literature review. *Sleep Medicine Reviews*, 21, 50–58.

124 Gradisar, M., Wolfson, A. R., Harvey, A. G., Hale, L., Rosenberg, R. & Czeisler, C. A. (2013). The sleep and technology use of Americans: Findings from the national sleep foundation's 2011 sleep in America poll. *Journal of Clinical Sleep Medicine*, 9(12), 1291–1299.

Bartel, K. A., Gradisar, M. & Williamson, P. (2015). Protective and risk factors for adolescent sleep: A meta-analytic review. *Sleep Medicine Reviews*, 21, 72–85.

125 National Sleep Foundation (2014). Sleep in America Poll: Sleep in the modern family. Summary of findings. *Harvard Medical School Family Health Guide*, Repaying you sleep debt (2016).

126 Common Sense Media (2012). *Entertainment media diets of children and adolescents may impact learning*, November 1.

Purcell, K., Rainie, L., Heaps, A., Buchanan, J., Friedrich, L., Jacklin, A., Chen, C. & Zickuhr, K. (2012). How teens do research in the digital world. *Pew internet & American Life Project*, Nov 1.

127 Rosen, L., Carrier, L. M., Miller, A., Rokkum, J. & Ruiz, A. (2016). Sleeping

with technology: Cognitive, affective, and technology use predictors of sleep problems among college students. *Sleep Health*, 2(1), 49–56.

128 Chang, A-M., Aeschbach, D., Duffy, J. F. & Czeisler, C. A. (2015). Evening use of light-emitting eReaders negatively affects sleep, circadian timing, and next-morning alertness. *Proceedings of the National Academy of Sciences of the United States of America*, 112(4) 1232–1237.

129 Lanaj, K., Johnson, R. E. & Barnes, C. M. (2014). Beginning the workday yet already depleted? Consequences of late-night smartphone use and sleep. *Organizational Behavior and Human Decision Processes*, 124(1), 11–23.

130 Gazzaley, A. & Rosen, L. D. (2016). The distracted mind: Ancient brains in a hightech world. MIT Press.
Yeykelis, L., Cummings, J. J. & Reeves, B. (2014). Multitasking on a single device: Arousal and the frequency, anticipation, and prediction of switching between media content on a computer. *Journal of Communication*, 64, 167–192.

131 Cheever, N. A., Rosen, L. M., Carrier, L. M. & Chavez, N. A. (2014). Out of sight is not out of mind: The impact of restricting wireless mobile device use on anxiety levels among low, moderate and high users. *Computers in Human Behavior*, 37, 290–297.

132 Greenfield, D. N. (2000). The Nature of internet addiction: psychological factors in compulsive internet behavior. *Journal of eCommerce and Psychology*, 1, Number 2.
Greenfield, D. N. (1999). Psychological characteristics of compulsive internet use: a preliminary analysis. *CyberPsychology and Behavior*, 8, Number 5.
Greenfield, D.N. (2010). What Makes Internet Use Addictive? In K. Young & Abreu, C.N. *Internet Addiction: a handbook for evaluation and treatment*. Wiley: New York. https://virtual-addiction.com/about-us/

133 https://www.sciencemag.org/news/2014/07/people-would-rather-beelectrically-shocked-left-alone-theirthoughts

134 Gulyayeva, O., Birk, S., Perez-Edgar, K., Myruski, S., Buss, K. A. & Dennis-Tiwary, T. A. (2017). Digital disruption?
Maternal mobile device use is related to infant social-emotional functioning. *Developmental Science*.
https://time.com/14953/parents-who-use-smartphones-in-front-of-their-kids-are-crankier/

135 Turkle, S. (2017). *Alone together: Why we expect more from technology and less from each other*. New York: Basic Books.

136 Steiner-Adair, C. (2013). *The big disconnect: Protecting childhood and family relationships in the digital age* (first edition). New York: Harper.

137 https://www.apa.org/action/careers/understanding-world/sherry-turkle

138 Uhls, Y. T., Michikyan, M., Morris, J., Garcia, D., Smalle, G. W., Zgourou, E. & Greenfield, P. M. (2014). Five days at outdoor education camp without screens improves preteen skills with nonverbal emotion cues. *Computers in Human Behavior*, 39, 387–392.

139 Misra, S., Cheng, L., Genevie, J. & Yuan, M. (2014). The iPhone Effect: The quality of in-person social interactions in the presence of mobile devices. *Environment and Behavior*, 1–24.

140 Alosaimi, F. D., Alyahya, H., Alshahwan, H., Al Mahyijari, N. & Shaik, S. A. 2016). Smartphone addiction among   university students in Riyadh, Saudi Arabia. *Saudi Medical Journal*, 37(6), 675–683.
Ward, A. F., Duke, K. D. Gneezy, A. & Bos, M. W. (2017). Brain Drain: The mere presence of one's own smartphone reduces available cognitive capacity. *Journal of the Association for Consumer Research*, 2(2), 140–154.

141 Ward, A. F., Duke, K., Gneezy, A. & Bos, A. W. (2017). Brain drain: The mere

presence of one's own smartphone reduces available cognitive capacity. *Journal of the Association for Consumer Research*, 2(2), 140–154.

142 Fried, C. B. (2008). In-class laptop use and its effects on student learning. *Computers & Education*, 50, 906–914.

Bailey, B. A. & Konstan, J. A. (2006). On the need for attention-aware systems: measuring effects of interruption on task performance, error rate, and affective state. *Computers in Human Behavior*, 22, 685–708.

Kuznekoff, J. H. & Titsworth, S. (2013). The impact of mobile phone usage on student learning. *Communication Education*, 62(3), 233–252.

Richard E. Mayer & Moreno, R. (2003). Nine ways to reduce cognitive load in multimedia learning. *Educational Psychologist*, 38(1), 43–52.

143 Adamczyk P. D. & Bailey B. P. (2004). If not now, when? The effects of interruption at different moments within task execution. *Proceedings of CHI'04*, 271–278.

Czerwinski, M., Horvitz, E. & Wilhite, S. (2004). A diary study of task switching and interruptions. *Proceedings of CHI'04*, 175–182.

Gillie, T. & Broadbent, D. (1989). What makes interruptions disruptive? A study of length, similarity and complexity. *Psychological Research*, 50, 243–250.

144 Kelly, S. A. (2012). Are you afraid of mobile phone separation? You may have nomophobia like half the population. *mashable.com*, July 13. http://mashable.com/2012/02/21/nomophobia/

Cheever, N. A., Rosen, L. D., Carrier, L. M. & Chavez, A. (2014). Out of sight is not out of mind: The impact of restricting wireless mobile device use on anxiety among low, moderate, and high users. *Computers In Human Behavior*, 37, 290–297. https://www.telegraph.co.uk/technology/news/10267574/Nomophobia-affects-majority-of-UK.html

145 Mueller, P. A. & Oppenheimer, D. M. (2014). The pen is mightier than the keyboard: advantages of longhand over laptop note taking. *Psychological Science.*

146 Gazzaley, A. & Rosen, L. D. (2016). *The distracted mind: ancient brains in a high-tech world.* The MIT Press.

147 Barbalet, J. M. (1999). Boredom and social meaning. *British Journal of Sociology,* 50(4), 631–646.

148 Fromm, E. (1973). *The anatomy of human destructiveness.* New York: Holt McDougal.

149 Prot, S., McDonald, K. A., Anderson, C. A. & Gentile, D. A. (2012). Video games: Good, bad, or other? *Pediatric Clinics,* 59(3), 647–658.

150 Josefsson, D. & Linge, E. (2008). *Hemligheten. Fran ogonkast till varaktig relation.* Natur & Kultur.

151 Berman, M. G., Kross, E., Krpan, K. M., Askren, M. K., Burson, P. J., Deldin, P. J., Kaplan, S., Sherdell, L., Gotlib, I. H. & Jonides, J. (2012). Interacting with nature improves cognition and affect for individuals with depression. *Journal of Affective Disorders,* 140(3), 300–305.

Taylor, A. F. & Kuo, F. E. (2009). Children with attention deficits concentrate better after walk in the park. *Journal of Attention Disorders,* 12(5), 402–409.

152 Einhorn, S. (2014). *De nya dodssynderna.* Stockholm: Forum.

153 Mueller, C. M. & Dweck, C. S. (1998). Praise for intelligence can undermine children's motivation and performance. *Journal of Personality and Social Psychology,* 75(1), 33–52.

154 Thorndike, E. L. (1927). The Law of Effect. *The American Journal of Psychology,* 39, 212–222.

Thorndike, E. L. (1933). A proof of the law of effect. *Science,* 77, 173–175.

Thorndike, E. L. (1898). Animal intelligence: An experimental study of the

associative processes in animals.
Psychological Monographs: General and Applied, 2(4), i–109.

155 Reiss, S. (2004). Multifaceted nature of intrinsic motivation: The theory of 16 basic desires. *Review of General Psychology*, 8(3), 179–193.

156 Corr, P. J. & Matthews, G. (2009). *The Cambridge handbook of personality psychology* (1. publ. ed.). Cambridge: Cambridge University Press.

157 DeYoung, C. G., Hirsh, J. B., Shane, M. S., Papademetris, X., Rajeevan, N. & Gray, J. R. (2010). Testing predictions from personality neuroscience. Brain structure and the big five. *Psychological science*, 21(6), 820–828. doi:10.1177/0956797610370159

158 DeYoung, C. G., Peterson, J. B. & Higgins, D. M. (2005). Sources of openness/intellect: cognitive and neuropsychological correlates of the fifth factor of personality. *Journal of Personality*, 73, 825–858.

DeYoung, C. G., Hirsh, J. B., Shane, M. S., Papademetris, X., Rajeevan, N. & Gray, J. R. (2010). Testing predictions from personality neuroscience. Brain structure and the big five. *Psychological science*, 21(6), 820–828. doi:10.1177/0956797610370159.

Suhara, T., Yasuno, F., Sudo, Y., Yamamoto, M., Inoue, M., Okubo, Y. & Suzuki, K. (2001). Dopamine D2 receptors in the insular cortex and the personality trait of novelty seeking. *Neuroimage*, 13, 891–895.

159 Reuter, M., Roth, S., Holve, K. & Henning, J. (2006). Identification of first candidate genes for creativity: a pilot study. *Brain Research*, 1069(1), 190–197.

Digman, J. M. (1997). Higher order factors of the Big Five. *Journal of Personality and Social psychology*, 73, 1246–1256.

DeYoung, C. G., Peterson, J. B. & Higgins, D. M. (2001). Higher-order factors of the big five predict conformity: Are there neuroses of health? *Personality and Individual Differences*, 33, 533–552.

160 Deyoung, C. G. (2006). Higher-order factors of the big five in a multi-inform-
ant sample. *Journal of Personality and Social Psychology*, 91, 1138–1151.

Feist, G. J. (2017). The creative personality: Current understandings and
debates. I: J. A. Plucker (red.), *Creativity and innovation: Theory, research, and
practice* (s. 181–198). Prufrock Press.

Feist, G. J. (1998). A meta-analysis of personality in scientific and artistic
creativity. *Personality and Social Psychological Review*, 2, 290–309.

Feist, G. J. (2010). Function of personality in creativity. I: J. C. Kaufman & R.
J. Sternberg (red.), *The Cambridge Handbook of Creativity* (s. 113–130). Cam-
bridge University Press.

161 Silvia, P. J., Nusbaum, E. C., Berg, C., Martin, C. & O'Conner, A. (2009).
Openness to experience, plasticity, and creativity: Exploring lower-order,
higher-order, and interactive effects. *Journal of Research in Personality*, 43,
1087–1090.

Karwowski, M. & Lebuda, I. (2016). The big five, the huge two, and creative
self-beliefs: a meta-analysis. *Psychology of Aesthetics, Creativity, and the
Arts*, 10, 214–232.

Puryear, J. S., Kettler, T. & Rinn, A. N. (2017). Relationships of personality
to differential conceptions of creativity: a systematic review. *Psychology of
Aesthetics, Creativity, and the Arts*, 11, 59–68.

Agnoli, S., Franchin, L., Rubaltelli, E. & Corazza, G. E. (2015). An eye-track-
ing analysis of irrelevance processing as moderator of openness and crea-
tive performance. *Creativity Research Journal*, 27, 125–132.

Chang, C. C., Wang, J. H., Liang, C. T. & Liang, C. (2014). Curvilinear effects
of openness and agreeableness on the imaginative capability of student
designers. *Social Cognitive and Affective Neuroscience*, 14, 68–75.

Chen, B-B. (2016). Conscientiousness and everyday creativity among Chinese undergraduate students. *Personality and Individual Differences*, 102, 56-59.

Ivcevic, Z. & Brackett, M. A. (2015). Predicting creativity: interactive effects of openness to experience and emotion regulation ability. *Psychology of Aesthetics, Creativity, and the Arts*, 9, 480-487.

Kaufman, S. B., Quilty, L. C., Grazioplene, R. G., Hirsh, J. B., Gray, J. R., Peterson, J. B. & Deyoung, C. G. (2016). Openness to experience and intellect differentially predict creative achievement in the arts and sciences. *Journal of Personality*, 84, 248-258.

Kirsch, C., Lubart, T. & Houssemand, C. (2016). Comparing creative profiles: Architects, social scientists and the general population. *Personality and Individual Differences*, 94, 284-289.

Puryear, J. S., Kettler, T. & Rinn, A. N. (2017). Relating personality and creativity: considering what and how we measure. *Journal of Creative Behavior*. http://dx.doi.org/10.1002/jocb.174.

Karwowski, M. & Lebuda, I. (2016). The big five, the huge two, and creative self-beliefs: a meta-analysis. *Psychology of Aesthetics, Creativity, and the Arts*, 10, 214-232.

Kandler, C., Riemann, R., Spinath, F. M., Borkenau, P. & Penke, L. (2016). The nature of creativity: The roles of genetic factors, personality traits, cognitive abilities, and environmental sources. *Journal of Personality and Social Psychology*, 111, 230-249.

Tyagi, V., Hanoch, Y., Hall, S. D., Runco, M. & Denham, S. L. (2017). The risky side of creativity: Domain specific risk taking in creative individuals. *Frontiers in Psychology*, 8, 1-9.

인생의 방향을 바꾸는 3가지 행동 동기

우리가 원하는 대로 살 수 있다면

1판 1쇄 인쇄 2022년 11월 30일
1판 1쇄 발행 2022년 12월 7일

지은이 앤절라 아홀라
옮긴이 양소하
펴낸이 고병욱

기획편집실장 윤현주 **책임편집** 조은서 **기획편집** 장지연 유나경
마케팅 이일권 김도연 김재욱 오정민 복다은
디자인 공희 진미나 백은주 **외서기획** 김혜은
제작 김기창 **관리** 주동은 **총무** 노재경 송민진

펴낸곳 청림출판(주)
등록 제1989-000026호

본사 06048 서울시 강남구 도산대로38길 11 청림출판(주) (논현동 63)
제2사옥 10881 경기도 파주시 회동길 173 청림아트스페이스 (문발동 518-6)
전화 02-546-4341 **팩스** 02-546-8053
홈페이지 www.chungrim.com **이메일** cr1@chungrim.com
블로그 blog.naver.com/chungrimpub **페이스북** www.facebook.com/chungrimpub

ISBN 978-89-352-1397-9 (03320)